culture communication skills

Interkulturelle Kompetenz
Handbuch für die Erwachsenenbildung

Herausgegeben von Juliana Roth und Christoph Köck

culture communication skills
Interkulturelle Kompetenz - Handbuch für die Erwachsenenbildung

Autoren:
Dr. Galina Koptelzewa, Prof. Dr. Juliana Roth, Dr. Gregor Sterzenbach, Dr. Christine Tuschinsky

Herausgeber:
Juliana Roth und Christoph Köck

Die Beiträge dieses Buches sind das Begleitmaterial zur Fortbildungsreihe
Xpert culture communication skills® des Deutschen Volkshochschulverbandes.

Konzeption der ersten Auflage:
Projektgruppe Interkulturelle Kompetenz, Bayerischer Volkshochschulverband e. V.;
Beatrix Andree, Bernhard Gropper, Christoph Köck, Eva Libenská, Juliana Roth

Die Entwicklung dieses Lehrwerks wurde aus Mitteln der Europäischen Union,
durch das Bayerische Staatsministerium für Unterricht und Kultus gefördert.

2., vollständig überarbeitete Auflage, Juli 2011

Lektorat: Markus Bassenhorst, Klaus Roth
Umschlaggestaltung und Layout: Natalie Bayer
Satz: Elke Patzak, München
Illustrationen: Bernhard Förth, München
Druck: Educational Consulting GmbH, Ziegelhüttenweg 4,98693 Ilmenau/Germany
Printed in Germany

Internetadresse: http://www.edumedia.de

ISBN 978-3-86718-**200**-3

INHALTSVERZEICHNIS

4

VORWORT

Liebe Leserinnen und Leser,

in der globalisierten Welt ist die Begegnung von Menschen mit unterschiedlichen kulturellen Hintergründen und Werthaltungen alltäglich. Für ein gelingendes Zusammenleben ist daher ein bedarfsgerechtes und qualifiziertes Wissen zum Umgang mit kultureller Fremdheit unerlässlich. Über dieses Wissen hinaus sind spezifische Fähigkeiten bedeutend, die – im multikulturellen Deutschland, wie auch in anderen Zuwanderungsregionen – eine Sensibilität für interkulturelles Handeln entwickeln helfen.

Das vorliegende Handbuch bietet Ihnen die Grundlage dafür, Ihre Kompetenzen im Umgang mit kultureller Fremdheit zu erweitern. Es wendet sich zum Beispiel an Fachleute aus den Bereichen Gesundheit und Pflege, an Expertinnen und Experten aus (Sozial-)Pädagogik, Schulwesen und Unterricht, an Professionelle in der Kulturvermittlung und in der Personalwirtschaft sowie an alle, die sich persönlich in diesem Feld fortbilden möchten.

Das Handbuch ist das begleitende Kompendium zum Lehrgangssystem Xpert Culture Communication Skills ® (Xpert CCS) des Bayerischen Volkshochschulverbandes. Dieses Lehrgangssystem hat sich in der deutschsprachigen Erwachsenenbildung und auch im praxisorientierten Hochschulunterricht mit seinem wegweisenden, kulturwissenschaftlich orientierten Ansatz bewährt. Deswegen ist es außerordentlich erfreulich, dass nun – sieben Jahre nach der Erstausgabe – eine völlig neu redigierte und aktualisierte Fassung des Handbuchs vorliegt, die die Erfahrungen aus sieben Jahren Praxis reflektiert. Dabei wurden jüngere wissenschaftliche Debatten um Transkulturalität und um die interkulturelle Öffnung von Organisationen berücksichtigt.

Mit den Inhalten dieses Handbuchs können Sie sich kreativ und aktiv auseinandersetzen. Sie werden bemerken, dass es auf so manche Problemstellungen keine einfachen Antworten mit eindeutigen Wahrheiten gibt: Interkulturelle Kompetenz entsteht in einem dynamischen Prozess, der häufig zu neuen und unerwarteten Perspektiven führt.

Das Handbuch beinhaltet vielschichtiges Unterrichtsmaterial im Wechsel von aktueller Theorie, praxisnahen Fallbeispielen und Arbeitsanregungen. Kontrollfragen am jeweiligen Ende der Lernmodule ermöglichen die Überprüfung der erworbenen Kenntnisse. Wer sich weiter in die einzelnen Lernmodule vertiefen möchte, für den sind einschlägige aktuelle Literaturverweise am Ende eines jeden Kapitels angefügt.

Das Lehrwerk ist in acht inhaltliche Abschnitte (Lernmodule) unterteilt. Selbstverständlich können Sie die Module nacheinander lesen und bekommen damit ein fundiertes Wissen zu den wichtigsten interkulturellen Themenfeldern. Sie können aber auch – je nach Lernarrangement – auszugsweise vorgehen und Module oder Modulteile miteinander kombinieren, etwa einzelne berufsspezifische Module (8.1 bis 8.3) mit Inhalten der Grundlagenmodule (1 bis 7).

Um die gelegentlich sehr komplexen Inhalte lesefreundlich zu halten, haben wir im Einvernehmen mit den Autorinnen und Autoren auf geschlechtergerechte Wortbildungen wie „Lehrer/innen" oder „KundInnen" verzichtet und uns in der Regel der reduzierten „männlichen" Schreibweise bedient.

Liebe Leserinnen und Leser,

die wesentliche Arbeit an dieser Neuauflage wurde von Prof. Dr. Juliana Roth, Ludwig-Maximilians-Universität München, geleistet. Bei ihr möchte ich mich zuvorderst bedanken. Ihre theoretischen und gleichzeitig praxisorientierten Zugänge sorgen aufgrund ihrer kulturwissenschaftlichen Stringenz für (internationales) Aufsehen, Beachtung und lebendige Diskussionen. Ein herzliches Dankeschön geht gleichermaßen an alle Autorinnen und Autoren, die – über ihre Autorenschaft hinaus – in den vergangenen Jahren als hoch engagierte Trainerinnen und Trainer dem Programm ihren Stempel aufgedrückt haben.

Inspirativ und Ideen gebend waren viele Kolleginnen und Kollegen aus der Volkshochschulwelt. Ausdrücklich möchte ich Monika Engel danken, die als Kollegin aus dem Landesverband der Volkshochschulen in Nordrhein-Westfalen das Programm kritisch und konstruktiv begleitet hat. Unter ihrer Federführung wurde für die Zielgruppe der Mitarbeiterinnen und Mitarbeiter aus Verwaltung und Migrantenorganisationen eine gesonderte Lehrgangsvariante entwickelt. Zur Beförderung des Programms, das dieses Handbuch verkörpert, haben außerdem Sascha Rex vom Deutschen Volkshochschul-Verband, Dr. Jürgen Wasella, Volkshochschule Aalen, sowie Helga Barbara Gundlach aus Hannover ganz wesentlich beigetragen. Und als tatkräftige Wegbereiterinnen der Münchner Xpert CCS-Linie darf ich mich herzlich und persönlich bei den Kolleginnen und Kollegen aus dem Bayerischen Volkshochschulverband, besonders bei Markus Bassenhorst, Gisela Schenk, Anna Petschenka und Barbara Pedack, bedanken.

Informationen zur Fortbildungsreihe Xpert Culture Communication Skills ® (Lernzielkatalog, Zertifikate, Prüfungsanforderungen, Kurs- und Prüfungsdatenbank, Werbematerialien, Qualitätsstandards), erhalten Sie unter der Internetadresse www.xpert-ccs.de.

Im Juni 2011, Christoph Köck

EINFÜHRUNG

Kultur und Interkulturalität sind heute zu brisanten gesellschaftlichen und politischen Themen geworden, die ihre Wirkung im Spannungsfeld zwischen kulturwissenschaftlicher Theorie, sozialer Praxis und politischen Entscheidungen entfalten. Jede Ausbildung zur interkulturellen Kompetenz geht von einem bestimmten Verständnis der beiden genannten Themen aus und ist verpflichtet, dieses auch in aller Deutlichkeit herauszustellen. Die Einführung will dieser Aufgabe Rechnung tragen. Vorgestellt werden in knapper Form auch die Struktur des Lehrmittels und die Ausgangspositionen des Programms Xpert Culture Communication Skills ® (Xpert CCS) in der Behandlung von Kultur als Lerngegenstand.

- Begriffe und Konzepte
- Verständnis von Kultur
- Kontexte von Interkulturalität
- Zum Lehrbuch

BEGRIFFE UND KONZEPTE

Kultur als Thema hat Konjunktur. Seit Beginn der 1990er Jahre hat es eine immer größere Aufmerksamkeit auf sich gezogen. Dasselbe gilt auch für die abgeleiteten Begriffe „kulturelle Differenz" und „interkulturelle Kompetenz". Nicht nur dass sie in keiner Diskussion zur EU-Erweiterung, Migration, Zuwanderung oder Integration fehlen – offensichtlich enthalten sie so viel Zündstoff, dass sie unentwegt zu weiteren strittigen Themen führen wie „Leitkultur", „Parallelkulturen" oder „multikulturelle Gesellschaft".

Waren diese – recht abstrakten – Begriffe früher fast ausschließlich dem akademischen Diskurs vorbehalten, so sind sie mittlerweile der Obhut der Wissenschaftler entglitten und zum Diskussionsgegenstand und Gesprächsstoff von Politikern, Journalisten und der breiten Öffentlichkeit geworden. Die Gründe dafür liegen auf der Hand. Die Epoche, in der wir leben, ist in der Tat einmalig: Die entgrenzte Mobilität von Menschen, Waren, Dienstleistungen, Informationen und Technologien hat radikale Umwälzungen ausgelöst. In Bezug auf unser Thema heißt das: Die Sensibilität für das Kulturelle sowie für die Probleme, die sich beim Misslingen des "Gesprächs über Grenzen hinweg" ergeben, ist enorm gestiegen. Das globale Schrumpfen von Raum und Zeit hat vergessen geglaubte Emotio-

nen hochkommen lassen, an erster Stelle das verstärkte Bewusstsein für das – reale oder imaginierte – kulturell Eigene. Die starke Zunahme der Vernetzung zwischen Menschen aus unterschiedlichsten Ländern und Kulturen hat nicht etwa zum idealen „global village" geführt, sondern hat gezeigt, dass zwischen den vielfältigen Lebensformen, kulturspezifischen Erfahrungen und Werthaltungen beachtliche Konfliktpotenziale schlummern.

Eine wichtige soziale Folge für die sich seit den 1960er Jahren durch Zuwanderung und Migration schnell wandelnden europäischen Gesellschaften ist die Notwendigkeit, das Verhältnis zwischen Einheimischen und Zuwanderern neu zu definieren. Der Versuch, die neuen Erscheinungen zu (be)greifen, hat zu einer verwirrenden Vielfalt von Begrifflichkeiten für die neu entstandenen gesellschaftlichen Formen und Prozesse geführt. Im wissenschaftlichen und politischen Diskurs über kulturelle Vielfalt und ihre Folgen begegnet man besonders drei Konzepten, die oft nicht klar von einander getrennt werden, nämlich „Multikulturalität", „Interkulturalität" und „Transkulturalität". Trotz ihres wissenschaftlichen Klangs sind es primär politische Begriffe, die – vor dem Hintergrund der Migrationsdebatte – teils als Versuch der Zustandsbeschreibung, teils als Ausdruck von gesellschaftlichen Idealen entstanden sind. Allen gemeinsam ist ihre Abstraktheit und ihre relativ geringe Bindung an die realen Lebenswelten der Migranten und Einheimischen.

Das Konzept der Multikulturalität bezieht sich auf die Existenz von kultureller Vielfalt in der Gesellschaft. Die kulturellen Gruppen der Einheimischen und der Migranten werden im Sinne des Kulturrelativismus als „different but equal" betrachtet. Das gesellschaftliche Bild gleicht einem Mosaik, betont wird das bunte Nebeneinander einer Vielzahl von Lebensformen und -idealen. Kritiker dieser Auffassung wenden hier ein, dass die Idee des Multikulturalismus von naiver Exotik und romantischen Idealen geprägt sei und zu keinem Zeitpunkt der Lebensrealität entsprochen habe. Kulturelle Differenz werde von der Mehrheitsbevölkerung teils geduldet, teils ignoriert – auf jeden Fall sei sie nicht im Fokus der öffentlichen Meinung.

Interkulturalität betont den Kontakt zwischen den Mitgliedern verschiedener Kulturen und die Suche nach Möglichkeiten und Voraussetzungen für den Austausch. Das willkürliche Nebeneinander der kulturellen Lebensformen wird kritisiert, das Ideal ist ein neu entstehendes Miteinander. Es herrscht das Bewusstsein, dass zwischen den Mitgliedern der deutschen Mehrheitsgesellschaft und den zugereisten Migranten ein asymmetrisches Machtverhältnis besteht, das in allen Kontakten mitbedacht werden muss. Die politischen Bemühungen richten sich auf die Integration der Verschiedenheiten und auf das Sichern des Miteinanders. Es gibt ein Bewusstsein dessen, dass das Miteinander nicht problemlos gelebt werden kann und dass Anstrengungen und strukturierte Lernprozesse nötig sind, um dieses Ziel zu erreichen. Lernziel ist interkulturelle Kompetenz. Die Devise lautet „mit der Differenz leben". Kritiker des Interkulturalismus sehen in diesem Ansatz allerdings die Gefahr der Überbetonung und Beibehaltung kultureller Differenz.

Das Konzept der Transkulturalität geht einen Schritt weiter. Ihm zufolge führt die Begegnung unterschiedlicher, auch gegensätzlicher Kulturkreise zu einer Verwischung der Grenzen, möglicherweise zu ihrer Aufhebung. Nicht nur die Gesellschaft, sondern auch der einzelne Mensch wird von kultureller Vielfalt durchdrungen. Die Identität des Einzelnen besteht aus einer Kombination eigener und fremder Elemente, die durch den Austausch von Lebensformen, Werthaltungen und Weltsichten zustande gekommen ist. Das Konzept der Transkulturalität stellt die Persönlichkeitsveränderungen in den Mittelpunkt, die sich aus dem Kulturkontakt ergeben, und setzt einen Menschen voraus, der nach allen Seiten hin offen ist und ohne Angst und Verunsicherung bereit ist, die unterschiedlichsten Einflüsse aufzunehmen. Dieser attraktiven Vision ist allerdings entgegenzuhalten, dass für die meisten Menschen dies eine (noch) kaum erfüllbare Anforderung ist. Die globale Mobilität und Vernetzung hat in der Tat eine kleine Schicht von Menschen hervorgebracht, die Elemente verschiedener Kulturen in sich tragen und in diesem Sinne transkulturell sind. Für die allermeisten Menschen jedoch bietet das gewohnte und bewährte Eigene immer noch den sicheren Halt. Für sie muss das vorrangige Lernziel daher das Erlernen des Umgangs mit kulturellen Unterschieden und das Aneignen von interkultureller Kompetenz sein.

Die gegenwärtige Dominanz des Konzepts der Interkulturalität, das auf der Makroebene die Grundlage für die heutigen Integrationsmaßnahmen in Bildung und Politik bildet und auf der Mikroebene die Einstellungen und Denkweisen vieler Bürger prägt, schließt jedoch nicht aus, dass in der Zukunft größere gesellschaftliche Bereiche und Lebenswelten entstehen, die stärker dem Konzept der Transkulturalität entsprechen.

Das Programm Xpert CCS geht von den gegenwärtigen realen Erfahrungen der gelebten kulturellen Vielfalt aus und ist bestrebt, seine Teilnehmer praxisnah für den reflektierten und toleranten Umgang mit Differenz vorzubereiten. Daraus ergibt sich die Nähe zum Konzept der Interkulturalität. Das Programm bleibt jedoch offen auch für die Ergebnisse von transkulturellen Entwicklungen.

VERSTÄNDNIS VON KULTUR

Die breite Popularisierung des Themas Kultur hat dazu beigetragen, dass im öffentlichen Verständnis Kultur heute mehr und mehr mit „Lebensart" und „Lebensweise" in Verbindung gebracht wird. Diese Vorstellung steht der in der Wissenschaft geltenden Auffassung von Kultur als „Alltagskultur" viel näher als das ältere engere Kulturverständnis, das sich auf die herausragenden Leistungen des menschlichen Geistes (wie Literatur, Oper, Theater oder Malerei) bezieht. Für die Ansprache der alltäglichen interkulturellen Begegnungen bildet der erweiterte Kulturbegriff eindeutig die bessere Grundlage. Entsprechend wird Kultur in allen interkulturellen Lernmaßnahmen – so auch im Programm Xpert CCS – immer in dieser Bedeutung verstanden: als ein System alltäglichen Wissens, das dem Individuum zur Verhaltensorientierung dient und ihm eine effektive Interaktion und Kooperation mit seinen Mitmenschen ermöglicht.

Ein Problem darf hier nicht verschwiegen werden: Das oben genannte Verständnis von Kultur basiert ganz eindeutig auf der Vorstellung, dass zwischen den Mitgliedern verschiedener Kulturen unbestreitbare kulturelle Differenzen existieren. Dieses mag für kulturwissenschaftliche Laien eine Selbstverständlichkeit sein; besonders jene, die täglich am Arbeitsplatz verschiedenen Migranten begegnen, kann man schwer davon abbringen, Erklärungen für deren „abweichendes" Verhalten vorschnell in der kulturellen Differenz zu suchen. Für Interkulturalisten gestaltet sich die Berücksichtigung von Kultur und den damit einhergehenden kulturellen Differenzen aber wesentlich komplizierter. Zwar bestreiten sie nicht die Existenz von Differenz, doch sind sie im vollen Bewusstsein ihrer ausgrenzenden Wirkung sehr vorsichtig mit ihrer Betonung: Wird Kultur allzu sehr ins Zentrum gerückt, können Fremdkulturelle leicht auf ihre Andersartigkeit festgelegt und damit diskriminiert werden.

Es stellt sich die Frage, inwieweit interkulturelle Lernprogramme für die soziale Praxis auf die Feinheiten wissenschaftlicher Kulturtheorien und Diskussionen eingehen sollen. Diese Frage ist umso berechtigter, als die Fachleute selbst in so zentralen Fragen wie der Betonung oder Minimierung kultureller Differenz in ihren Ansichten keine einheitliche Meinung vertreten. Für jedes Ausbildungsprogramm zur interkulturellen Kompetenz, so auch für das Programm Xpert CCS, ergibt sich hieraus ein grundsätzliches Problem: Einerseits birgt die Vermittlung komplexer Kulturtheorien in der praxisorientierten interkulturellen Bildung das Risiko, die Teilnehmer nicht „dort abzuholen, wo sie stehen" und sie zu überfordern, andererseits besteht aber die Gefahr, dass man bei Ausklammerung theoretischer Erkenntnisse nur „Kultur light" vermittelt und Stereotypen verfestigt. Jedes interkulturelle Ausbildungsprogramm ist daher eine Gratwanderung, bei der das Verhältnis zwischen theoretischer Fundierung und praktischer Umsetzung stets reflektiert und in ethisch verantwortlicher Art ausgehandelt werden muss.

KONTEXTE VON INTERKULTURALITÄT

In Verbindung mit Kultur und Interkulturalität sind zwei sehr unterschiedliche Ebenen mit jeweils anderen Problemen und politischen Agenden angesprochen, nämlich die internationalen und die multikulturellen Kontexte. Die Unterscheidung zwischen beiden ist deswegen von Bedeutung, weil in ihnen jeweils anders über Kultur und Differenz gedacht und entschieden wird. Wichtig ist sie auch, weil außerhalb des akademischen Diskurses diese Unterscheidung zwischen beiden Kontexten kaum bekannt ist, was häufig zu Fehlschlüssen und unnötigen Diskussionen führt.

Die internationalen Kontexte umfassen all jene Bereiche, in denen ein „Recht auf Differenz" durchaus zugestanden wird: Es ist die Welt der internationalen Politik, des auswärtigen Dienstes, der EU-Beamten,

der Entwicklungshilfe, der internationalen Arbeitsteams, aber auch die des Tourismus, des Sports, der Au-pair-Aufenthalte, des Schüleraustausches und des Auslandsstudiums. Wie selbstverständlich wird dort nach nationaler Zugehörigkeit unterschieden, nach „Franzosen", „Israelis", „Deutschen", „Russen", „Chinesen" usw. Der Nationalkultur wird dabei die Rolle eines entscheidenden Faktors zugewiesen, mit dessen Hilfe man Handlungen von Menschen erfassen und zuordnen kann. Jeder Diplomat kann Auskunft darüber geben, „was Engländer essen" und wie „die Italiener ihre Verwaltung strukturieren". Entwicklungshilfeprojekte und EU-Programme unterscheiden strikt nach Ländern und Ländergruppen, politische Reportagen und Berichterstattungen ordnen ihre Inhalte nach nationalen Gruppen, der Schüleraustausch ist ebenfalls nach Ländern strukturiert. In anderen Worten: In diesen Kontexten wird offen von Differenz gesprochen, die Ansprache von Kultur erfüllt eine Ordnungsfunktion und ist deswegen willkommen.

Ganz anders in den multikulturellen Kontexten innerhalb der Nationalstaaten: Dort ist Differenz im Regelfall nicht erwünscht. Anders als in internationalen Kontexten sind die „Fremden" hier fester Bestandteil der Gesellschaft: Zu ihnen zählen Umsiedler, Zuwanderer, Asylanten, Flüchtlinge aus den Krisenregionen der Welt, Mitglieder von Minderheiten und bikulturellen Familien und andere mehr. Das gesellschaftliche Zusammenleben schwächt die scharfen Konturen der kulturellen Abgrenzungen ab, denn die Alltagsrealität der Migranten, mehrfachen Kulturwechsler, Mitglieder bi- oder trikultureller Familien lässt sich durch vereinfachte Formeln wie „Türke", „Marokkaner" oder „Russe" nicht angemessen beschreiben.

Von heutigen Ausbildungsprogrammen zur interkulturellen Kompetenz erwartet man, dass sie sich auf die Vielfalt der gelebten Interkulturalität beziehen. Die Unterscheidung in internationale und multikulturelle Kontexte ist hier eine wichtige Orientierung, wenn es darum geht, über Lerninhalte und Begrifflichkeiten in den Programmen zu entscheiden. Beide Kontexte beziehen sich auf unterschiedliche Lebensbereiche und -situationen und setzen unterschiedliches interkulturelles Wissen voraus, eine vollständige Kompetenz ergibt sich aus der Kombination beider Wissensbestände und Fähigkeiten.

ZUM LEHRBUCH

Dies ist die zweite, stark überarbeitete deutschsprachige Auflage des Lehrbuchs zum zertifizierten Weiterbildungsprogramm des Bayerischen Volkshochschulverbands Xpert Culture Communication Skills ® (Xpert CCS). Es besteht aus zwei Teilen. Die Module 1 - 7 im ersten Teil enthalten das Grundlagenwissen im Bereich der interkulturellen Kommunikation. Der Ansatz ist kulturallgemein, d.h. es geht nicht um das Erlernen spezifischer Kulturen, sondern um Schlüsselinhalte, die das Herangehen an beliebige Situationen, in denen kulturelle Differenz empfunden wird, ermöglichen. Das Besondere an diesem Lehrmaterial ist die Einführung der ethnographischen Methode als Mittel für die Erfassung von kultureller Differenz im Alltag, gewissermaßen eine Anleitung zur achtsamen Spurensuche („Kultur auf der Spur") anstatt der sonst häufig praktizierten Zuschreibung von Fremdheit auf der Grundlage äußerer Merkmale und Generalisierungen. Eine weitere Besonderheit besteht in der Verankerung des Lernprozesses in der Person des Lerners: Ausgegangen wird von der subjektiven Eigenkultur des Lerners, d.h. man lernt zunächst über sich selbst als kulturelles Wesen und tritt erst dann an fremdkulturelle Erscheinungen heran. Der Vorteil dieser Vorgehensweise ist die – von den Programmteilnehmern besonders geschätzte – starke Eigensensibilisierung. Alle Module sind neu überarbeitet, manche theoretisch erweitert und vertieft.

Im zweiten Teil finden sich drei Anwendungsmodule. Darin werden die spezifischen Aspekte einiger Arbeits- und Lebensfelder der multikulturellen Gesellschaft, die besonders stark von kultureller Vielfalt geprägt sind und kulturkompetentes Handeln erfordern, behandelt. Die Auswahl der Felder – Schule, soziale Dienste und Gesundheit – ist aktualisiert und unterscheidet sich zum Teil von jener in der ersten Auflage. Die übernommenen Inhalte sind erweitert und vertieft.

Als Begleitbuch zum Programm Xpert CCS bietet dieses Lehrmittel nur einen ersten Überblick über die sehr komplexen Themen Kultur und kulturelle Differenz. Die Auswahl der Inhalte und die Art ihrer Darstellung sind so konzipiert, dass sie den Lerner relativ schnell zum praktischen Handeln in interkulturellen Situationen befähigen können. Dazu helfen die vielen Arbeitsanregungen und Diskussionsfragen, mit denen Möglichkeiten der Anwendung des theoretischen Materials aufgezeigt werden und eingeübt werden können. Die aktualisierten Literaturlisten am Schluss eines jeden Moduls sollen denjenigen eine Hilfe sein, die eine tiefere theoretische Auseinandersetzung mit der Materie suchen.

1 EIGENE KULTUR

Dieses Modul stellt eine Einführung in das Thema Kultur dar. Sie befassen sich hier mit dem Verständnis von Kultur und ihren wichtigsten Charakteristika. Im Mittelpunkt steht die Frage nach dem Zusammenhang zwischen Kultur und menschlichem Handeln. Unter Einbezug Ihrer persönlichen Lebenserfahrung und vieler Alltagsbeispiele lernen Sie, zwischen Individuellem und Kulturellem zu unterscheiden und die Bedeutung kultureller Prägungen realistisch einzuschätzen.

- Eigene Kultur
- Eigenschaften kultureller Systeme
- Elemente der Kultur
- Kulturmodelle
- Kultur und Identität

EIGENE KULTUR

Am Anfang jedes interkulturellen Lernens steht die schwierige Frage: „Und was ist meine Kultur?", die dann meist beantwortet wird mit „Weiß ich nicht, ist schwer zu sagen". In der Tat ist dies eine sehr schwierige Frage. Denn wie eine „Brille", von der man kaum Notiz nimmt, prägt die eigene Kultur unsere Sicht auf die Welt. Sie funktioniert wie eine zweite Natur: Wenn wir mit Menschen zusammen sind, die unsere Kultur teilen, müssen wir über Vieles nicht nachdenken und können sofort „zur Sache kommen". Damit sind wir mitten im Kernproblem der Beschäftigung mit Kultur: Es ist die Selbstverständlichkeit und „Normalität" der eigenen Kultur, die sie für uns schwer greifbar macht und die Frage „Was macht mich als kulturelles Wesen aus?" zunächst unbeantwortet lässt. Auch wenn wir unsere Kultur stets nutzen, um die Welt und die Menschen rundherum zu deuten und uns Orientierungen für das Denken, Beurteilen und Handeln zu verschaffen, bleibt sie für uns weitestgehend unbewusst. Der Vergleich mit dem Öl, das einen Motor am Laufen hält, drängt sich hier auf: Während der Motor seinen Dienst leistet, denkt man wenig an das Öl, das ihm das Laufen ermöglicht. Aufmerksamkeit zieht das Öl erst dann auf sich, wenn der Motor stockt. Oder, in Übertragung, erst wenn unsere Kultur durch den Kulturkontakt in Frage gestellt wird, kann sie aus dem Unbewussten hervortreten und fühlbar – und greifbar – werden.

Im wissenschaftlichen Verständnis hat Kultur immer mit Alltag und Lebensweise zu tun. Die meisten Definitionen stimmen darin überein, dass Kultur ein unsichtbares Orientierungssystem für unser Handeln bildet, das zum großen Teil aus quasi automatisierten Routinen besteht. Die oben beschriebene Haltung, die eigene Kultur für „selbstverständlich" und oft auch für „besser" zu halten, nennt man wissenschaftlich „ethnozentrisch". Man kann lernen, seinen Ethnozentrismus zu kontrollieren und zu mindern, vollständig ausschalten kann man ihn nicht (vgl. Modul 4).

So schwierig es auch sein mag, sich der eigenen Kultur bewusst zu werden, so führt auf dem Weg zur interkulturellen Kompetenz kein Weg daran vorbei. Hilfreich sind dabei Konfrontationen mit „kulturellen Regelverletzungen". Diese helfen uns, das Gewohnte und Selbstverständliche ins Bewusstsein zu heben und fühlbar zu machen. Die Begegnung und der Austausch mit kultureller Andersheit gibt uns die einzige Chance, die eigene Kultur zu erkennen (vgl. Modul 2).

„Ihr macht hier ja tausend Sachen gleichzeitig", sagt der Gast aus Hamburg zu seinem italienischen Freund, wenn er zum wiederholten Mal beobachtet, wie bei ihm daheim gleichzeitig der Fernseher läuft, die Kinder Krach machen, die Telefone klingeln und die Ehefrau aus der Küche nach Hilfe ruft. „Ach, wirklich? Vielleicht hast Du recht, ich weiß es nicht", lautet dessen Antwort. Beim Besuch in Hamburg revanchiert sich der Freund: „Ist das leise bei euch, ich kann nicht einschlafen! Und abends ist kaum jemand auf der Straße." Nun ist der deutsche Gastgeber dran: „Meinst Du? Ist mir bis jetzt nicht aufgefallen".

Offensichtlich handelt es sich hier um ein Missverständnis. Das Beispiel zeigt – neben der bereits angesprochenen „Kulturblindheit" – die Schwierigkeit der Bewusstwerdung der eigenen Kultur: Weil das umfangreiche eigene „kulturelle Wissen" aus lauter Selbstverständlichkeiten besteht und dabei stark emotional besetzt ist, registrieren wir nur jene Eindrücke, die eine Ausnahme oder Abweichung darstellen. Für das umfangreiche „selbstverständliche" Wissen bleiben wir blind. Weil dem italienischen Gast die deutsche Brille fehlt, kann er das Erlebte nicht einordnen: Er wird nicht verstehen, dass sein deutscher Freund durch die Lautstärke mit einer starken Abweichung von der Norm der Nachtruhe konfrontiert war, die er „zu Recht" monierte.

Eine Warnung: Dieser konstruierte deutsch-italienische Austausch soll nicht unterstellen, dass „alle Italiener laut" und „alle Deutschen leise" seien. Gewiss trifft das für einen Großteil der beiden Gruppen zu, doch wird der Verlauf solcher Begegnungen auch von anderen Faktoren außer den kulturabhängigen Sicht- und Verhaltensweisen bestimmt, also etwa von den individuellen Eigenschaften beider Personen, sowie von der Situation, in der sie sich begegnen. Treffen sich die beiden nicht als Freunde daheim, sondern als Verhandlungspartner in der Firma, wird das Geschehen vermutlich einen anderen Lauf nehmen. Es kann auch sein, dass ein Norditaliener aus der Mailänder Mittelschicht mit seinem süditalienischen Wirt ähnliche Erfahrungen macht wie der Deutsche.

Die Besprechung des obigen Beispiels bringt ein bestimmtes Dilemma ans Tageslicht: Alle interkulturellen Lernmaßnahmen zielen naturgemäß auf die intensive Beschäftigung mit Kultur und Interkulturalität. Erfahrungsgemäß kann dieser Umstand leicht zu der Überschätzung der Bedeutung kultureller Faktoren führen und zu der irrigen Annahme verleiten, Kultur sei wie ein Universalschlüssel für die Erfassung sämtlicher Anliegen und Probleme zwischen Menschen mit unterschiedlichem kulturellen Hintergrund zu verwenden. Eine solche Kulturfixierung ist immer falsch und daher ist sie unbedingt zu vermeiden.

Was hilft hier? Begibt man sich „der Kultur auf die Spur", so muss man an erster Stelle erkennen, in welchem Teil einer zwischenmenschlichen Interaktion Kulturelles eine Rolle spielt, an zweiter Stelle muss man lernen, dessen Ausmaß realistisch einzuschätzen. Sehr hilfreich ist hier das Zerlegen des Geschehens in drei verschiedene Bestandteile, nämlich solche, die sich auf das Individuum, auf die Kultur und auf die Situation beziehen. Erst dann schätzt man die Gewichtverteilung der einzelnen Positionen des Individuum-Kultur-Situation-Dreiecks ein: Was gab den größten Ausschlag für das Geschehen? War es die Individualität der Beteiligten, ihre kulturellen Vorstellungen oder die Situation, in der sie sich befanden? Sicherlich ist diese kategorielle Einteilung nicht einfach zu leisten; am schwierigsten ist das Erkennen des kulturabhängigen Anteils. Dafür benötigt man eine verschärfte Beobachtungsgabe, die Fertigkeit, sich wiederholende Verhaltensäußerungen zu registrieren und zu deuten (vgl. Modul 5) sowie die Kompetenz, sie in Bezug zu kulturellen Dimensionen zu setzen (vgl. Modul 6).

ARBEITSANREGUNG 1

Stellen Sie sich vor, Sie nehmen an einer internationalen Weiterbildung in Portugal teil, bei der es Teilnehmer aus allen Erdteilen geben wird. Die Veranstalter wollen am Anfang eine Kennenlern-Runde machen und haben jeden Teilnehmer gebeten, drei Gegenstände mitzubringen, mit denen man sich selbst und sein Land vorstellt. Was würden Sie mitnehmen?

ARBEITSANREGUNG 2

Lesen Sie folgende Geschichte und versuchen Sie, die Frage zu beantworten.

„Eine Münchnerin besuchte in Jemen ihre deutsche Freundin, die mit einem Jemeniten verheiratet ist. Die beiden erhielten eine Einladung zum Geburtstag einer Nachbarin und machten sich Gedanken, was sie wohl als Geschenk mitbringen könnten. Sie entschieden sich für einen Stoff und kauften auch Kleinigkeiten für die Kinder.
Als die beiden ankamen, fanden sie eine Menge weiblicher Gäste, alle im Kreis sitzend, die neugierig auf die Fremden schauten. Das Geschenk wurde der Gastgeberin überreicht, die es wiederum im Kreis herumgehen ließ. Alle bewunderten den Stoff, kommentierten die Qualität, fragten nach dem Preis, insgesamt fand der Stoff viel Gefallen. Eine der Frauen mochte ihn jedoch am meisten, sie fühlte ihn mehrfach an und legte ihn sich an. Die Gastgeberin merkte dies und schenkte ihr spontan den Stoff weiter.
Die Münchnerin und ihre Freundin waren sehr betroffen und gingen bald fort.“

Warum waren die beiden Deutschen beleidigt? Besprechen Sie den Fall mit nicht-deutschen Bekannten, mit denen Sie ein Vertrauensverhältnis haben. Wie sehen sie den Vorfall? Sind Sie mit ihrer Antwort einverstanden?

EIGENSCHAFTEN KULTURELLER SYSTEME

Kultur ist Instinktersatz

Kultur ist gewissermaßen der Ersatz für die dem „Mängelwesen" Mensch fehlenden Instinkte. Sie umfasst jene eingeschliffenen und wenig bewussten „Richtlinien", die uns helfen, ohne viel Nachdenken Alltägliches zu regeln. Ohne sie wären auch die einfachsten Situationen nicht zu bewältigen. Sie stellt uns eine „Landkarte der Bedeutungen" bereit, welche die Dinge um uns herum verstehbar macht. Diese „Landkarte der Bedeutungen" wird im alltäglichen Handeln sichtbar: Wenn man erzogen wurde, Unpünktlichkeit als Unhöflichkeit zu deuten, entschuldigt man sich beim Zuspätkommen automatisch.

Zum Vergleich kann man die Straßenverkehrsordnung heranziehen: So wie im Straßenverkehr eine Vielzahl von Regeln den sicheren Verkehrsfluss gewährleistet, nutzen Menschen ihre kulturellen Gewohnheiten, um den Ablauf sozialer Handlungen zu regeln – von der einfachsten Begrüßung bis hin zum komplexen nachbarschaftlichen Zusammenleben.

ARBEITSANREGUNG 3

Versuchen Sie im gewohnten Alltag „gegen den Strich" zu handeln: Laufen Sie auf dem Fahrradstreifen, rücken Sie in der U-Bahn sehr nah an Ihren Nachbarn, fragen Sie Ihre Nachbarn nach ihrem Einkommen, schauen Sie Ihrem Gesprächspartner nicht in die Augen usw. Achten Sie dabei auf Ihre eigenen Gefühle und auf die Reaktionen Ihrer Umgebung. Welche „Regeln" haben Sie erkannt?

Hinweis: Gegen die in einer Kultur üblichen Regeln zu handeln verursacht emotionalen Stress, denn die soziale Umgebung versucht stets, Sie zu korrigieren. Es ist möglich, dass manche „Korrekturen" heftig ausfallen und bei Ihnen Betroffenheit auslösen.

Kultur wirkt also zunächst wie eine unsichtbare „Gebrauchsanweisung". Denn sie regelt das Netz von Interaktionen und Beziehungen zwischen den Mitgliedern einer Gesellschaft. Ohne Kultur könnten wir den Interaktionen keinen Sinn abgewinnen, wären nicht wahrnehmungs- und handlungsfähig. Kultur betrifft also auch die Art, wie die Beziehungen und Interaktionen einer Gruppe strukturiert und geformt sind und wie diese Formen vermittelt, verstanden und interpretiert werden.

Vergessen wir aber nicht, dass der Kulturbegriff eine wissenschaftliche Abstraktion ist, die zur Erfassung immer wiederkehrender Handlungen von Mitgliedern sozialer Gruppen dient. Auf keinen Fall sollte sie für die Erstellung von kurzschlüssigen und verallgemeinernden Erklärungen eingesetzt werden: „Meine Nachbarn richten immer so übermäßige Hochzeiten

aus; sie sind ja Türken, das ist ihre Kultur". Solche „automatischen" Erklärungsversuche verschließen unseren Blick für das Anderskulturelle eher als dass sie ihn öffnen. Auf Kultur bezogene Aussagen müssen immer die Flexibilität von Hypothesen haben und die Bereitschaft zum Revidieren enthalten.

ARBEITSANREGUNG 4

In der Sendung „Titel, Thesen, Temperamente" des ARD-Fernsehens vom 10.Mai 2009 wurde eine Bewohnerin einer kleinen oberbayerischen Gemeinde interviewt. Anlass des Interviews waren Medienberichte über einen emiratischen Prinzen, der am Rande ihres Dorfes ein großes Gut gekauft und großzügig ausgebaut hatte. Danach hatte der Prinz auf seinem Anwesen einen Geschäftspartner – vermutlich einen Landsmann – gefoltert und die Gewaltszenen aufgezeichnet. Ob sie davon etwas wisse und was sie darüber denke, wollte man von ihr wissen. Die Befragte sagte, sie wisse nichts vom Vorfall, und fügte hinzu: „Wenn das trotzdem passiert ist, das ist wohl die Kultur des Scheichs". Wie kommentieren Sie diese Aussage vor dem Hintergrund des oben Gesagten?

Kultur ist erlernt

Jeder neugeborene Mensch wird als ein „unbeschriebenes Blatt" in eine gesellschaftliche Realität hineingeboren. Diese ist charakterisiert durch eine jeweils spezifische materielle Welt, durch soziale Rollen, Rollenerwartungen, Beziehungen wie auch durch Institutionen. Ein Kleinkind weiß nicht, wann, was und wie man isst; es bekommt einfach „das richtige Essen zur richtigen Zeit" vorgesetzt. Dadurch lernt es, den Tag durch Mahlzeiten einzuteilen und wird konditioniert,

um diese Zeiten herum auch Hunger zu verspüren. An diesem Beispiel zeigt sich die Überformung der Natur durch die Kultur.

Es versteht sich, dass es zwischen verschiedenen Kulturen oft kein Einverständnis darüber gibt, was „richtige" Ernährung, Pflege und Umgang mit dem Nachwuchs ist. Kulturwechsler (Migranten, Entsandte, Diplomaten usw.) mit Kindern wissen genau, wie sie mit ihren mitgebrachten Methoden der Kindererziehung im Gastland allzu oft „gegen die Wand" rennen – im Kindergarten, mit der Kinderfrau, mit den anderen Kindern und deren Eltern. Deswegen ist es eine gute Empfehlung für Kulturbeobachter, Orte für Kinder wie Spielplätze, Kindergärten, Kindergeburtstage oder Kinderarztpraxen aufzusuchen, um sich dort über grundlegende Strukturen und Inhalte der jeweiligen Kultur zu informieren (vgl. Modul 5 „Kulturexploration").

So wird im Verlauf der frühen Kindheit die gesellschaftliche Wirklichkeit verinnerlicht und damit zur subjektiven Wirklichkeit der Einstellungen, Werte, Konzepte und Deutungsmuster. Das Individuum wird dank dieses Kultur-Lern-Prozesses, der so genannten Enkulturation, zum gesellschaftlichen Wesen, das die kulturellen Zeichen seiner Umwelt unbewusst beherrscht und auf sie angemessen reagieren kann. Das Erlernte senkt sich in ihm ab und fortan kann die „Kultur" in ihm nur noch indirekt in der „Ding-Welt" oder durch die Kommunikation aufgespürt werden. Der Kultur auf die Spur zu kommen, ist keine leichte Aufgabe und es bedarf spezifischen Wissens, um ihr gerecht zu werden (vgl. Module 3, 4 und 7).

Die – biographisch gesehen – frühe Aneignung kultureller Grundannahmen und deren Umwandlung in eingeschliffene Handlungsroutinen und Selbstverständlichkeiten macht Kultur schwer fass- und nachvollziehbar. Dazu trägt auch die Art der Aneignung bei, denn Eltern kann man nur selten als bewusste und verantwortliche „Kulturlehrer" erleben. Sie bringen ihrem Kind die Art der Begrüßung oder den Umgang mit Geld so bei, wie sie es selbst gelernt haben und für „richtig" halten. Auf die Frage „Warum kann ich mein Taschengeld nicht sofort ausgeben?" gibt es so wenig eine sinnvolle Erklärung wie auf die Frage „Warum heißt es geschrieben und nicht geschreibt?" Wenn viele Eltern in Deutschland heute dazu neigen, ihren Kindern Erklärungen zu geben, so betreffen diese meist nur solche „Kultur-Lerneinheiten" wie Selbständigkeit und Eigenverantwortung, die in manchen anderen Kulturen kein erstrebenswertes Lernziel darstellen. Der Vergleich mit dem Fisch, der nichts vom lebensnotwendigen Wasser weiß, in dem er schwimmt, veranschaulicht sehr gut die Unbewusstheit der eigenen kulturellen Prägung.

ARBEITSANREGUNG 5

Befragen Sie Bekannte aus anderen Kulturen danach, was bei Geburtstagsfeiern ihrer Kinder (im Kindergarten- oder Grundschulalter) üblich ist: Wer wird eingeladen? Welche Geschenke werden überreicht? Welches Essen, welche Kleidung und welche Spiele sind üblich? Worauf legen die Eltern wert?

Der Mensch ist jedoch nicht nur Gefangener seiner Kultur: Sind die Grundlagen einmal angeeignet, beginnt man mit dem kulturellen Wissensvorrat auch spielerisch umzugehen. Je nach Situation und persönlicher Entscheidung können Elemente der Kultur zum Einsatz kommen oder auch nicht, können verändert oder beibehalten werden. Darin liegt die Chance des kulturellen Wandels.

Kultur ist ein Gruppenphänomen

Kultur hat immer mit einer Gruppe von Menschen zu tun. So wenig wie eine Sprache Sinn macht, die nur einen Sprecher hat, kann es die Kultur eines einzelnen Menschen geben. Kultur hat, wie Sprache, wesentlich mit Austausch von Bedeutungen zu tun, wofür mindestens ein Gegenüber benötigt wird. Sie prägt nur einen Teil der menschlichen Persönlichkeit. Es ist jener Teil, mit dem man „so wie die Mitglieder seiner Gruppe" ist. Während das Biologische, z.B. Hunger, Durst und Krankheit, am Verhalten eines Menschen leichter erkannt wird, fällt die Unterscheidung zwischen dem Individuellen und dem Kulturellen weitaus schwerer. Weil man sich seiner Kultur als Einzelperson bedient, kann man nur schwer einschätzen, ob es sich jeweils um die eigene persönliche Entscheidung handelt oder um eine Entscheidung, die die meisten Mitglieder der eigenen Kultur in der gleichen Situation so oder ähnlich treffen würden.

ARBEITSANREGUNG 6

Beantworten Sie die folgenden Fragen: Würden Sie

1. Ihren Kollegen nach dem Stand seines Sparkontos fragen?
2. Ihren Vorgesetzten abends zu Hause anrufen?
3. sich aus dem Kühlschrank der Gastgeber selbst bedienen?
4. die Post Ihrer Kinder öffnen?
5. Ihre Gäste im eigenen Schlafzimmer unterbringen?
6. unangekündigt einen Besuch machen?

Welche dieser Fragen konnten Sie sehr schnell beantworten? Warum? Stellen Sie die gleichen Fragen in Ihrem gleichkulturellen Bekanntenkreis oder in der Arbeitsgruppe und vergleichen Sie die Ergebnisse mit Ihren Antworten. Gibt es Übereinstimmungen?

Auffällig ist, dass Mitglieder individualistischer Kulturen (vgl. Modul 6) regelmäßig die Bedeutung der persönlichen Handlungsentscheidungen überschätzen und sich – oft sogar gegen besseres Wissen – dagegen wehren, als Teile „eines Kulturstroms" identifiziert zu werden. Selbst die Normen der Pünktlichkeit und der Ordentlichkeit, die recht deutlich zum „deutschen" Kulturrepertoire gehören, werden in Frage gestellt mit Aussagen wie „ich bin aber nicht pünktlich" oder „ich kenne viele, die unordentlich sind". Die Mitglieder kollektivistischer Kulturen (vgl. Modul 6) zeigen die umgekehrte Tendenz: Sie sind leichter bereit, sich hinter ihrer Gruppen zu verstecken und problemlos von „wir Russen" oder „wir Japaner" zu sprechen.

Heutige moderne Gesellschaften sind komplex und bestehen aus einer unüberschaubaren Vielfalt an sozialen Bereichen und Beziehungen. Jedes Individuum partizipiert an mehreren Sozialgruppen – Nation, ethnische Gruppe, Familie, Schule, Kirche, Arbeitsgruppe, Verein usw. – und verfügt über die Kenntnis der Verhaltensnormen jeder dieser Gruppen bzw. muss darüber verfügen.

Kultur ist Identität stiftend

Da im Prozess der Enkulturation die kulturellen Formen und Entscheidungen der Umwelt „in Fleisch und Blut" übergehen, werden sie „Teil von einem selbst", d.h. sie haben Identität stiftende Funktionen. Die kulturelle Identität ist eine Gruppenidentität. Das heißt, dass Eigenschaften, die man sich zuschreibt und über die man sich identifiziert, nicht auf die eigene Person, sondern auf die Zugehörigkeit zu einer kulturellen Gruppe zurückgehen. Identität ist eine Kategorie, die stark emotional besetzt ist. Wenn Menschen gezwungen sind, in einer Umgebung zu funktionieren, die von der vertrauten eigenen abweicht – wo Mahlzeiten, Speisezettel, Umgang mit der Zeit, Kollegialität, Intimität, Vertrauen usw. anders „gespielt" werden -, fühlen sie sich oftmals unwohl und haben das Gefühl, dass sie nicht mehr „sie selbst" sind. So kann z.B. jemand, der alles von langer Hand plant und dann auch einhält, die ständige Nicht-Einhaltung von Terminen in anderskulturellen Kontexten als persönlichen Angriff auffassen – und nicht als das, was es in den meisten Fällen ist, nämlich Folge kulturell unterschiedlicher, also überindividueller Vorstellungen vom Umgang mit Zeit (vgl. Modul 6).

ARBEITSANREGUNG 7

Lesen Sie die Erzählung „Die doppelte Bürgschaft" von Ilija Trojanow. Darin schildert der deutschsprachige Autor seine Erlebnisse beim Einbürgerungsgespräch und stellt die Frage „Was ist ein Deutscher".

„Neulich in einem der Chawls, in dem die meisten Bewohner Bombays zusammengepfercht leben, umarmte mich ein Fremder mit einem Lächeln, als er hörte, ich sei Deutscher. »Ich spreche deutsch«, sagte der Mann, »ich habe ein bisschen gelernt.« – »Wieso?« fragte ich erstaunt. »Weil ich die Sprache liebe, es ist eine so schöne Sprache«, erklärte er entwaffnend und ich nahm das Kompliment stellvertretend an. Ja, dachte ich, Deutsch ist gar nicht so übel. Und ich empfand Stolz. In einem indischen Armenviertel bereitete es mir keine Probleme, mich gänzlich mit etwas »Deutschem« zu identifizieren. Als ich nach Hause kam, fand ich die aktuelle Ausgabe einer deutschen Wochenzeitung vor. In dem Leitartikel wurde darüber diskutiert, wer deutsch sein dürfe, und die Idylle des Erlebten verging

Was ist ein Deutscher? Das kann nur eine Fiktion beantworten, denn ein tatsächlicher Eigenschaftskatalog existiert nicht. Sie können wählen zwischen Fiktion eins: Jeder, dessen Eltern Deutsche sind; Fiktion zwei: Jeder, dessen Vater oder Mutter Deutsche sind; Fiktion drei: Jeder, der in Deutschland geboren wurde; Fiktion vier: Jeder, der deutsch spricht und in Deutschland leben möchte, oder irgendeiner anderen Fiktion, die jemand nur formulieren müsste, um ihr einen gleichberechtigten Platz neben all den anderen zu verschaffen. Das ist ganz selbstver-

ständlich, denn der Begriff der Nation selbst ist einer der großen Fiktionen der Menschheitsgeschichte. Doch nur wenn man diesen Begriff aufrechterhält, kann der Staat aussondern und abschieben. Das Problem der Einbürgerung beruht darauf, dass sie eigentlich nicht vorgesehen ist in dem reinen Theoriegebäude der Nation. Nicht nur, weil der Begriff vom Lateinischen für Geborenwerden abstammt und somit eher einen Volksstamm oder ein Geschlecht bezeichnet, sondern auch, weil es keine Quereinsteiger geben kann. Dir fehlt die gemeinsame Abstammung, Sprache, Sitte sowie kulturelle und politische Entwicklung, wie willst du dann einer von uns werden? Wenn es also ans Einbürgern geht (was übrigens in manchen Staaten überhaupt nicht vorgesehen ist, weniger, weil diese dem Nationalgedanken puristischer anhängen, sondern weil sie Angst vor fremden Begierden haben), dann müssen die Kriterien dafür erfunden werden. Sie können den einfachen US-amerikanischen Weg gehen und jeden einbürgern, der Lust auf den »American way of life« hat, kein Revoluzzer ist, die Flagge wie seine Mutter achtet und die wichtigsten Artikel der Verfassung nachplappern kann. Sie können auf Sprachmächtigkeit abstellen, auf Kenntnisse der klassischen Kultur oder auf die Vertrautheit mit einheimischen Bräuchen (da wird es schon schwierig: Karneval feiern oder Bier trinken? Müssten dann nicht alle Brasilianer und Iren automatisch eingebürgert werden?). Welches Kriterium Sie auch immer wählen, bei strikter Durchführung droht die massenhafte Ausbürgerung Alteingesessener, die die deutsche Sprache so beherrschen, dass es einem Verinlandeten wie mir graust, die im Gegensatz zu vielen Spätankömmlingen weder Goethe noch Beethoven zu schätzen wissen und die zu Faschingszeiten fluchtartig das Land verlassen, um sich in Frankreich oder Italien angenehmeren Bräuchen hinzugeben.

Als ich vor Jahren zu einem Einbürgerungsgespräch vorgeladen wurde, kam im Laufe der bewusst locker gehaltenen Konversation zutage, dass ich es mit der Literatur habe. Ach, meinte der Beamte, erleichtert, die perfekte Lackmusfrage gefunden zu haben, dann können Sie mir bestimmt etwas über den Schriftsteller Lenz sagen. Klar doch, meinte ich, aber welchen Lenz meinen Sie? Den Hermann, den Siegfried oder den alten Jacob Michael Reinhold. Hm, gutgut, murmelte der Beamte, ich sehe, Sie kennen sich aus. Schon hatte ich den Integrationstest bestanden. Nun werden Sie auf die Ängste mancher Menschen hinweisen, die keineswegs fiktiv seien. So auch die Angst vor Überfremdung. Aber die Politiker, die sich so eifrig auf diese Angst berufen, übersehen gern, dass man auch Ängste durch Bildung und Einsicht überwinden kann, Schließlich plädiert selbst die CSU nicht dafür, stets alle Lichter anzulassen, damit sich die Kinder nicht vor der Dunkelheit fürchten. Untersucht man nüchtern die Überfremdungstendenzen in der deutschen Gegenwart, so stellt man fest, dass nicht die Moschee im Arbeiterviertel dominiert, sondern die allseits beliebte kulinarische Multikulturalität, die sich so weit durchgesetzt hat, dass deutsche Gastwirtschaft in den Städten neben Pizza, McDonald oder Gyros fast untergegangen ist. Und besieht man die Sprache, wohl der einzige wirkliche Identitätsträger, dann droht Überfremdung keineswegs durch Anatolien. Die Paschas mit ihren Fez haben es nur geschafft, Kadi und Kaffee hineinzuschmuggeln, die Amis hingegen haben die deutsche Sprache unterlaufen. Wenn ich mich entsinne, schreien die Nationalbewegten dagegen nicht auf. Wogegen ich, der Deutsch und Englisch fast gleichberechtigt als zweite und dritte Sprache benutzt, jeglichen Anglizismus zu vermeiden suche. Wer überfremdet wen, und wer wehrt sich dagegen? Die Fronten sind nicht so eindeutig gezogen, wie der Leitartikel mich glauben machen wollte.

So habe ich vor Jahren festgestellt, dass ich auch Deutscher bin, dass ich sogar deutscher bin als viele, die sich schon viel länger als Deutsche empfinden. Ich bin deutscher als etwa die meisten Einwohner Passaus. Wieso? Weil ich besser deutsch rede und vor allem schreibe als sie, weil ich mehr über die deutsche Geschichte, Kultur und Politik weiß als sie, und weil ich die Verfassung, vor allem die Menschenrechte, ernster nehme als sie, denn ich mache keinen Unterschied zwischen Inländern und Ausländern, zwischen Christen und Muslimen, zwischen Weißen und Schwarzen.
Es kann also nur eine Lösung geben: Der Ausländer wird gänzlich abgeschafft. Dann gibt es nur noch Vertraute und Fremde und zwischen ihnen einen fließenden Übergang. Dann wird der Kanake deutscher sein als jeder Wolgadeutsche. Keine Verfassungsänderung und keine Mauer werden das aufhalten. Der Staat mit seinen Dämmstoffexperten wird die eigene graue Eintönigkeit nicht mehr isolieren können. Im Internet herrscht schon Zukunft – es gibt keine Ausländer, jeder hat Zugang und kann die Sprache erlernen. Auch die deutsche. Man kann sie verändern. Mensch und Sprache bewegen sich, seit Anfang der Geschichte. Der Staat reglementiert sie, hält sie auf. Er hat Angst vor der unkontrollierten Veränderung. Vor der Unsicherheit."

Quelle: Joachim Lottmann (Hg.): *Kanaksta. Von deutschen und anderen Ausländern.* Berlin: Quadriga 1999, S. 79-81.

Welche Vorstellungen von Kultur finden sich im Text? Was ist Ihrer Meinung nach ein Deutscher? Wer darf sich Deutscher nennen? Was meint der Autor dazu?

Kulturen sind wandelbare Systeme

Wenn Kulturen sozial organisierte Systeme von Verhaltens- und Bedeutungsmustern sind, die der Orientierung dienen und als Reaktion auf die reale Außenwelt entstehen, dann ergibt sich daraus unmittelbar, dass sie veränderbar sind. Kulturen sind dynamisch und unterliegen einem ständigen Wandel. Die Kräfte, die den Kulturwandel verursachen, sind zweierlei Art. Zum einen gibt es innerhalb jeder Gesellschaft Mechanismen der Veränderung, die von Entdeckungen und Erfindungen angetrieben werden und in der Regel auch hochgeschätzt sind. Tatsache ist es andererseits aber, dass die meisten kulturellen Veränderungen durch äußere Einflüsse, also durch „Leihgaben" aus anderen Kulturen und durch Prozesse kultureller Diffusion zustande kommen. Besonders heute, unter den Bedingungen der globalen Vernetzung aller Lebensbereiche, finden die allermeisten kulturellen Innovationen durch die Übertragung von materiellen Gütern, Verhaltensweisen und Einstellungen aus anderen Kulturen statt. Die Richtung der Übertragung ist dabei beliebig. Ein gutes Beispiel dafür bildet das Weihnachtsfest: Die Gestaltung des heutigen Festes in den USA ist ohne das „Ausleihen" verschiedener Elemente des „klassischen" deutschen Brauchtums undenkbar. In der Weiterführung des Brauchs wurden in den USA einige neue Elemente eingefügt, z. B. die äußere Gestalt des Weihnachtsmanns, seine Ausstattung mit Begleitern, der künstliche Tannenbaum mit elektrischen Kerzen usw. In der Nachfolge sind dann mehrere der neuen Elemente zurück nach Deutschland „gesprungen" und wurden in das „klassische" Repertoire eingebaut bzw. haben sogar manche der ursprünglichen Elemente verdrängt.

Der Prozess der kulturellen Diffusion ist sehr komplex. Manche Bereiche der Kultur verändern sich leichter und schneller, etwa die materielle Kultur, andere hingegen bleiben lange resistent gegen Wandel, etwa die Werte und Grundeinstellungen. Das Ergebnis ist häufig ein Nebeneinander von Alt und Neu. Diese Einsicht ist für die heutige Zeit besonders wichtig: Viele meinen irrtümlich, durch die Globalisierung würde sich eine Angleichung der Güter, Lebensgewohnheiten und -einstellungen ergeben. Angemessener ist die anthropologische Prognose, dass sich im Verlauf des kulturellen Wandels viele neue Mischformen aus dem Alten, Neuen und dem transformierten Neuen ergeben und dass jede Mischung ihren spezifischen Charakter hat. Eindeutig ist aber, dass die Entscheidung darüber, was in eine Kultur aufgenommen wird und was nicht und wie die Neuerungen dann überformt werden, um sie in den eigenen Lebenskontext einzupassen, einzig und allein bei den Menschen in der Aufnahmekultur liegt. Denken wir etwa an die Aufnahme des chinesischen Essens in Deutschland: Unter Beibehaltung einiger Grundelemente (Kleingeschnittenes, Gewürze, Reisbeilage) sind die Nahrungselemente weithin den deutschen Gewohnheiten angepasst (es wird z.B. kein Fleisch von Hunden oder Schlangen angeboten), ebenso die Ausstattung der Restaurants (die Tische sind meist viereckig und für zwei bis vier Gäste geeignet), die Gestaltung der Speisekarte usw. In den beliebten Kursen für asiatische Kampfsportarten werden die nötigen Fertigkeiten wie Sport unterrichtet und der „Lehrer" beschränkt sich auf die Rolle des Trainers, ohne den ursprünglichen Anspruch auf die geistige Führung und Erziehung seiner Schüler umzusetzen.

Einen überzeugenden Beleg für den Kulturwandel bilden die Bewohner der ehemaligen DDR, die vielen „Wessis" heute als Angehörige einer Kultur erscheinen, die sich in wichtigen Teilen von der eigenen unterscheidet – und das nach nur wenigen Jahrzehnten Prägung durch staatssozialistische Strukturen und Institutionen. Beleg für die Veränderung der eigenen Kultur findet jeder, der alte Filme anschaut, um festzustellen, dass nicht nur Kleidung, Möbel und Nahrung, sondern auch Vorstellungen von Sitte, Respekt, Freundschaft sowie Einstellungen zu Familie, Freizeit usw. sich deutlich verändert haben.

Bei aller Dynamik darf man aber nie vergessen, dass unsere heutigen Gesellschaften weiterhin nationalstaatlich organisiert sind und dass Institutionen wie Schulen, Gerichte, Krankenhäuser, Verwaltungen durch ihre nationale Prägung für zahllose Unterschiede sorgen. Dies hat Auswirkungen bis in die kleinsten Details. So unterscheiden sich die Bedeutungen, die alltäglichen Dingen wie Mobiltelefonen oder Turnschuhen gegeben werden: Werden sie in dem einen Land hauptsächlich instrumentell genutzt, können sie in einem anderen primär als Prestigeobjekte fungieren, etwa in Ländern ohne Mobilfunknetz oder Fitnessstudios. Zu bedenken ist auch, dass die Dynamik der globalen Anpassung und des Wandels in vielen Ländern und Regionen nicht mit der gleichen Kraft wirksam ist.

ELEMENTE DER KULTUR

Jede Kultur hat einen tiefen Kern, der aus historisch vermittelten Grundannahmen besteht, aus denen sich Wertvorstellungen und Normen, Vorstellungen und Einstellungen ableiten. Sie alle bilden jene unsichtbaren Elemente der Kultur, die als Orientierungen für unsere wahrnehmbaren Verhaltensweisen dienen. Die Trennung der Kulturelemente in unsichtbare und sichtbare ist für den praxisorientierten Umgang mit Kultur in der multikulturellen Gesellschaft, z.B. für die Arbeit von Lehrern, Sozialarbeitern oder Verwaltungsangestellten, von besonderer Bedeutung.

Werte sind abstrakte Vorstellungen über wünschenswerte Zustände und über die Wege ihres Erreichens. Im anthropologischen Sinne sind es „sollte"-Aussagen, die außerhalb des Bewussten angesiedelt sind und erst über ihren Niederschlag in den sozialen Normen greifbar werden. Dabei gibt es keine „positiven" oder „negativen" Werte. Wenn in politischen Diskussionen über „Werte" gesprochen wird oder Unternehmen ihre „Werte" vorstellen, so handelt es sich nie um Werte im kulturwissenschaftlichen Sinne. Meist sind es plakative Nennungen oder Instrumentalisierungen des Wertebegriffes, die wertend („gute vs. weniger gute Werte") oder ausgrenzend („unsere Werte") gemeint sind.

Man weiß, dass Werte einen entscheidenden Einfluss auf das menschliche Handeln haben. Aus diesem Grund ist es für alle, die mit Kultur arbeiten – wissenschaftlich oder praxisorientiert – wichtig, Werte erkennen zu können. Darin liegt aber ein Problem, denn ihre tiefe Verwurzelung im Unbewussten steht dem im Wege. Auf Werte kann man nur schließen: Sie werden über symbolisches Handeln verbal und nonverbal kommuniziert (vgl. Modul 7). Doch welchen Teil des Handelns sollte man genauer anschauen, um sich dann an dessen Deutung zu machen? Denn hier gilt die Logik des Individuum-Kultur-Situation-Dreiecks: Nicht alles, was wir in unseren Interaktionen offenbaren, hat mit unseren kulturellen Werten zu tun. Daraus folgt, dass die Aufdeckung von Werten ein intensiver und langwieriger Prozess sein kann, der wie eine Suche nach dem „trial-and-error"-Prinzip verläuft und nur zu Teilerkenntnissen führt. Praktische Hinweise kann aber die kulturwissenschaftliche Literatur geben: So weiß man z.B. aus zahlreichen Studien, dass das Überreichen von Geschenken der nonverbale Ausdruck von Werten wie

Großzügigkeit, Respekt, Freundschaft, soziale Vernetzung oder gesellschaftlicher Status sein kann. Das Abtreten des eigenen Schlafzimmers an Gäste wiederum lässt auf den Wert der Gastfreundschaft und des Respekts gegenüber Fremden schließen.

ARBEITSANREGUNG 8

Sprichwörter können ein sehr guter Indikator für Werte sein. Die Spezifik der Werte kommt am deutlichsten zum Vorschein bei der Übersetzung – vorausgesetzt, es besteht ein Unterschied zwischen den Werten der beiden sprachlichen Gemeinschaften. Lesen Sie die folgenden Sprichwörter und versuchen Sie zu erklären, für welche Werte sie stehen. Neben den deutschen Sprichwörtern finden Sie einige wörtliche Übersetzungen von amerikanischen und russischen Sprichwörtern. Gibt es welche darunter, die Sie nicht „verstehen"? Warum?

1. Ordnung ist das halbe Leben (dt.)
2. Wenn Du die Hitze nicht magst, geh' aus der Küche (amerik.)
3. Auch ein blindes Huhn findet mal ein Korn (dt.)
4. Kleider machen Leute (dt.)
5. Mit Verwandten sing' und lach', aber nie Geschäfte mach' (dt.)
6. Glücklich ist das Land ohne Geschichte (amerik.)
7. Die Arbeit ist kein Wolf, wird nicht in den Wald weglaufen (russ.)
8. Nach den Kleidern empfängt, nach dem Intellekt verabschiedet man (russ.)
9. Tu Dein Geld wo Dein Mund ist (amerik.)

ARBEITSANREGUNG 9

Sprichwörtliche Redensarten spielen oft auf tief verankerte Werthaltungen an. Was versteckt sich hinter Ausdrücken wie „Sagen was Sache ist" und „Auf gut deutsch"? Welche Verhaltenskonsequenzen könnten Sie daraus ableiten? Überprüfen Sie Ihre Vermutung anhand direkter Beobachtungen in deutschen Besprechungen oder Verhandlungen.

Normen sind leichter zu greifen als Werte, da sie konkreter sind. Sie bauen auf den Werten auf und verdeutlichen sie als Aussagen über „richtig" und „falsch". Darin liegt ihre Verhalten steuernde Funktion: Wenn in einer kulturellen Gruppe Respekt für das Alter ein Wert ist, gilt meist die Norm „Man darf seinen Eltern nicht widersprechen". Wenn jüngere Kinder ihrem Großvater widersprechen, werden sie von den Eltern getadelt, wenn sie dasselbe im erwachsenen Alter tun, gelten sie als unhöflich und schlecht erzogen. Tritt das gleiche Verhalten in Gesellschaften auf, die vorrangig an der Erziehung ihrer Kinder zu Selbständigkeit und Unabhängigkeit interessiert sind, hat dies andere Konsequenzen. „Sich von den Erwachsenen alles gefallen lassen" ist dann „falsch" und „Kritik üben" „richtig": Wenn dort etwa Jugendliche ihre Eltern kritisieren, werden sie meist positiv, als autonome und gleichberechtigte Partner wahrgenommen. Dieses Beispiel illustriert, wie die eigene Kultur als Maßstab der Orientierung und Bewertung dient. Nicht die unbedingte Einhaltung der Normen einer Kultur macht einen zu ihrem Mitglied, sondern das Wissen um diese Normen und die Folgen ihrer Verletzung. Die Trennung der Kulturelemente in sichtbare und unsichtbare hat große Bedeutung für das Kultur-Lernen und für jede Erfassung kulturbedingten Verhaltens: „Kulturbotschaften" werden entschlüsselt, indem man Sichtbares registriert und deutet, um danach auf die nicht direkt beobachtbaren Werte, Normen und Einstellungen zu schließen.

KULTURMODELLE

Die Auffassung von Kultur als einem dreifach geschichteten Komplex von (1) nicht empirisch wahrnehmbaren, tief liegenden Grundannahmen, Werthaltungen und Normen, (2) von wahrnehmbaren Handlungen und schließlich (3) von materiellen Gütern bildet die Grundlage für das bekannteste Kulturmodell, den „Eisberg". Die gleiche Idee bildet die Grundlage des anderen, ebenfalls sehr populären Kulturmodells der „Zwiebel". Beide Modelle beruhen auf der Gegenüberstellung sichtbar – unsichtbar und auf der Annahme, dass zwischen den Elementen auf den verschiedenen Ebenen quasi automatische Beziehungen bestehen, z. B. in der Form „wenn in einer Gesellschaft Interdependenz ein zentraler Wert ist, dann ist zu erwarten, dass Kinder nicht zu Selbständigkeit erzogen werden und vermutlich kein regelmäßiges Taschengeld bekommen". Der Faden eines solchen Szenarios könnte mit einiger Wahrscheinlichkeit weitergesponnen werden zu Aussagen wie: „Dann darf man wohl ohne die Zustimmung der Eltern nicht heiraten" usw. Doch dabei ist Vorsicht geboten, denn dies sind allenfalls Vermutungen, die der Überprüfung in der

Realität bedürfen.

Der „kulturelle Eisberg" oder die „kulturelle Zwiebel" sind immer noch die Lieblingsmodelle vieler interkultureller Trainer. In der Tat lassen sich damit viele kulturbedingte Ereignisse und Situationen erklären. Die ihm zugrunde liegende Auffassung von der Bestimmtheit des Individuums durch seine Kultur ist eine gute erste Orientierung, gerade zu Beginn des Kultur-Lernens. Tatsache ist aber auch, dass das Eisbergmodell von Kultur in letzter Zeit sehr kritisiert worden ist. Die Idee, dass Individuen im Verlauf ihres Lebens in der Art einer Einbahnstraße durch ihre kulturelle Umwelt bestimmt werden, hat den Einwand provoziert, „Kulturen sind keine Käfige oder Container". Ein weiterer Grund ist die Eindimensionalität der durch die Modelle bedingten generalisierenden „Kulturportraits" ("die Franzosen", „Italiener", „Türken" usw.) sowie deren unterstellte Zeitlosigkeit („Einmal Franzose, immer Franzose"). Auch der Gedanke der zwingenden Verbindung zwischen den Elementen der drei Ebenen des "Eisbergs" (Werte/Normen, Verhaltensweisen und Dinge) scheint in vielen Teilen der Welt heute der Alltagsrealität nicht mehr zu entsprechen.

Eine Weiterentwicklung stellt das „Rucksack"-Modell dar. Dieses Modell behält zwar weiterhin die konzeptuelle Trennung zwischen sichtbaren und unsichtbaren Kulturelementen bei, geht aber von Kultur als offenem Prozess und als wandelbarer Größe aus. Der Mensch hat zwar sein kulturelles Wissen als „Kulturgepäck" stets dabei, doch sein Umgang damit ist flexibel und emanzipiert. Es ist das Individuum, das über den Umgang mit den verschiedenen Inhalten seines unsicht-

baren „Kultur-Rucksacks" entscheidet: manchmal nach persönlicher Vorliebe, manchmal nach Situation oder aber nach „Kulturzwang". Der „Rucksack" ist auch ausbaufähig, denn im Verlauf des Lebens kann man sich neue Teile aneignen und den Erstbestand an kulturellem Wissen, den man im Prozess der frühkindlichen Enkulturation „gelernt" hat, erweitern.

Ein einfaches Beispiel: Die chinesische Austauschstudentin im Seminar an der Universität in Hamburg tut am Ende der Sitzung dasselbe wie ihre deutschen Kommilitonen, um ihre Zufriedenheit zum Ausdruck zu bringen: Sie klopft laut auf den Tisch. Zurück an ihrer Universität in China wird sie am Schluss eines Vortrags ihre Zufriedenheit „auf Chinesisch" äußern, nämlich durch Händeklatschen. Der wichtigste Vorteil dieses Modells für die Praktiker im interkulturellen Bereich ist die Horizontöffnung: Man weiß, dass feste „kulturelle Portraits", wie sie in vielen „Gebrauchsanweisungen" für fremde Länder und in Reiseführern verbreitet und daher sehr beliebt sind, immer kritisch betrachtet werden müssen.

Die verschiedenen Modelle stehen nicht notwendigerweise in Widerspruch zueinander. Es gibt verschiedene Situationen, die besser durch die Eisberg-Metapher, andere, die eher durch die Rucksack-Metapher erfasst werden können. Als brauchbar erweist sich die Eisbergmetapher bei der Bearbeitung von Begegnungssituationen in klassischen internationalen Kontexten, von Austauschstudenten und -schülern, Stipendiaten oder Entsandten aus der Wirtschaft mit Personen aus ihrem Gastland, besonders zu Beginn des jeweiligen Aufenthalts. Dort ist sie zumeist angebracht, denn schon die Kontrastierung der beteiligten Nationalkulturen („Chinesen" und „US-Amerikaner") kann für das Erkennen von Konfliktursachen bereits erhellend sein. Auch für den Beginn des Kultur-Lernens, etwa in Ausbildungsprogrammen zur interkulturellen Kompetenz, erweist die Eisbergmetapher gute Dienste, denn sie gibt den Anfängern in Sachen Interkulturalität eine gewisse Struktur vor. Es versteht sich jedoch von selbst, dass im Verlauf der Ausbildung der Kulturbegriff hin zu einem weiteren und dynamischeren Verständnis geöffnet werden muss.

Wenig nützlich ist das Eisbergmodell, wenn es um Begegnungen in multikulturellen Kontexten geht. Für die Erfassung von Interaktionen in diesen Kontexten eignet sich ein Ansatz, der Eisberg- und Rucksackmodell miteinander verknüpft. Er geht von Akteuren aus, deren „Kulturprogramm" aus zwei Teilen besteht, nämlich einem „statischen", der vorhersehbare Reaktionen, die als „deutsch", „russisch" oder „japanisch" wahrgenommen werden, hervorruft und einem offenen, der auf die Erfordernisse der jeweiligen Situation flexibel reagiert und nicht mit festen „kulturellen Portraits" in Verbindung gebracht werden kann. Sehr treffend wird diese Zweiteilung mit den Metaphern des „Standbeins" und des „Spielbeins" charakterisiert. Es sind die Situation und die individuelle Entscheidung der Kommunikationspartner, die über die Gewichtung beider „Beine" entscheiden.

Es ist klar, dass die vielen Differenzierungen und Vorsichtsmaßnahmen, die bei dem „Rucksack"-Ansatz zu berücksichtigen sind, die analytische Aufarbeitung von Unstimmigkeiten und Konflikten in der multikulturellen Gesellschaft sehr erschweren. Es führt jedoch kein Weg daran vorbei, will man die kulturelle Komplexität in der Gesellschaft lebensnah und möglichst authentisch erfassen.

KULTUR UND IDENTITÄT

Jede Beschäftigung mit Kultur und Interkulturalität würde abstrakt und realitätsfern bleiben, wenn die Lerner sich selbst als kulturelle Wesen außer Acht lassen und sich nur auf theoretische Aspekte, untermalt mit Beispielen über Menschen und Situationen aus anderen Kulturen, beschränken würden. Es steht außer Zweifel, dass das Kultur-Lernen nur dann effektiv verläuft, wenn zuerst ein Bewusstwerden der eigenen Kultur stattgefunden hat. Lerndidaktisch nennt man diese Phase „kulturelle Eigensensibilisierung".

Das bedeutet, dass man befähigt wird, all jene abgeschliffenen Routinen, die wie selbstverständlich im Alltag abspielt werden, ins Bewusstsein zu heben und sie ihrer „Normalität" zu entkleiden. Warum diese lerntechnisch sehr sperrige Beschäftigung mit dem „Stolperstein" der eigenen Kultur – mit der jede interkulturelle Lernmaßnahme beginnen sollte – unerlässlich ist, ergibt sich aus einem leicht nachvollziehbaren psychologischen Umstand: Alle Verstehens- und Verständigungsprozesse in der interkulturellen Kommunikation verlaufen stets als ein Abgleich mit dem Eigenen. Jede Feststellung von „Auffälligem" oder „Fremdem" ist ein relatives Gefühl (vgl. Modul 2), das vor der Vergleichsfolie der eigenen Identität stattfindet. Fremdkulturelles Verstehen wird daher nur nach der eingehenden Reflexion der kulturellen Dimensionen der eigenen Identität möglich.

Zwischen Kultur und Identität besteht eine enge Beziehung. Schon die Erkenntnis, dass Kultur Identität stiftend ist, legt dies nahe. Die persönliche Identität entwickelt sich aus der Teilhabe des Individuums an einer Vielzahl von sozialen Gemeinschaften und kulturellen Praktiken. Die Antworten auf die Frage „Wer bin ich?" – die eigentliche Identitätsfrage – verdeutlichen die verschiedenen Zugehörigkeiten, aus deren Gesamtheit sich das Identitätsbild der Person ergibt. Identität kann somit verstanden werden als die Summe aller Versuche, diese Frage zu beantworten.

Üblicherweise haben manche Antworten auf die Identitätsfrage mit individuellen Kennzeichen („musikalisch begabt", „energisch", „politisch engagiert"), andere mit der Zugehörigkeit zu größeren Gruppen („Student", „Münchner", „Jurist") zu tun. Identität ist somit ein Gebilde mit mehreren Facetten, die nur zum Teil „einsehbar" sind. Sie können von bestimmten Kontexten und Zusammenhängen aktiviert werden, dann treten sie hervor und werden „sichtbar". Jeder neue Kontextwechsel wirft Licht auf andere Facetten und bewirkt damit eine neue Ordnung der Teilidentitäten. Ein Beispiel: Wenn die Deutschlehrerin Frau Schmidt an einem Fortbildungskurs mit Kollegen teilnimmt, so wäre ihre berufliche Identifikation „Lehrerin" vorrangig. Im Integrationsunterricht, in einer Klasse mit Teilnehmern aus mehreren Kulturen, wird ihre nationale Zugehörigkeit, „Deutsche", ein wichtiges Kennzeichen.

ARBEITSANREGUNG 10

Die Teilnehmer bekommen jeweils 8 Karten und werden gebeten, auf jeder Karte eine Antwort auf die Frage „Wer bin ich?" zu schreiben. Dazu sollen sie die Karten von 1 bis 8, je nach dem wie wichtig ihnen der jeweilige Aspekt ist, nummerieren und in dieser Reihenfolge auf die Pinwand heften. Danach wird die folgende Situation vorgegeben: „Sie sitzen im Großraumwagen des ICE-Zuges. Ihnen gegenüber sitzt eine Frau, die nach Ihnen zugestiegen ist. Sie wechseln miteinander einige wenige Worte, danach versinken Sie in Ihre Lektüre."

Jeder Teilnehmer stellt sich dann die Frage „Wer bin ich aus der Sicht meiner Sitznachbarin?" Man überprüft nun die Reihe der acht Identitätskarten und trägt je nach Entscheidung Änderungen ein: Manche Karten müssen weggenommen werden und andere bekommen eine neue Platznummer. Es ergibt sich eine neue Reihung. Danach besprechen die Teilnehmer die verschiedenen Bestandteile ihrer Identität, ihre situationsabhängigen Veränderungen sowie die Schere, die sich zwischen der selbst zugeschriebenen und der von außen zugewiesenen Identität öffnet.

Je nach Gruppengröße kann mit einer größeren oder kleineren Zahl von Karten gearbeitet werden; es können auch weitere Situationen vorgegeben werden, z.B. Dozent im Integrationsunterricht, Patient in der Arztpraxis usw. Wichtig ist, dass die genannten Situationen der Lebenswelt der Teilnehmer nahe stehen.

Die Beschäftigung mit Kultur in Verbindung mit Identität birgt für den Kultur-Lerner mehrere Vorteile. Hier eine Auswahl:

a. Man lernt, die Facetten seiner Identität selbst zu erkennen und über seine Zugehörigkeit zu verschiedenen Gruppen zu reflektieren.
b. Widerstände, die den Prozess der kulturellen Eigensensibilisierung üblicherweise begleiten, werden leichter überwunden.
c. Der persönlich-emotionale Bezug zum eigenen kulturellen Wesen wird verstärkt.
d. Es entsteht eine Sensibilität dafür, in interkulturellen Interaktionen auf die Unterscheidung zwischen den individuellen und den kulturgeprägten Teilen seiner selbst und des Interaktionspartners genauer zu achten.
e. Man lernt, zwischen der eigenen und der Fremdperspektive auf einen selbst zu unterscheiden und der Schere zwischen der selbst- und fremdbestimmten Identität (Eigenbeschreibung und Fremdzuschreibung) besondere Beachtung zu schenken.
f. Man gewinnt eine bessere Kompetenz für den Umgang mit den in der multikulturellen Gesellschaft immer zahlreicher werdenden Personen mit Patchwork-Identitäten.

Diese Liste könnte gewiss noch verlängert werden.

Zusammenfassend bleibt zu sagen, dass das Heranziehen des Identitätskonzepts für die praxisorientierte Beschäftigung mit Kultur und Interkulturalität Erhebliches leistet. Vor allem erleichtert es das Verständnis für eine flexibilisierte und differenzierte Sicht auf Kultur, die für die Erfassung der komplexen Begegnungen in der multikulturellen Gesellschaft und in den globalisierten Segmenten des modernen Alltags unentbehrlich ist.

KONTROLLFRAGEN

1. Warum sagt man, dass Werte und Einstellungen den Kern der Kultur bilden?

2. Wie erklären Sie den Satz „Kultur ist alles, was nicht Natur ist"?

3. Welche Merkmale kultureller Systeme bringt das „Eisberg"-Modell zum Ausdruck?

4. Geben Sie einige Beispiele für kulturelle Neuerungen (Gegenstände oder Verhalten) aus Ihrem Lebensumfeld und kommentieren Sie deren Herkunft.

5. Warum sagt man, dass die eigene Kultur der größte „Stolperstein" auf dem Weg zur interkulturellen Kompetenz ist?

6. Halten Sie es für möglich, sich „ihrer Kulturbrille" zu entledigen und eine andere aufzusetzen?

7. Warum reagieren manche Teilnehmer in interkulturellen Ausbildungen überrascht bis verunsichert, wenn sie entdecken, dass sie von außen anders zugeordnet werden, als sie sich das selbst vorstellen?

LITERATUR

• Bolten, Jürgen, C. Ehrhardt: *Interkulturelle Kommunikation. Texte und Übungen zum interkulturellen Handeln.* Sternenfels 2003.
• Keupp, Heinrich u.a. (Hg.): *Identitätskonstruktionen. Das Patchwork der Identitäten in der Spätmoderne.* Hamburg 1999.
• Ladmiral, Jean-René, E. M. Lipiansky: *Interkulturelle Kommunikation. Zur Dynamik mehrsprachiger Gruppen.* Frankfurt/M. 2000.

- Lüsebrink, Hans-Jürgen: *Interkulturelle Kommunikation. Interaktion, Fremdwahrnehmung, Kulturtransfer.* Stuttgart 2008.
- Maletzke, Gerhard: *Interkulturelle Kommunikation. Zur Interaktion zwischen Menschen verschiedener Kulturen.* Opladen 1996.
- Nieke, Wolfgang: *Interkulturelle Erziehung und Bildung. Wertorientierungen im Alltag.* Opladen 1995.
- Roth, Juliana: *Blickwechsel. Beiträge zur Kommunikation zwischen den Kulturen.* Münster 2003.
- Schröer, Norbert: *Interkulturelle Kommunikation. Einführung.* Essen 2009.
- Schugk, Michael: *Interkulturelle Kommunikation. Kulturbedingte Unterschiede in Verkauf und Werbung.* München 2004.
- Straub, Jürgen, A. Weidemann, D. Weidemann (Hg.): *Handbuch interkulturelle Kommunikation und Kompetenz. Grundbegriffe, Theorien, Anwendungsfelder.* Stuttgart 2007.
- Vester, Heinz-Günther: *Kollektive Identitäten und Mentalitäten.* Frankfurt 1996.

EIGENE NOTIZEN

2 KULTURELLE FREMDHEIT

In diesem Modul werden die wichtigsten Aspekte kultureller Fremdheit vorgestellt. Sie lernen ihre verschiedenen Ausdrucksformen kennen und üben sich im achtsamen Umgang mit Fremden und Fremdem. Sie lernen auch, „sich den fremden Spiegel vorhalten zu lassen" und mit der emotionalen Betroffenheit, die der fremde Blick auslösen kann, umzugehen.

- Kulturelle Fremdheit
- Bedeutungen von Fremdheit
- Fremdheit und Gruppenbildung
- Fremdheit und Differenz
- Fremdheit in der interkulturellen Begegnung
- Umgang mit Fremdheit
- Fremdheit als Lernchance

KULTURELLE FREMDHEIT

Jede intensive Beschäftigung mit der eigenen Kultur impliziert die Auseinandersetzung mit der „fremden" Kultur. „Kultur in ihrem weitesten Sinne ist das, was dich zum Fremden macht, wenn du von zu Hause fort bist" besagt eine bekannte Kulturdefinition. Damit wird zweierlei klar: Erstens, dass mit Fremdheit nicht eine feste Eigenschaft, sondern die Kennzeichnung einer Beziehung gemeint ist. Fremdheit existiert nie an sich, sondern setzt immer einen Anderen voraus, den der Erste als fremd empfindet. Daraus folgt, zweitens, dass die Verortung von Fremdheit den „entdeckenden" Blick des Betrachters auf die eigene Kultur richtet. Das Erreichen der Sensibilisierung für die eigene Kultur, ein wichtiges Ziel auf dem Wege zur interkulturellen Kompetenz, ist ohne die Spiegelung durch den fremden Blick undenkbar (vgl. Modul 1).

ARBEITSANREGUNG 1
Suchen Sie in den Printmedien nach Bildern, die bei Ihnen spontan den Eindruck von Fremdheit entstehen lassen. Versuchen Sie, sich bewusst zu machen, was bei Ihnen diesen Eindruck hervorgerufen hat.

ARBEITSANREGUNG 2
Lesen Sie die folgenden ungarischen Wörter. Was bedeuten sie? Sie brauchen dafür kein Ungarisch zu können, denn es handelt sich um Begriffe, die Sie aus dem Deutschen kennen.

Kommen Ihnen die Wörter dennoch fremd vor?

Masszázs	Gulyás	Menedzser
Sál	Szalámi	Szolárium

Fremdheit lässt sich schwer definieren. Mit Sicherheit kann man sagen, dass sie auf Wechselseitigkeit beruht, denn sie lebt aus der Kontrastierung zwischen „uns" und den „anderen" und daraus, dass jede Nennung des „Fremden" automatisch eine Aussage über das „Eigene" enthält.

ARBEITSANREGUNG 3
Identifizieren Sie sich in den nachfolgenden Episoden mit einer der beiden Seiten und kommentieren Sie den jeweiligen Vorfall aus Ihrer Sicht. Was glauben Sie, hat die finnischen Frauen befremdet? Was haben Sie über sich selbst aus dieser Episode gelernt?

a. In der Sauna

Mittwochs ist im Großklinikum Frauensauna. Drei junge finnische Krankenschwestern, die seit einem halben Jahr in München arbeiten, wollen in die Sauna. Sie duschen sich ab und wollen hineingehen, bemerken allerdings beim Eingang eine Tafel mit der Aufschrift „Saunaordnung". Sie lachen, lesen sie aber nicht. In der Sauna sitzen drei deutsche Frauen. Eine davon merkt an: „Es steht doch in der Ordnung, dass man sich vor dem Hineingehen abtrocknen muss". Die Finninnen antworten nicht und gießen Wasser auf die Steine. Die Deutschen scheinen das nicht zu mögen und eine andere sagt mit erhobener Stimme, dass man dieses selber erst recht nicht tun darf. Die Finninnen gehen nach kurzer Zeit raus. Als sie so weit entfernt sind, dass man

sie in der Sauna nicht mehr hören kann, fangen sie laut zu lachen an.

b. Im Krankenhaus

Sirpa ist eine finnische Krankenschwester, die seit einem halben Jahr in einem deutschen Krankenhaus arbeitet. Heute werden, wie jeden Morgen, Aufgaben verteilt. Danach steuert jede Schwester ihre Abteilung und ihre Patienten an. Sirpa ist an dem Tag nicht so schnell wie sonst. Eine deutsche Kollegin kommt vorbei und wirft ihr vor, dass sie nicht vorankommt, eigentlich hätte sie schon längst fertig sein müssen, da bald neue Patienten vom OP kommen. Sie wird ärgerlich und sagt Sirpa recht aufgeregt, sie solle schneller machen. Sirpa sagt nichts, schaut aber erschrocken zurück. Als Sirpa am Nachmittag zu Hause ist, ruft sie sofort ihre finnische Freundin an und erzählt ihr, wie aggressiv die Deutschen sind.

Fremdheitsbeziehungen werden meist als emotional aufwühlend erlebt. Die Spannung ergibt sich aus dem Umstand, dass der Fremde ein in die Nähe gerückter Unbekannter ist. Dadurch wird seine Andersartigkeit sichtbar und gelegentlich auch schmerzhaft fühlbar. Zwar kann die Unterscheidung zwischen dem „Eigenen" und dem „Anderen" lange unbeachtet bleiben, aber unter bestimmten Umständen kann sich dieses ändern. Dann kann sie zur Grenzlinie zwischen „uns" und den „Fremden" werden, die sich vielleicht gar nicht als solche fühlen und von deren „Fremdheit" noch vor Kurzem nicht die Rede war.

Wenige sind sich dessen bewusst, dass sie, wenn sie jemanden als „fremd" bezeichnen oder empfinden, gleichzeitig etwas über sich selbst und ihre Beziehung zum „Fremden" offenbaren. Das Verhalten des russischen Softwareingenieurs kann seinem deutschen Kollegen „fremd" vorkommen, wenn dieser z.B. bei Besprechungen das Mobiltelefon eingeschaltet lässt und Gespräche annimmt. Möglich ist dieses Empfinden jedoch erst, nachdem er einen (meist unbewussten) Vergleich mit sich selbst gemacht und eine Diskrepanz zum eigenen Verhalten festgestellt hat: „Ich würde bei Besprechungen mein Mobiltelefon immer ausschalten".

Ändern wir die Vergleichsgrundlage, indem wir den deutschen mit einem ukrainischen Kollegen austau-schen, werden wir zu anderen Ergebnissen kommen: Zu vermuten ist, dass das, was dem Deutschen „fremd" vorkommt, dem Ukrainer kaum auffällt, er dafür aber andere „Fremdheiten" im Verhalten des russischen Kollegen bemerken wird.

Das Wissen um die Relativität des Fremdheitsgefühls kann einen wichtigen Anstoß für den Prozess des interkulturellen Lernens geben. Der Lerner kann jede Feststellung von Andersartigkeit nutzen, um das eigene Register von Erwartungen und Zuschreibungen, die üblicherweise „automatisch" hergestellt und verwendet werden, zu hinterfragen (vgl. Modul 3). Der Blick richtet sich auf einen selbst und fordert die Bewusstmachung der eigenen Position. Hier zeigt sich erneut die Bedeutung der kulturellen Eigensensibilisierung (vgl. Modul 1) und der Techniken des Perspektivenwechsels und der Empathie (vgl. Modul 4).

Die Umkehrung der Blickrichtung ist keine leichte Aufgabe, denn sie widerstrebt der psychologisch tief verankerten Neugier auf das reizvoll Neue und Unbekannte des Fremden und verlangt nach der Bewusstwerdung der eigenen eingeschliffenen Gewohnheiten und Routinen. Der Urlauber im fremden Land interessiert sich dafür, „wie die Marokkaner sind", und überlegt kaum, welche eigene Fremdheit er dorthin mitbringt. In interkulturellen Trainings wünschen die Teilnehmer üblicherweise Information über ihre fremden Partner („sagen Sie mir, wie die Japaner sind") und reagieren enttäuscht, wenn sie feststellen, dass sie sich zunächst mit ihrer eigenen Kultur auseinander setzen müssen.

ARBEITSANREGUNG 4

Suchen Sie sich in verschiedenen Urlaubsprospekten Darstellungen ferner Reiseziele. Machen Sie auch eine Befragung bei Freunden und Bekannten über deren Urlaubserlebnisse. In welcher Art werden Fremdartiges und Abweichendes dargestellt und kommentiert? Womit hängt die Art der Kommentierung zusammen?

Das komplementäre Verhältnis des Eigenen und des Fremden erklärt, warum der Umgang mit Fremdheit emotional belastend verläuft: Er setzt die Bereitschaft voraus, sich selbst und die gewohnte Welt in Frage zu stellen und als fremd zu sehen. „Der fremde Blick tut weh": Schon das Sich-Einlassen auf die fremde

Außensicht erfordert Selbstüberwindung und emotionale Kontrolle (vgl. Module 4 und 5). Jeder kennt die Reaktionen auf „den Blick von außen", sei es in Berichten ausländischer Studierender an deutschen Universitäten, in Kommentaren italienischer Journalisten über deutsche Urlauber an der Adria oder in Reportagen des britischen Fernsehens über das Oktoberfest in München. Das erklärt, warum die organisierten Lernarrangements zur interkulturellen Kompetenz im Erwachsenenalter (anders als beim intuitiv spontanen Lernen von Kindern) für die meisten Lerner als ein psychisch fordernder und emotional belastender Prozess verlaufen – ein Umstand, dem Lehrer und Trainer im interkulturellen Bereich ethisch verantwortlich begegnen müssen.

ARBEITSANREGUNG 5

Es gibt mehrere Publikationen zum Deutschland-Bild internationaler Studierender und Stipendiaten, z.B. „Mein Deutschland. Ausländische Preisträger und Preisträgerinnen des DAAD erzählen von ihren Erfahrungen in Deutschland" (DAAD 1998). Daraus entnommen ist der folgende Text, der von einer dänischen Studentin stammt. Bitte bilden Sie Arbeitsgruppen und diskutieren Sie die vorgebrachten Inhalte.

„In diesem Beitrag möchte ich kurz über meinen Eindruck von der deutschen Kultur, bezogen auf einige Beispiele während meiner Studienzeit, berichten. Ich werde meine Eindrücke an dem Wertesystem, das ich kenne, nämlich der dänischen Kultur, messen. Das heißt, dass ich mich darauf beziehe, wie ich die Unterschiede zwischen der dänischen und deutschen Kultur erlebt habe. Meine Erfahrungen mit der deutschen Kultur habe ich durch meinen jetzt sechsjährigen Aufenthalt zum Teil in Süddeutschland und zum Teil in Norddeutschland gesammelt.

Eine auffällige Eigenschaft der deutschen Kultur ist der formelle Umgangston und der Respekt vor Autoritäten. Die deutsche Art beim ersten zwischenmenschlichen Umgang ähnelt dem dänischen Auftreten in den 60er Jahren, als das Siezen und der Gebrauch von Titeln ein wichtiger Bestandteil des formellen Umgangstons waren. Während meines Studiums in einem deutsch-dänisch grenzüberschreitenden Studiengang habe ich mit deutschen sowie mit dänischen Professoren zusammengearbeitet. Es war unheimlich wichtig, nicht zu vergessen, den deutschen Professor immer mit Herr, Titel und Sie anzusprechen, weil es sonst als eine Beleidigung aufgefasst werden konnte. In Dänemark sind wir daran gewöhnt, alle, den Professor, unsere

Vorgesetzten usw. mit Vornamen und Du anzusprechen. Der Gebrauch von Titeln in Kombination mit der Anrede „Sie" erscheint dem Dänen nicht selten als ein Ausdruck von Arroganz und Selbstbehauptung.

Während meiner Studienzeit fiel mir auf, wie einige Grundelemente eines Universitätsstudiums in Dänemark sich von einem Studium in Deutschland unterscheiden. Augenscheinlich wird dies vor allem bei den Prüfungen. In Dänemark werden zumeist so genannte „Kofferklausuren" durchgeführt. Das bedeutet, dass alle Hilfsmittel, sprich Bücher, Notizen usw. zur Klausur mitgenommen werden können. Die Aufgaben werden dementsprechend auf einem höheren und umfangreicheren Niveau gestellt. Hier in Deutschland machte ich die Erfahrung, dass das Prinzip der „Kofferklausuren" nicht sehr oft angewendet wird, sondern dass Klausuren der Wissensabfrage dienen, anstatt zu prüfen, wie man Lösungswege für die gestellte Aufgabe entwickeln kann.

Zum zweiten kennt man in Deutschland das Prinzip der Zweitprüfer nicht. In Dänemark werden alle Prüfungen, wissenschaftlichen Arbeiten usw., die benotet werden müssen, von dem jeweiligen Professor und einem externen Prüfer korrigiert, so dass es zwei unabhängige Beurteilungen gibt. Der deutsche Professor kann diese Art von ‚Zensur' als beleidigend empfinden und sie als eine Form der Kontrolle ansehen.

Ein anderer sehr interessanter Aspekt in der deutschen Kultur ist das Begrüßungsritual. Es handelt sich hierbei um den Händedruck. Das ist eine aktive Handlung, die rasch Kontakt schafft. Ich sehe das als eine sehr positive Angewohnheit, die sich erfreulicherweise in Dänemark wieder durchzusetzen beginnt. Aber auch wenn das Händeschütteln zwischen den Dänen wieder Einzug hält, ist es noch undenkbar, dass sich junge Leute, die sich in der Kneipe oder auf der Straße treffen, zur Begrüßung die Hand reichen.

Durch meine Begegnung mit der deutschen Kultur habe ich überrascht feststellen müssen, wie unterschiedlich zwei Nationalitäten, die geographisch so nah beieinander liegen, denken, handeln und auftreten. "

BEDEUTUNGEN VON FREMDHEIT

„Fremdenführer", „Fremdsprache", „Fremdartigkeit", „Fremdkörper", „Fremdbestimmung", „Fremdenzimmer", „fremdes Land" oder „fremde Sitten" sind Ausdrücke, die allen Deutschsprechern bekannt sind und die man in jedem Wörterbuch findet. Schaut man genauer auf ihren gemeinsamen Bestandteil „fremd", so muss man feststellen, dass dieser durchaus unterschiedliche Bedeutungen hat.

a. Fremd im Sinne von „auswärtig und nicht dazugehörig" verweist auf eine Trennlinie, die sich räumlich genau bestimmen lässt. „Fremd" in diesem Sinne sind Touristen, Wirtschaftsentsandte, im Auswärtigen Dienst Tätige, Austauschschüler und -studenten, d.h. all jene, die ihren Raum verlassen, um sich vorübergehend an einen anderen Ort zu begeben.

b. Fremd im Sinne von „attraktiv und exotisch" bezieht seine Bedeutung aus dem Gefühl der Neugier und der Anziehungskraft des Unbekannten. Exotische Fremdheit zu erleben ist eine häufige Motivation für das Reisen in „fremde Länder": In der Regel hat man allerdings nicht die Absicht, sich auf diese Fremdheit näher einzulassen. In einem Reiseprospekt heißt es:

„In nur 2 bis 3 Flugstunden erreichen Sie das bekannteste Ferienziel Nordafrikas, Tunesien, in der Nähe Europas und doch so andersartig, beeindruckt es jeden Besucher auf ganz besondere Art und Weise. Hier verbinden sich auf faszinierende Weise eine bewegte Jahrtausende alte Geschichte, die Romantik aus 1001 Nacht und eine bunte, sehr fortschrittliche Gegenwart. In Tunesien können Sie sich vom orientalischen Flair verzaubern lassen und gleichzeitig die Modernität, den Komfort sowie die günstigen Nebenkosten des Landes genießen…".

c. Fremd im Sinne von „noch unbekannt" schließt den Wunsch und die Möglichkeit des Kennenlernens und der Integration ein. Hier geht es um Fremdheit, die ins Vertraute überführt werden kann: Das Erlernen fremder Sprachen oder die Erweiterung des Speisezettels durch neue Produkte und Kochtraditionen kann hier als Beispiel dienen.

d. Fremd im Sinne von „unbekannt und inakzeptabel" schließt die Möglichkeit des Kennenlernens und der Integration aus. Eine derartige Qualität hat für die meisten Europäer die Fremdheit einiger ritueller Praktiken wie die vaginale Beschneidung, die Steinigung von Ehebrecherinnen oder die Ohrenverlängerung aus kosmetischen Gründen.

e. Fremd im Sinne von „unheimlich und bedrohlich" ähnelt stark der zuletzt genannten Bedeutung, doch ohne die dort erkennbare moralische Emphase. Diese Bedeutung speist sich aus dem Gegensatz, der zwischen dem Vertrauten und dem Fremdartigen existiert. Sie kann sich eher auf Alltägliches beziehen wie z.B. das Essen mit Fingern, die Nutzung der linken Hand anstatt von Toilettenpapier oder das rituelle Wodkatrinken.

Interessanterweise verfügt die deutsche Sprache über einem reichhaltigen Wortschatz für die Benennung von Fremdheit. Das Französische und Englische kommen mit Variationen des „Anderen" aus (l'autre, étranger, the other, alien, strange, foreign) und das Russische kennt im Alltagsgebrauch lediglich das Wort „ausländisch". Viele der eingangs genannten Wörter stellen übrigens Übersetzer auf eine harte Probe.

ARBEITSANREGUNG 6
Suchen Sie 8-10 deutsche Wörter, die den Bestandteil „fremd" enthalten. Übersetzen Sie diese in zwei Ihnen bekannte Sprachen. Finden Sie für alle Wörter eine angemessene Übersetzung oder müssen Sie Umschreibungen nutzen?

Für den Einfluss von Fremdheit auf die interkulturelle Begegnung sind zwei Aspekte am wichtigsten: das faszinierend-exotische und das bedrohlich-gefährliche Gesicht der Fremdheit. Beide sind in ihrer Wertigkeit völlig entgegengesetzt: Während die exotisierte Fremdheit als anregend und anziehend erlebt wird, wirkt die gefährliche Fremdheit wie eine Konfrontation mit dem Vertrauten, was zu deren Ablehnung beitragen kann. Eine solche Reaktion führt häufig zu Vorurteilen (vgl. Modul 3): Diebe, Lügner und Faulenzer sind dann immer die kulturell Anderen. In schlimmer Tradition galten in Deutschland Zigeuner als diebisch, Italiener als faul und Juden als Betrüger. Nur selten lösen sich Vorurteile auf: Die französischen „Erbfeinde" haben sich schon längst in „Gourmets" und Kenner des „savoir vivre" verwandelt.

Wichtig ist der Zusammenhang zwischen Exotik, Bedrohung und physischer sowie psychischer Nähe oder Distanz. Fremdheit in ihrer anziehenden Form bezieht sich in der Regel auf Situationen der sicheren räumlichen oder emotionalen Distanz, wovon Touristen oder Besucher auf Zeit am meisten profitieren. Der Zauber erlischt, wenn die Fremdheit einem „auf die Pelle-rückt": wenn man in Griechenland ein Haus gekauft hat und seinen Wohnsitz bei der Behörde anmelden will, wenn man am Ferienort erkrankt und ins Krankenhaus muss oder einfach einen Unfall auf der kalifornischen Autobahn hat und mit den lokalen Sheriffs verhandeln muss. So wie Nähe und Distanz sich abwechseln können, kann man zwischen dem Zauber und Schauder des Fremden schwanken: Nur wenige sind sich bewusst, dass sie eine Verbindung zwischen diesen beiden Gesichtern der Fremdheit herstellen, wenn sie als Touristen die Menschen fremder Kulturen als spannend und interessant erleben, sie als Zuwanderer oder Asylanten aber ablehnend bis feindlich behandeln.

FREMDHEIT UND GRUPPENBILDUNG

In unserem Leben ist Fremdheit allgegenwärtig. Sie steht uns zur Seite, wenn wir die Unterscheidung zwischen „uns" und „den anderen", d.h. zwischen der Innenwelt des Vertrauten und der Andersartigkeit der Außenwelt treffen wollen. Auch wenn diese Feststellung nicht sehr „politisch korrekt" klingt, so kann man ihr nur schwer widersprechen. Ähnlich den Stereotypen (vgl. Modul 3) hat Fremdheit eine psychische Funktion: Das genaue Wissen darüber, wer „zu mir gehört" und „meine Ingroup bildet", ist eine wichtige Voraussetzung für die Stabilität der sozialen und kulturellen Identität (vgl. Modul 1). Dieses Wissen fußt auf der Grundlage des „Wir-Sie-Gegensatzes", der sich aus der Abgrenzung von den Anderen, den Mitgliedern der Outgroup, ergibt.

ARBEITSANREGUNG 7
Der Anteil ausländischer Studierender an deutschen Universitäten steigt in den letzten Jahren stetig an. Die Beschwerden deutscher Studierender über ausländische Mitbewohner in den Studentenwohnheimen haben zugenommen: Man klagt über häufige und lange Besuche, über höheren Lärmpegel und Überlastungen der Gemeinschaftsräume. Wie kommentieren Sie diese Beschwerden?

Angesprochen sind hier Prozesse der Abgrenzung und Ausgrenzung, die aus wissenschaftlicher Sicht als gesellschaftliche Stabilisierungsmechanismen gelten. Beide Prozesse begleiten jede interkulturelle Interakti-

on, wobei die Position des Einzelnen in Bezug auf die Grenze zwischen Innen und Außen ständig wechselt. So kann sich ein farbiger Fußballspieler im Trainingslager als Outsider positionieren, wenn er z.B. anderes Essen oder eine andere Tagesordnung verlangt. Wenn aber seine Mannschaft auf einen Konkurrenten aus der Bundesliga trifft, kann er schnell zum Insider avancieren, denn die Grenze zwischen Innen und Außen hat sich verändert und grenzt nun die Gegenspieler als „Fremde" aus.

Die Präsenz kultureller Fremdheit in unserer unmittelbaren alltäglichen Lebenswelt sorgt für eine ständige Dynamik von Abgrenzungs- und Ausgrenzungsprozessen. Interkulturell kompetent sein bedeutet in diesem Sinne, dass man die Bewegungen der Grenze zwischen Innen und Außen erkennt, die Dynamik von Gruppenbildungen und Allianzen verfolgt, nach den Gründen für die Bildung neuer Konstellationen fragt und deren Folgen für die Interaktionen der Gruppenmitglieder verdeutlicht. In anderen Worten: dass man die Dynamik der Fremdheitssignale verfolgen und angemessen interpretieren kann.

ARBEITSANREGUNG 8
Die folgende Geschichte ist aus der Perspektive eines Fremden dargestellt. Erzählen Sie die Geschichte aus der Perspektive

1. des Gastgebers,
2. der Gastgeberin,
3. des gut aussehenden Mädchens,
4. des Pärchens.

Können Sie sich selbst ein Bild davon machen, was im Einzelnen passiert ist? Welche Hinweise auf Fremdheit könnten Sie dabei nennen?

„Ich sitze mit den Eingeborenen in einem kleinen Zimmer. Sie bieten mir verschiedene Getränke an – Bier, Wein, Mineralwasser, Saft. Ich bedanke mich und will einen Moment lang überlegen, was ich trinken möchte. Sie erklären mir nochmals, was es zu trinken gibt. Ich habe das Gefühl, etwas falsch gemacht zu haben. Dann zeige ich auf eine Flasche Bier – es klappt! Sie reden miteinander, lachen. Ab und zu redet einer mit mir, stellt Fragen: Wo kommst du her, gefällt es dir hier, was machst du hier. Ich werde freundlich behandelt, ich bin selbst sehr freundlich. Die Frauen lächeln mich häufig an – mütterlich, flirtend?

Die Männer stellen ernste Fragen, machen Witze. Ich verstehe wenig, lächle, trinke Bier und versuche, die Atmosphäre zu begreifen. Vieles ist wie in meiner Heimat, manches verstehe ich nicht. Es gibt nichts zum Essen. Ich habe Hunger. Neben mir sitzt ein gut aussehendes Mädchen. Wir unterhalten uns. Ich frage sie, wie sie heißt. Das scheint sie zu verunsichern. Sie sieht mich an, wenn sie mit mir redet. Sie wird unruhig, wenn ich sie länger ansehe. Ich werde auch unruhig.

Die Gastgeberin erinnert mich an eine Cousine von mir. Die Gastgeberin redet viel. Ihr Mann sagt kaum etwas. Wir lächeln uns an, er gefällt mir ganz gut. Seine Frau leert die Aschenbecher. Die Asche von meiner Zigarette wird immer länger und fällt auf den Tisch. Sie kommt zurück, sieht es und redet weiter. Ein Pärchen steht auf, sie wollen gehen. Ich nutze die Gelegenheit, verabschiede mich und gehe mit. Sie fragen mich, wo ich wohne, bringen mich zu der Haltestelle, erklären mir ausführlich, wie ich nach Hause komme, steigen in ihr schönes Auto und fahren weg."

Quelle: *Die Fremden unter den Eingeborenen. Interkulturelles Lernen in der Fortbildung. Texte für ausländische und deutsche Pädagogen.* Frankfurt 1986, S. 73.

FREMDHEIT UND DIFFERENZ

Bereits die Wahrnehmung von Fremdheit enthält einen Hinweis auf Differenz. „Woher kommen Sie?" ist eine häufig gestellte Frage, die selten auf eine bewusste Ausgrenzung zielt. Dennoch setzt sie die Annahme der Fremdheit voraus, die Ahnung der Differenz, dass „etwas nicht so ist wie bei mir". Solche Eindrücke stellen sich leichter und häufiger ein, wenn man die gewohnte kulturelle Umgebung verlässt. Dafür braucht man allerdings heute nicht weit zu reisen, denn die Globalisierung hat ferne Lebenszusammenhänge in ein dichter werdendes Mosaik zusammengepresst und in vielen Großstädten Parallelwelten entstehen lassen. Eine deutsche Studentin berichtete folgendes Erlebnis und ihr Gefühl des Staunens und der Befremdung war kaum zu überhören:

„*Mir wurde eine Frauenarztpraxis in München besonders empfohlen und deswegen vereinbarte ich dort einen Termin. Die Patientinnen im Wartezimmer waren Türkinnen, so wie die Ärztin. Manche kamen später als ich, waren auch nicht angemeldet, aber irgendwie schafften es alle, vorgelassen zu werden. Alle redeten miteinander, Kinder tobten dazwischen. Ich saß auf meinem Platz und wartete, dass ich aufgerufen werde. Nach*

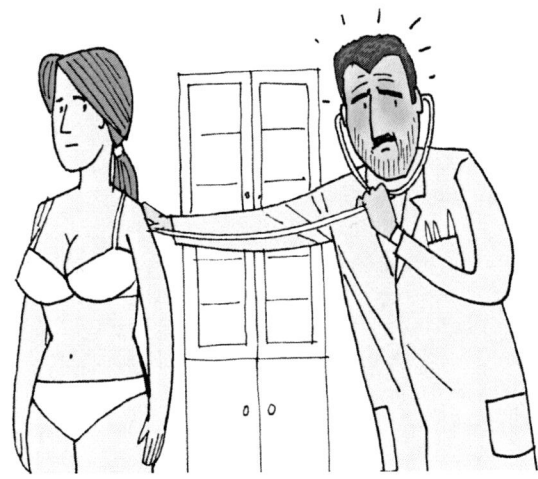

über einer Stunde ging ich, weil ich einfach nicht mehr wusste, was ich machen soll".

Die emotionale Wahrnehmung des Scheiterns, das man häufig (aber meist unberechtigt) dem eigenen Versagen zuschreibt, scheint in der unmittelbaren physischen Nähe zur Alltagswelt – im Krankenhaus, in der Schule oder auf der Autobahnraststätte – besonders stark erlebt zu werden. Die Erfahrung zeigt, dass, wenn die nicht stimmigen Erlebnisse fern vom eigenen Alltag stattfinden, sie von den Beteiligten etwas gefasster getragen werden. Dazu die folgende Geschichte einer anderen Studentin:

„*Während meines Ferienaufenthalts in Ägypten wurde ich krank und musste zum Arzt. Man nannte mir die Praxis eines Allgemeinarztes und ich ging hin. Nach dem Gespräch bat er mich, mich zur Untersuchung vorzubereiten. Ich habe mich, wie bei uns üblich, bis auf die Unterwäsche entkleidet. Der Arzt wirkte irritiert, er untersuchte mich hastig und mit ausgestreckten Armen, ohne mich anzuschauen. Es war mir peinlich, aber ich konnte den Grund für seine Verstörung nicht erkennen.*"

Trotz der Aufregung war die Studentin imstande, nach der Visite mit einheimischen Bekannten darüber zu reden und nach möglichen Erklärungen für das Verhalten zu fragen. Beim nächsten Arztbesuch wusste sie schon, dass die Aufforderung zur Untersuchung nicht automatisch den Appell zum Entkleiden einschließt.

Der Grad der emotionalen Betroffenheit beim Erleben der Differenz bzw. bei der Konfrontation mit Fremdheit scheint auch von der so genannten Kulturdistanz abhängig zu sein. Es gibt zwar keine Methoden, kulturelle Distanz objektiv zu messen, doch weiß jeder, dass

z. B. der Unterschied zwischen französischen und chinesischen Schülern größer ist als der zwischen deutschen und niederländischen. Es handelt sich um die subjektive emotionale Entfernung zwischen Mitgliedern verschiedener Sozialgruppen, die nicht unbedingt national definiert sein müssen.

Erfahrungsgemäß gilt Folgendes: Eine als größer empfundene Distanz bereitet eher auf bevorstehende Differenzen vor, und entsprechend geringer ist die Überraschung, wenn diese tatsächlich eintreffen. Die Bereitschaft, Unterschiede ernst zu nehmen und auf sie einzugehen, verringert sich bei der Annahme, dass man „sowieso mit Ähnlichem" zu tun hat: Umso größer ist dann die Enttäuschung bei Missverständnissen. Der Vergleich zwischen der Erfahrung deutscher Wirtschaftsentsandter in Prag und in Moskau kann hier als Beispiel dienen. In der Regel erwarten deutsche Entsandte, dass sie in Moskau auf wesentliche Differenzen stoßen werden, weswegen sie sich häufig vor der Abreise interkulturell vorbereiten oder zumindest über den russischen Alltag informieren. Unvergleichlich stärker ist die Betroffenheit bei der Konfrontation mit der tschechischen Fremdheit: „Unterschiede hatten wir wirklich nicht erwartet. Tschechien ist das Nachbarland und dort ist fast alles wie bei uns".

Differenz steht somit im Zentrum des interkulturellen Umgangs. Dabei spielt für den Verlauf von Interaktionen kaum eine Rolle, ob die in Überschneidungssituationen auftretenden Differenzen (vgl. Modul 7) objektiv und real oder subjektiv empfunden sind. Schon die Erwartung von Unterschieden kann als sich selbst erfüllende Prophezeiung wirken, und auch Stereotypen und Vorurteile können die erlebte interkulturelle Wirklichkeit stark überzeichnen. Objektive und subjektive Differenzen können mit gleicher Kraft als Auslöser von Fehlerklärungen (vgl. Modul 3) wirken und zu Missverständnissen und Konflikten führen. Deswegen werden beide in der Aufarbeitung von Überschneidungssituationen als reale Größen behandelt, die es auf Herkunft, Wesen und Auswirkung zu untersuchen gilt. Die Leugnung der Relevanz von Kulturunterschieden sowie der Versuch, sie „auszutreiben", widerspricht nicht nur wissenschaftlicher Erfahrung, sondern erhöht auch die Gefahr des unqualifizierten Umgangs mit Anderskulturellen sowie der Verdrängung möglicher ernsthafter Probleme des multikulturellen Zusammenlebens.

FREMDHEIT IN DER INTERKULTURELLEN BEGEGNUNG

Kulturelle Fremdheit und interkulturelle Kommunikation haben vieles gemeinsam. Sie gehen auf die gleiche Konstellation zurück: die direkte Interaktion zwischen zweien, die sich gegenseitig als unterschiedlich und anders empfinden. In den beiden Begriffen, „Fremdheit" und „Kultur", spielt Kommunikation eine zentrale Rolle. Weder der eine noch der andere Begriff kann allein, ohne den Bezug zum zweiten, feste Konturen gewinnen. Analog zum Ausspruch von Edward T. Hall, dem Begründer der Disziplin Interkulturelle Kommunikation, „Kultur ist Kommunikation", können wir damit die Aussage formulieren: „Fremdheit ist Kommunikation".

Fremdheit wird hauptsächlich mit der Kennzeichnung von Unterscheidung assoziiert und auf die Trennung zwischen Innen und Außen in der sozialen Umwelt bezogen. Das Innen bedeutet Sicherheit, Geborgenheit, Wohlbefinden, Normalität, das Draußen hingegen Neugier, Reiz, Bedrohung, Unsicherheit oder Angst. Differenz kann dort nicht nur als „Unterschied", sondern als „wichtiger Unterschied" erfahren und als Grundlage für kategorisierende Unterscheidungen benutzt werden. Die Bruchlinie zwischen Ingroup und Outgroup kann die Bedeutung von Nahtstelle, Grenzlinie, Kontakt, Berührungspunkt oder Konfliktquelle erhalten: Für die interkulturelle Begegnung ist wichtig, dass das Differenzerleben stets von der subjektiven Wahrnehmung der Beteiligten abhängt (vgl. Modul 3) und stets Konsequenzen im Verhalten nach sich zieht. Die Deutung von Fremdheit als Unterscheidung richtet die Aufmerksamkeit auf die Zuordnung der Kommunikationspartner als „Fremde". Daher wird inter-

kulturelle Kommunikation von einigen Autoren auch als „Kommunikation zwischen Fremden" bezeichnet.

ARBEITSANREGUNG 9

Sehen Sie den Film „Erleuchtung garantiert" von Doris Dörrie an. Mit welchen Charakteristika wird dort die japanische Fremdheit vorgestellt?

Suchen Sie nach weiteren Filmen, die die Begegnung mit Fremdheit zum zentralen Thema haben (z.B. „Nirgendwo in Afrika", „L'auberge espagnole", „Mississippi Masala", „The Namesake"), und kommentieren Sie die verschiedenen Aspekte der Fremdheit und ihre Bedeutung für die Interaktionen. Die besten Ergebnisse erreichen Sie, wenn Sie die Filme im Originalton ansehen.

Für die praktische Beschäftigung mit Interkulturalität hat die Charakterisierung der interkulturellen Begegnung als eine Begegnung zwischen Fremden einige Konsequenzen. Die wichtigste betrifft die symbiotische Beziehung zwischen Kultur und Fremdheit, die sich aufeinander beziehen wie die zwei Seiten einer Münze. Die Feststellung von „Kulturellem" ist zugleich auch die Feststellung von Fremdheit, und die enthält – wie oben angedeutet – meist versteckt und wenig bewusst die Referenz auf den eigenen Standpunkt. Deswegen dürfen Eindrücke aus fremden Kulturen nie als absolut gesehen werden, selbst wenn sie vom sprachlichen Ausdruck her häufig so klingen: „Mein erster Eindruck von der deutschen Uni war, dass hier alles sehr kompliziert, bürokratisch und streng ist. Das System ist hier viel hierarchischer" äußert sich der schwedische Student über seinen Aufenthalt in Deutschland. Wie kommt er zu diesem Eindruck? Ohne die Erfahrung in seiner heimatlichen Universität in Uppsala wäre er zu dieser Aussage kaum befähigt. Ein russischer Student hätte aufgrund der Erfahrung mit seinem eigenen Bildungssystem wenig Verständnis für die Einschätzung des Schweden und würde dessen deutsche Universität eher als „liberal" und „wenig überschaubar" bezeichnen.

UMGANG MIT FREMDHEIT

Wenn Fremdheit ein allgegenwärtiges soziales und kulturelles Phänomen mit ernstzunehmenden Folgen ist, so ist die Entwicklung von Strategien für den angemessenen praktischen Umgang mit ihr umso wichtiger. Stoßen Eigenes und Fremdes aufeinander, ist jedes zunächst um den Nachweis seiner „Richtigkeit" bemüht: Was ist ein „richtiges" Frühstück? Brötchen mit Butter und Marmelade zum Filterkaffee, Espresso mit Croissants, gekochter Reis mit rohem Ei und Sojasauce oder einfach eine Tasse Kaffee oder ein Glas Cola? Wann ist die „richtige" Zeit für ein Frühstück? Dasselbe gilt für alle Mahlzeiten, und hat man die Aufgabe, für ein gemischtes Arbeitsteam einen Speisezettel zu erstellen, müsste man sich eine Strategie zum alltäglichen Umgang mit den verschiedenen „Richtigkeiten" überlegen. Doch während im Umgang mit Dingen das Aushandeln zwischen „Richtigkeiten" noch irgendwie klappen kann, stößt das Abwägen zwischen unterschiedlichen Einstellungen und Werten meist auf heftige Gegenreaktionen, wenn nicht auf substantiellen Widertand.

ARBEITSANREGUNG 10

Lesen Sie die folgende Geschichte:

„Deutsche Touristen befinden sich auf einer begleiteten Tour durch Sumatra. Plötzlich erscheint vor dem Bus eine große Gruppe von Einheimischen, die den Weg versperrt. Der einheimische Fahrer und Reiseführer steigt aus und beginnt ein Gespräch mit den Menschen. Dann kommt er zu den Touristen und bittet alle, Geld zu geben. In einem Dorf in der Nähe sei ein Haus abgebrannt und dabei sei der Familienvater ums Leben gekommen. Die Bewohner des Dorfes hatten beschlossen, Touristen anzuhalten und um Geld für die geschädigte Familie zu bitten."

Was würden Sie als Tourist in einem solchen Fall tun? Analysieren Sie das Vorgefallene und halten Sie die verschiedenen „Richtigkeiten" fest, die Ihrige, die des Reiseführers und die der Dorfbewohner.

Der Beginn des kompetenten Umgangs mit kultureller Differenz setzt dort an, wo man die Relativität der vielen „Richtigkeiten" erkannt und begonnen hat, eine praxisorientierte Strategie ins Auge zu fassen. Voraussetzung dafür ist – in Anlehnung an die Methoden der kulturellen Exploration (vgl. Module 4 und 5) – die möglichst neutrale Wahrnehmung der Fremdheitserlebnisse „so wie sie sind" sowie die Identifizierung ihres Anlasses und ihrer Absicht.

Die empfohlene Technik des Umgangs mit kultureller Fremdheit ist somit eine pragmatische. Sie kann um einiges abweichen von der gängigen moralisch-ethischen Haltung in der westlichen Welt. Diese hat sich – ausgehend von dem aufklärerischen Anspruch auf universelle Gleichheit der Menschen und dem Homogenitätsanspruch der Nationalstaaten – herausgebildet aus einer Sichtweise, die zur Assimilation, ja Zerstörung von kultureller Fremdheit tendiert: Andere Kulturen oder Teile von ihnen sollten beim Kulturkontakt nicht „anders" bleiben, sondern sich in der Auseinandersetzung mit der Mehrheitskultur in der Weise verändern, dass sie Teil von dieser werden können. Die Integrationsbemühungen vieler westeuropäischer Länder werden vor dem Hintergrund dieser Überzeugung verständlich.

Manche Autoren empfehlen eine andere Art des Umgangs mit Fremdheit: Ausgehend von den tiefen Veränderungen der europäischen Gesellschafte durch Migration und mediale Vernetzung raten sie zur Akzeptanz und Belassung von Fremdheit. Erst auf der Grundlage eines unterstützenden Umgangs mit kultureller Fremdheit könne man Gemeinsamkeiten entdecken und Möglichkeiten für die Überbrückung der Unterschiede planen. Die Nähe dieser letzteren Einstellung zu den pragmatischen Techniken des interkulturellen Umgangs ist unverkennbar. Bedenken sollte man jedoch, dass für viele Menschen das ständige „Aushalten" zur Schau getragener Fremdheit ein Problem darstellt und dass das Ergreifen von „rettenden" Strategien zu deren Auflösung ein wohl sehr tief sitzendes Bedürfnis ist.

FREMDHEIT ALS LERNCHANCE

Die negativen Wirkungen von Fremdheit als Ausgrenzung und Bedrohung sollten nicht ihre positiven Seiten überdecken. Die Erhaltung der Fremdheit und der sich daraus ergebende Zwang zum Umgang mit ihr macht ihre wichtige soziale Funktion deutlich. Sie kann soziale Distanz und damit das „Recht auf Andersheit" gewährleisten, wodurch sich Fremde (oder als fremd Empfundene) der Kontrolle durch andere entziehen können.

Die Anerkennung von Fremdheit macht allerdings ein erhebliches Maß an gegenseitiger Information erfor-

derlich. Das Wichtige dabei ist, dass die Art der Beziehungen zwischen Einheimischen und Fremden von Anfang an eine reflektierte und kontrollierte ist. Für beide Seiten bietet sich die Möglichkeit, im Verlauf des Kommunikationsprozesses ihre Beziehung und ihr Ausmaß an Fremdheit autonom auszuhandeln und zu steuern. Das reflektierte Erleben von Differenz erleichtert auch das Begreifen des eigenen kulturellen Selbst und die persönliche Öffnung für das kulturelle Lernen.

ARBEITSANREGUNG 11

Lassen die folgenden Fälle ein Fremdheitsgefühl bei Ihnen entstehen? Richten Sie den Blick auf sich und suchen Sie den Grund für Ihr Befremden bei sich. Was haben Sie bei diesem Perspektivenwechsel gelernt?

1. Sie sind in Dijon bei einer Besprechung mit französischen Kollegen. Während der Sitzung hört man häufig das Telefon nebenan klingeln, die Sekretärin kommt herein, Teilnehmer gehen aus dem Raum und kommen dann wieder zurück.

2. Sie koordinieren eine Studentenexkursion nach Russland und warten auf eine entscheidende Mitteilung, doch die russische Seite beantwortet Ihre Mails schon seit einer Woche nicht. Sie versuchen es mit einem Fax, doch ebenso ohne Erfolg.

Versuchen Sie, sich an Situationen, die bei Ihnen das Gefühl von Fremdheit hervorgerufen haben, zu erinnern und analysieren Sie sie unter dem gleichen Gesichtspunkt.

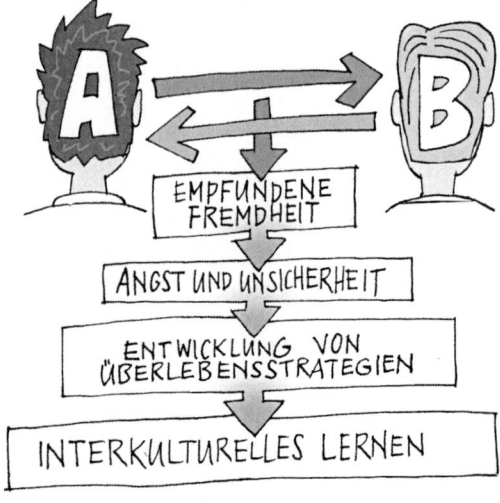

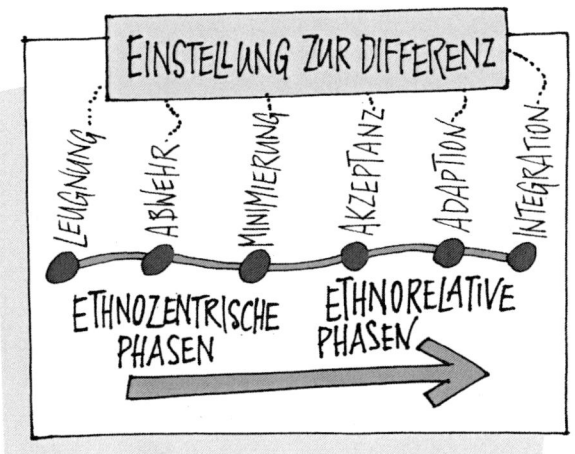

In der politischen Debatte um Zuwanderung und Migration ist vielfach ein anderer Umgang mit Fremdheit zu erkennen. Sie geht von dem Bestreben aus, kulturelle Fremdheit unter Berufung auf allgemeine humanistische Grundsätze („Wir sind schließlich alle Menschen") zu ignorieren oder aufzulösen. Solche (oft gut gemeinten) Argumentationsweisen sind deswegen bedenklich, weil sie die gefährlichen Folgen der Minimierung oder Leugnung von Fremdheit unterschätzen. Enttäuschte Hoffnungen auf vermeintliche Vertrautheit können schnell zu negativen emotionalen Reaktionen („Bist doch ein Ami!") führen.

Die Strategie der Anerkennung von Fremdheit birgt eine entscheidende Chance. Sie fasst die anfängliche Verunsicherung durch die Begegnung zweier „Richtigkeiten" auf als einen Anstoß zu ihrer Überwindung. Die Konfrontation des Eigenen mit dem Fremden wird gesehen als motivierend für das Kennenlernen anderer Denk- und Handlungswelten. Dies kommt deutlich zu Ausdruck in dem bekanntesten Modell zur interkulturellen Interaktion, dem Modell der Unsicherheitsreduktion, das auf der vorherigen Seite abgebildet ist.

Die Vorstellung der Anerkennung von Differenz und ihrer Nutzung als Grundlage und Anstoß für das interkulturelle Lernen bildet auch die Basis des einflussreichsten Kultur-Lern-Modells, das oben abgebildet ist. Dieses geht von einer Abfolge von sechs Phasen aus, die der Lernende im Prozess seiner persönlichen Entwicklung vom Ethnozentrismus zum Ethnorelativismus durchläuft. Jede Phase bezeichnet eine andere Einstellung zu den Unterschieden, die zwischen seiner und der fremden Kultur bestehen.

Es handelt sich hier um ein Idealmodell. Es will nicht sagen, dass jedes Individuum alle Phasen durchlaufen muss und kann. Besonders die letzte Phase wird als sehr problematisch gesehen, da das Individuum bei der Relativierung aller kulturellen Grundsätze Störungen durch Identitätsverlust erleiden kann und der Gefahr ausgesetzt ist, zum „Charakterchamäleon" zu werden. Das Modell will auch nicht suggerieren, dass die Bewegung beim Lernen immer linear fortschreitend sein muss: Ernsthafte Bedrohungen der Identität oder des eigenen seelischen Wohlbefindens können den Lernerfolg schnell „zurückfahren". Es ist auch möglich, dass man in manchen Kulturbereichen, z.B. beim Essen oder im Kleidungsverhalten, bereits sehr fortgeschritten ist, während in anderen Bereichen die Akzeptanz der Verhaltensweisen oder Wertvorstellungen begrenzt ist oder bleibt: etwa die Bestechung von Staatsangestellten oder die Haltung „Alte Leute müssen immer respektiert werden". Der Prozess der Einbindung verschiedener Kulturelemente in das eigene Verhalten kann mit Hilfe des Modells des kulturellen „Eisbergs" (vgl. Modul 1) recht gut erläutert werden: Während die Gewöhnung an materielle Dinge meist unproblematisch ist, sind die Widerstände bei der Übernahme fremder Verhaltensweisen, Einstellungen und Normen größer und oft grundsätzlicher Art.

KONTROLLFRAGEN

1. Warum nennt man die interkulturelle Kommunikation auch „Kommunikation mit Fremden"?

2. Das Wort „fremd" ist Bestandteil vieler Begriffe, z.B. „Fremdenzimmer", „Fremdenverkehr", „Fremdenpass", „Fremdenlegion" usw. Welche Bedeutungen von Fremdheit kommen in jedem dieser Ausdrücke zum Vorschein?

3. Welche Vor- und Nachteile kann die Betonung kultureller Differenz haben?

4. Welche Verbindung besteht zwischen Fremdheit und der Motivation zum interkulturellen Lernen?

5. Warum wird kulturelle Differenz gelegentlich abgewehrt oder geleugnet?

6. Sollten ausländische Studenten an deutschen Universitäten Bonuspunkte bekommen, weil Deutsch

nicht ihre Muttersprache ist? Begründen Sie Ihre Meinung.

7. In vielen Ländern ist es üblich, von ausländischen Touristen höhere Preise für Übernachtung, Museumseintritte oder Theaterkarten zu verlangen. Wie erklären Sie dieses und was halten Sie persönlich davon? Begründen Sie Ihre Meinung.

LITERATUR

- Böckelmann, Franz: *Die Gelben, die Schwarzen, die Weißen.* Frankfurt/M. 1998.
- Breidenbach, Joana, P. Nyíri: *Maxikulti.* Frankfurt 2008.
- Gudykunst, William B., Y.Y. Kim: *Communicating with Strangers. An Approach to Intercultural Communication.* New York 1992.
- Honolka, Harro, I. Götz: *Deutsche Identität und das Zusammenleben mit Fremden.* Opladen 1999.
- Kiesel, Doron: *Das Dilemma der Differenz. Zur Didaktik interkulturellen Lernens.* Opladen 1996.
- Kohl, Karl-Heinz: *Ethnologie – die Wissenschaft vom kulturell Fremden: Eine Einführung.* München 1993.
- Menzel, Peter A.: *Fremdverstehen und Angst. Fremdenangst als kulturelle und psychische Disposition und die daraus entstehenden interkulturellen Kommunikationsprobleme.* Bonn 1993.
- Lenz, Bernd, H.-J. Lüsebrink (Hg.): *Fremdheitserfahrung und Fremdheitsdarstellung in okzidentalen Kulturen.* Passau 1999.
- Schäfter, Ortfried: *Das Fremde. Erfahrungsmöglichkeiten zwischen Faszination und Bedrohung.* Opladen 1991.
- Schiffauer, Werner: *Fremde in der Stadt. Zehn Essays über Kultur und Differenz.* Frankfurt 1997.

EIGENE NOTIZEN

3 KULTURELLE FILTER

In diesem Modul lernen Sie, was das Wesen der menschlichen Wahrnehmung auszeichnet und wie kulturelle Unterschiede den Wahrnehmungsprozess beeinflussen. Darüber hinaus erfahren Sie, wie Stereotypen entstehen und wie sie sich auf die interkulturelle Begegnung auswirken. Dieses Wissen benötigen Sie, um zu verstehen, wie unsere Informationsaufnahme von den eigenen „kulturellen Filtern" abhängt. Sie lernen dabei, diese Filter in der interkulturellen Begegnung zu erkennen und mit ihnen umzugehen.

- **Wesen und Merkmale menschlicher Wahrnehmung**
- **Wahrnehmung im interkulturellen Kontext**
- **Attribution**
- **Eigenschaften von Stereotypen**
- **Funktionen von Stereotypen**
- **Stereotypen in der interkulturellen Begegnung**

WESEN UND MERKMALE MENSCHLICHER WAHRNEHMUNG

Fremdheit nehmen wir ausgehend von unserem eigenen kulturellen Wissen wahr. Die menschliche Wahrnehmung ist der Prozess, in dem wir unsere Sinnesorgane nutzen, um die Welt um uns herum zu erfahren, zu strukturieren und zu bewerten. Sie ist, in anderen Worten, jener Prozess, mit dem wir alles, was wir erfassen, einordnen und in sinnvolle Erfahrungen verwandeln. Besonders wichtig wird diese Einsicht im Falle der interkulturellen Begegnung, wenn Fremdes aufgenommen und verarbeitet werden muss. In diesem Sinne ist ein geschulter Umgang mit der eigenen Wahrnehmung ein wichtiger Baustein für interkulturelle Kompetenz.

Trügerische Wirklichkeit

Unser Bewusstsein gaukelt uns vor, dass wir die Wirklichkeit so wahrnehmen, „wie sie eben ist". Im Normalfall des Alltagslebens glauben wir, dass unsere Sinne die Realität 1:1 abbilden. Tatsächlich aber trügt uns unser Gefühl. Wie eingeschränkt unsere Wahrnehmung ist, zeigt der Vergleich mit der Tierwelt: So sind Fledermäuse oder Wale in der Lage, sich mit Hilfe von Echo-Ortung zu orientieren, Bienen oder Schlangen registrieren Lichtfrequenzen, von denen wir nichts bemerken und Hunde unterscheiden Gerüche, deren

Existenz uns völlig unbekannt ist. Die menschliche Wahrnehmungserfahrung gibt nur einen kleinen Ausschnitt der physikalischen Welt wieder.

Unsere eingeschränkte Wahrnehmungsweise ist die Basis, auf der unsere menschliche Welt gründet. Dinge, die wir als „laut" oder „leise", als „grün" oder „rot", als „duftend" oder „übel riechend" usw. erleben und bezeichnen, stellen nur Ausschnitte fassbarer Realität dar. Unsere Wahrnehmungen sind letztlich bloße Konstruktionen unseres Geistes, die keineswegs mit unserer Umwelt identisch sind – Konstruktionen allerdings, die uns eine hilfreiche Orientierung in unserer Umwelt ermöglichen und so unser Überleben sichern.

Für ein adäquates Verständnis unserer Wahrnehmung ist ein Modell der philosophischen Schule des Konstruktivismus hilfreich, bei dem zwischen zwei Ebenen von Wirklichkeit unterschieden wird: Einerseits gibt es eine physische, objektive Wirklichkeit erster Ordnung, die mit den Methoden der Wissenschaft gemessen werden kann, und andererseits eine Wirklichkeit zweiter Ordnung, die sich auf die Zuschreibung von Sinn und Bewertung der Dinge gründet und im Alltag sowie bei der Kommunikation die größere Rolle spielt.

Wahrnehmung ist ein aktiver Prozess

Betrachten Sie die folgende Abbildung:

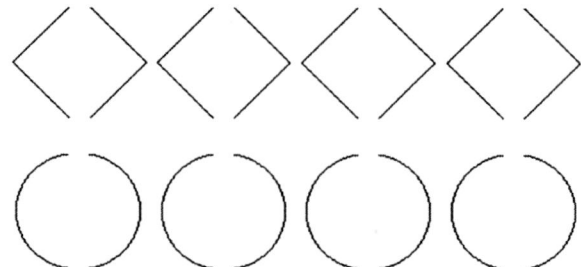

Die meisten Menschen meinen, dass es sich bei dieser Abbildung um „vier Karos" und „vier Kreise" handele. Sehen Sie einmal genauer hin! Sie werden feststellen, dass Ihre Wahrnehmung eigentlich nicht der Realität entspricht.

Ihr Gehirn spielt Ihnen hier nämlich einen Streich. Sie sehen Dinge, die gar nicht existieren, weil Ihr Wahrnehmungseindruck von den so genannten Gestaltgesetzen beeinflusst wurde. So haben Sie die Figuren aufgrund ihrer Ähnlichkeit sowie ihrer räumlichen Nähe zueinander zusammengruppiert und die Linien und Bögen aufgrund der Geschlossenheit ihrer Gestalt als „Karos" und „Kreise" interpretiert. Infolgedessen haben Sie die wahrgenommenen Objekte vollständiger und harmonischer wahrgenommen, als sie es tatsächlich sind.

Natürlich helfen solche Gesetzmäßigkeiten, die Umwelt erfolgreich zu bewältigen. Gleichzeitig können sie aber offensichtlich auch zu einer unpräzisen Wahrnehmung verleiten. Daher ist Vorsicht geboten: Alle Reize, die auf die Wahrnehmungsorgane treffen, werden nicht einfach passiv und wertneutral aufgenommen, sondern vielmehr von Ihrem Gehirn in einem komplexen Vorgang verarbeitet. Anders ausgedrückt: Wahrnehmung ist ein hochgradig aktiver Prozess, der es uns meist unmöglich macht, wirklichkeitsgetreue Eindrücke aufzunehmen und die Objektivität der Welt um uns zu erschließen.

ARBEITSANREGUNG 1

Üben Sie, Ihre Wahrnehmungsfähigkeit zu erweitern: Jeder Teilnehmer soll sich eine Zeit lang, ohne zu sprechen, darauf konzentrieren, die Sinne für alle wahrnehmbaren Reize zu öffnen und möglichst viele davon aufzunehmen (Geräusche, Gerüche). Es hilft, gelegentlich dabei die Augen zu schließen. Dies kann allein oder in kleinen Gruppen geschehen, innerhalb oder auch außerhalb des Seminarraums. Nach ca. 5 Minuten kommen alle wieder zusammen und berichten. Was konnten Sie sehen, hören, fühlen, riechen? Gab es entfernte Geräusche, schwache Gerüche, usw.? Gab es Teilnehmer, die andere Dinge wahrnahmen und warum war das so? Welche Reize hatten Sie zuerst und welche erst später wahrgenommen? Welche Veränderung hat sich im Verlauf der Übung ergeben?

Bedeutungsverleihung und Kategorisierung

Der Mensch muss den Dingen eine Bedeutung verleihen, ihnen einen Sinn geben, sie in einen Kontext einordnen und ihren Zweck bestimmen. Nur dann kann er sich zurechtfinden. Beim Wahrnehmen wird der Vorgang der Bedeutungsverleihung maßgeblich dadurch gesteuert, dass jeder Mensch im Verlauf seines Lebens bestimmte Wahrnehmungskategorien erlernt, die er dann auf die Dinge seiner Umwelt an-

wendet und ihnen somit gleichzeitig einen bestimmten Sinn und Zweck zuordnet. Bei der Geburt hat man z. B. noch keinerlei Vorstellung davon, was ein Stuhl ist. Dass Erwachsene mühelos einen Stuhl erkennen können, liegt an der Tatsache, dass man im frühkindlichen Alter seine spezifischen Charakteristika erlernt hat. Im Laufe unseres Lebens entwickeln sich diese Kategorisierungen in unterschiedliche Richtungen. Es kommt zu wechselnden Bedeutungszuweisungen für die Wahrnehmungsobjekte, somit zu verschiedenen „Wirklichkeiten zweiter Ordnung". Derselbe Reiz kann manchmal sehr unterschiedlich interpretiert werden. Während einer Jazzmusik liebt, findet sie ein anderer scheußlich, während manche Parfüms mögen, empfinden andere sie als aufdringlich.

Wahrnehmung ist selektiv

Registrieren die menschlichen Sinnesorgane eintreffende Reize, nimmt das Gehirn die Informationen nicht vollständig oder wahllos auf. Es filtert die Reize durch einen Abgleich mit gespeicherten Kategorien, wobei bereits Bekanntes wieder erkannt und schließlich zu einer Gesamtwahrnehmung integriert wird. Stimmt ein Objekt in etwa mit einer Kategorie überein („es hat vier Holzbeine und eine Holzplatte"), wird es als „Stuhl" erkannt. Wahrnehmung ist also ein selektiver Prozess, der es Menschen leicht macht, bereits Bekanntes erfolgreich einzuordnen. Und weil auch die Bewahrung der Reize selektiv ist, können wir nur einige der wahrgenommenen Reize behalten. Das meiste, was wir wahrnehmen und bearbeiten, bleibt nicht haften und wird vergessen

Probleme bekommt das Wahrnehmungssystem allerdings, sobald es mit Unbekanntem konfrontiert ist. Die – selektiv – wahrgenommenen Reize werden kategorisiert, d.h. sie werden zu Mustern zusammengefügt, denen wir Sinn verleihen müssen, indem wir sie mit Bedeutungen belegen. Wenn sich herausstellt, dass ein Muster unbekannt ist und wir ihm deswegen keine Bedeutung zuschreiben können, können wir es nicht einordnen und „erkennen" das Wahrgenommene nicht. Oder in anderen Worten: Erkannt wird nur das, was bekannt ist.

Bei der Wahrnehmung ist die Voreingenommenheit unseres Filterungsapparats von großer Bedeutung: Der Mensch neigt dazu, Reize, die seinen Erwartungen nicht entsprechen, abzuwehren, umzudeuten oder sie gar nicht erst zu erkennen. Umgekehrt zeigt er auch die Tendenz, Reize zu bevorzugen, die seinen Erwartungen entsprechen. Man muss damit rechnen, dass die Art und Weise, Informationen auszuwählen und zu verarbeiten, durch vielfältige Faktoren beeinflusst wird, wie z. B.:

a. Natürliche Bedürfnisse
   Hunger und Durst können die Wahrnehmung von Lebensmitteln verändern.
b. Einstellungen, Interessen, Werte
   In einem Buchladen stechen einem passionierten Schachspieler die Schachbücher besonders ins Auge. Es spielt für unsere Wahrnehmung auch eine Rolle, mit welchem Wert Objekte besetzt sind: In einem Experiment sollten Versuchspersonen die Größe von Münzen und gleich großen Pappscheiben einschätzen. Die Münzen wurden dabei größer eingeschätzt, weil sie mit einem Wert versehen waren.
c. Persönlicher Kontakt und emotionale Bedeutung
   Das Fehlverhalten eines geliebten Menschen empfinden wir in der Regel als weniger gravierend als das eines uns Unbekannten („Liebe macht blind").

ARBEITSANREGUNG 2

Betrachten Sie für ca. 10 Sekunden ein Bild, das viele Wahrnehmungsreize, wie mehrere Menschen oder Dinge, beinhaltet. Zum gleichen Zweck können Sie auch eine kurze Videosequenz einsetzen. Schreiben Sie drei bis fünf Dinge auf, die Ihnen aufgefallen sind. Versuchen Sie, Ihre Wahl zu analysieren. Welche Dinge haben Sie ausgewählt? Waren Interessen, Kenntnisse, Erfahrungen für Ihre Auswahl ausschlaggebend? Hat Ihre persönliche Einteilung der Dinge in „wichtig" und „bekannt" bzw. „unwichtig" und „unbekannt" Ihre Wahrnehmung gesteuert?

Wahrnehmung ist kulturspezifisch

Wahrnehmung ist nicht nur ein individuelles Phänomen, sondern auch abhängig von der jeweiligen Lebensumwelt – sie ist kulturspezifisch. Kulturelle Vergleiche offenbaren vielfache Unterschiede in der Wahrnehmung. Gründe für diese Unterschiede können darin liegen, dass bestimmte Umweltbedingungen einen Einfluss auf den sensorischen Apparat ausüben. Die Wahrnehmungsschärfe des Hörsinns von Busch-

männern der Kalahari nimmt z. B. mit ansteigendem Alter weniger ab, als bei alternden US-Amerikanern – einfach, weil sie einem geringeren Lärmpegel ausgesetzt sind. Auch bestimmte Lebensumstände können eine Rolle spielen: Aufgrund einer unzureichenden Vitaminversorgung kam es in Kuba während der letzten Jahrzehnte zu einem vermehrten Auftreten von Augenkrankheiten. Doch die meisten Wahrnehmungsunterschiede gehen zurück auf die kulturellen Verschiedenheiten der erlernten Kategorien und der ihnen zuordneten Sinnverleihungen. Ein sehr einfaches Beispiel kann hier als Illustration dienen: Ein Mensch, der „gelernt" hat, dass ein lächelndes Gesicht Offenheit und Freundlichkeit bedeutet, wird Personen ohne Lächeln immer als unfreundlich und abweisend wahrnehmen.

WAHRNEHMUNG IM INTERKULTURELLEN KONTEXT

Die meisten Unstimmigkeiten in der Wahrnehmung interkultureller Situationen gehen zurück auf kulturelle Unterschiede; denn ein und derselbe Akt kann von verschiedenen Teilnehmern völlig unterschiedlich „gesehen" werden. Eine junge Frau berichtete, wie sie in Thailand auf der Straße stürzte und sich das Knie verletzte: Eine daneben stehende Gruppe junger Männer lachte laut darüber. Die Frau nahm das als „Auslachen" wahr und war darüber extrem erbost; später zeigte sich, dass die jungen Männer sie mit dem Lachen „vom Schmerz ablenken" wollten. Verursacht werden solche Wahrnehmungsdifferenzen durch das Hinweinwachsen in unterschiedliche kulturelle Kontexte. Die kulturspezifische Sozialisation eines Menschen bedingt eine Art Konditionierung auf bestimmte Wahrnehmungsarten und -vorlieben.

Ein bekanntes Beispiel für unterschiedliche Wahrnehmungsgewohnheiten stellt die Deutung der Bildreihenfolge in der folgenden Abbildung dar. Ein US-amerikanischer Hersteller für Babynahrung führte in den USA eine Werbekampagne durch, bei der auf drei Bildern ein Baby abgebildet war. Auf einem Bild wirkte das Baby sehr unzufrieden, auf einem weiteren trank es ein Produkt der Firma und auf einem dritten strahlte es dem Betrachter freudig entgegen.

Die Kampagne verlief in den USA sehr erfolgreich, weswegen man beschloss, dieselbe Werbung auch in

arabischen Ländern zum Einsatz zu bringen. Die Firmenleitung musste jedoch feststellen, dass sich das Produkt dort mehr als schlecht verkaufte. Der Grund war einfach: Da die arabische Schrift von rechts nach links verläuft, wurde die Bildabfolge auch in dieser Leserichtung wahrgenommen – und das Produkt entsprechend negativ beurteilt.

ARBEITSANREGUNG 3

Besorgen Sie sich ausländische Zeitschriften, die möglichst viel Werbung beinhalten, oder besuchen Sie im Internet ausländische Webseiten. Beginnen Sie mit Material aus entfernten, Ihnen wenig bekannten Regionen. Nehmen Sie danach auch Werbung aus näher liegenden Kulturen unter die Lupe. Notieren Sie alles, was Ihnen auffällt: Was ist zu sehen? Verstehen Sie alles? Wie wurden die Farben gewählt? Wie wirkt das Schriftbild? Wie wirkt die Anordnung von Texten und Bildern auf Sie?

Das Thema Wahrnehmung im interkulturellen Vergleich gewinnt noch an Komplexität, wenn man bedenkt, dass alle Wahrnehmungsreize zudem mit einem kulturspezifischen Symbolgehalt belegt sind, ganz gleich, ob es sich dabei nun um Dinge, Situationen oder Menschen handelt. Für die Praxis der interkulturellen Kommunikation bedeutet dies, dass Sie bei der Begegnung mit Kulturfremden damit rechnen müssen, dass deren symbolische Besetzung eines Objekts der Ihren völlig widerspricht. Dabei kann zudem ein einzelnes Objekt mehrere Bedeutungen in sich vereinen. Als Beispiel können Nahrungsmittel dienen. Sie tragen viele Bedeutungen in sich, die einem Kulturfremden oft nur wenig bekannt sind. Sie können zwar gegessen werden und dienen somit vorrangig der Erfüllung eines physiologischen Bedürfnisses, erfüllen aber da-

rüber hinaus noch viele andere Funktionen. Wird ein Nahrungsmittel als Gabe gereicht, kann dies einem Gast freundliche Absichten signalisieren oder gar ein zukünftiges Bündnis. Über Nahrungsmittel lässt sich auch der soziale Status ausdrücken, wenn z. B. eine teure Einladung ausgesprochen wird. Als „Nationalgericht" kann ein Nahrungsmittel auch Ausdruck einer ethnischen oder territorialen Zugehörigkeit sein.

ARBEITSANREGUNG 4

Die Wahrnehmung von Farben kann interkulturell große Unterschiede aufweisen. Reflektieren Sie über diese Unterschiede mit folgender Übung:

Stellen Sie sich eine Farbe vor und überlegen Sie sich dazu Ihnen bekannte Bedeutungen (z. B. Grün als Farbe der Hoffnung, grün vor Neid, Grün wirkt beruhigend usw.). Überlegen Sie, wie die Wahrnehmung der gleichen Farbe in anderen Teilen der Welt sein könnte (z. B. „Was bedeutet die Farbe Grün für Menschen, die in der Wüste leben?").
Welche konkreten Beispiele aus anderen Kulturen kennen Sie (z. B. Grün ist in Malaysia die Farbe des Todes, Gelb ist in China die Farbe des Kaisers)?
Welche Beispiele für Missverständnisse aufgrund des unterschiedlichen Symbolgehalts von Farben kennen Sie?

ATTRIBUTION

Der Einfluss von Kultur auf die Wahrnehmung wird im Prozess der Attribution besonders deutlich. Im Allgemeinen hängt die Attribuierung zusammen mit der menschlichen Neigung, für alles Beobachtete und Wahrgenommene sofort und fast „automatisch" nach einer Ursachenerklärung zu suchen. Beim Wahrnehmungs- und Interpretationsprozess erstellen wir stets Zuschreibungen, um uns die sozialen Ereignisse und Handlungen in einen verstehbaren Zusammenhang erklären und einordnen zu können. Jeder Mensch ist darauf angewiesen, sein eigenes Verhalten sowie das Verhalten anderer sinnvoll einzuordnen und ihm eine Bedeutung zuzuweisen. Nur so kann er sich in seiner sozialen Umwelt orientieren, z. B. das Verhalten anderer verstehen, Vorhersagen über zukünftiges Verhalten machen und die eigenen Verhaltensweisen sinnvoll ausrichten. Die Ursachen für das Verhalten anderer

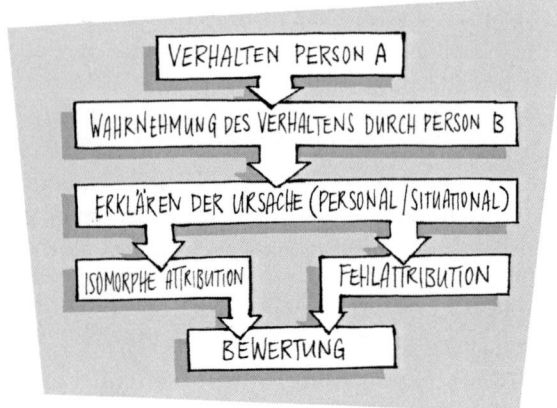

„richtig" bzw. so wie sie gemeint waren zu erklären, ist dabei ein wichtiges Ziel. Extrem wichtig wird dieses Ziel im Falle der interkulturellen Begegnung.

Ursachenerklärungen können prinzipiell in zwei Richtungen erfolgen: Entweder erklären wir Verhalten mit Bezug auf die Person oder auf die Situation, in der sie sich befindet. D.h. entweder suchen wir die Begründung in den einer Person anhaftenden Eigenschaften (Charakter, physische und psychische Merkmale) oder in der aktuellen situativen Konstellation. Wenn z.B. ein Lehrer wissen will, warum eine Schülerin bei einer Prüfung ein schlechtes Ergebnis erzielt hat, so kann er das mit ihrer „Faulheit" (personale Begründung) erklären oder mit der Annahme, dass sie am Tag vor der Prüfung durch äußere Umstände wie Krankheit oder Hilfe im Haushalt abgelenkt war (situative Begründung). Je nach bevorzugter Ursachenerklärung würde er eine andere Ansprache mit der Schülerin suchen und andere Strategien für die Verbesserung ihrer Note wählen. Die Ursachenerklärung im eigenen kulturellen Kontext erfolgt in der Regel als unbewusste Routine. Man fragt in Deutschland selten nach einer Erklärung für das Entgegenstrecken der rechten Hand bei einer Begegnung. Wir „wissen" unhinterfragt, warum uns die Hand entgegenstreckt wird, warum wir angelächelt werden oder unseren Namen zur Begrüßung sagen. Es ist die eigene Kultur, die uns fast unbemerkt und recht schnell Ursachenerklärungen für eine Vielzahl von Verhaltensweisen zur Verfügung stellt.

Kommunizieren wir aber mit Menschen, die anderskulturelle Normvorstellungen oder Kommunikationsregeln erlernt haben, d.h. andere „Normalitäten" kennen, dann müssen wir vielfach erleben, dass sie sich nicht so benehmen, wie wir es erwarten. Ihr Verhalten erscheint uns oft „ungewöhnlich", sei es, weil das Gegenüber lacht, obwohl wir eine ernste Reaktion als normal erachten würden, oder auf überraschende Weise hartnäckig schweigt und die erwartete schnelle Antwort nicht gibt.

Attributionsfehler

Die detaillierten Erklärungen zur Entstehung von Attributionen mögen den Eindruck erweckt haben, dass der Attributionsprozess eine länger dauernde Angelegenheit ist. Das Gegenteil ist der Fall: Wir durchlaufen die verschiedenen Phasen des Beobachtens, Wahrnehmens, Hinterfragens und Ursachenerklärens extrem schnell. Das bedeutet jedoch keineswegs, dass es einfach ist, zutreffende und angemessene Attributionen vorzunehmen. Gerade bei der interkulturellen Kommunikation fällt es schwer, das Verhalten anderer korrekt zu interpretieren und so genannte isomorphe Attributionen zu bilden. Isomorphe (gleichgestaltige) Attributionen sind solche, die die Sicht des Kommunikationspartners spiegeln, so als würden wir uns in unser Gegenüber hineinversetzen und Bedeutungszuschreibungen herstellen, wie dieser sie für sich benennen würde.

Attributionsfehler sind an der Tagesordnung. Sie entstehen, wenn wir dem Verhalten von fremdkulturellen Personen Begründungen und Erklärungen zuschreiben, die sich von den eigentlich gemeinten unterscheiden. Es entstehen Fehlwahrnehmungen, die manchmal in harmlose, manchmal aber auch in kritische Missverständnisse münden können. Dies lässt sich gut mit folgender Episode aus dem Jahre 1991 veranschaulichen:

In einem Stadtteil von Washington D.C. mit einem großen Anteil hispanischer Bevölkerung pflegten junge Lateinamerikaner vor ihren Hauseingängen zu sitzen und Bier zu trinken, so wie sie es aus ihrer Heimat gewohnt waren. Dieses Verhalten wurde von anderen Anwohnern und der Polizei als unerwünschtes und sogar illegales „Herumlungern" wahrgenommen, auch weil in den USA das öffentliche Trinken von alkoholischen Getränken untersagt ist. Eine Polizeibeamtin auf Streife versuchte deshalb, etwas gegen dieses Verhalten zu unternehmen und forderte die jungen Männer auf, sich von den Hauseingängen zu entfernen. Diese empfanden jedoch ihr eigenes Verhalten als völlig normal und weigerten sich, der Forderung der Beamtin nachzukommen. Sie protestierten und traten im Gespräch nahe an sie heran, ein Verhalten, das in Lateinamerika gegenüber einer Polizistin durchaus möglich ist. Die Polizistin deutete die körperliche Nähe jedoch als Bedrohung, zog ihre Waffe und schoss in die Luft. Die Ereignisse überschlugen sich und endeten in bürgerkriegsähnlichen Unruhen.

Quelle: Heike P. Gramckow: *Polizei, Ausländerfeindlichkeit und Minderheitenprobleme: Lösungsversuche in den USA.* Villingen-Schwenningen 1993

ARBEITSANREGUNG 5

Zeichnen Sie eine Fernsehreportage über ein fremdes Land auf. Suchen Sie aus Ihrem Bekanntenkreis jemanden, der aus diesem Land stammt. Schauen Sie sich die Reportage gemeinsam an. Versuchen Sie festzuhalten, welche Attributionen Sie und Ihr Partner herstellen. Stellen Sie Unterschiede fest? Fällt es Ihnen leicht, isomorphe Attributionen zu bilden?

Bei der Suche nach Ursachenerklärungen sind wir auch immer geneigt, Verhalten zu bewerten. Wir sind dabei keineswegs neutral: Wir neigen meist dazu, uns selbst positiver und das Fremde negativer zu bewerten. Dass dadurch Fehleinschätzungen entstehen, liegt auf der Hand. Erschwerend kommt die Tendenz hinzu, das eigene als positiv bewertete Verhalten mit persönlichen Dispositionen und das negativ bewertete hingegen mit situativen Faktoren zu erklären. Ein Beispiel: Das schnelle Erledigen von Arbeitsaufgaben hat mit guter Auffassungsgabe zu tun, das Zuspätkommen zur Arbeit mit einer Verspätung der öffentlichen Verkehrsmittel. Wenn wir jedoch versuchen, das Verhalten von Fremdkulturellen zu erklären, handeln wir entgegengesetzt: Sehr viel häufiger schreiben wir „abweichendes" Verhalten personenbezogenen und weniger situationsbezogenen Faktoren zu. Dieses wäre der Fall einer russischen Migrantin, die zu spät zur Arbeit kommt, weil sie ihre kranke Mutter erst versorgen musste (situativer Faktor), von ihrem Vorgesetzten aber mit dem Vorwurf „Russen sind immer unpünktlich" getadelt wird (personaler Faktor). Die Überbewertung personaler und die Unterbewertung situativer Faktoren bei der Bildung von Ursachenerklärungen bezeichnet man als „fundamentalen Attributionsfehler". In der Kommunikation mit Fremdkulturellen kommen solche fundamentalen Attributionsfehler häufig vor.

ARBEITSANREGUNG 6

Denken Sie an eine selbst erlebte interkulturelle Begegnung (z. B. im Urlaub oder bei der Arbeit), bei der Sie das Gefühl hatten, dass etwas „komisch" oder „unnormal" lief – ein Indikator dafür, dass es wohl ein Missverständnis gab. Vergegenwärtigen Sie sich die erlebte Handlungssequenz erneut und beschreiben Sie möglichst präzise, welches Verhalten Sie bei Ihrem Gegenüber beobachten konnten und welches Verhalten Sie selbst an den Tag legten. Fragen Sie sich, welche Ursachenerklärungen Sie für das Verhalten Ihres Gegenübers gefunden haben (z. B. „sie sagte nichts" und Sie dachten, „sie ist wohl beleidigt/verstockt/unaufmerksam" etc.) und welche Ursachenerklärungen Sie Ihrem eigenen Verhalten zuordnen würden (z. B. „Ich fragte noch mal nach", weil „ich davon ausging, dass sie nicht verstanden hatte").

Überlegen Sie in einem zweiten Schritt, welche Verhaltensweisen Ihr Gegenüber möglicherweise anders erklärt haben mag als Sie selbst. Wichtig ist hierbei weniger, dass Sie mit Ihren Vermutungen richtig liegen. Eher geht es darum, zu üben, die Möglichkeit andersartiger Ursachenerklärungen in Betracht zu ziehen! Es empfiehlt sich eine schriftliche Bearbeitung, bei der Sie die Handlungssequenz Schritt für Schritt durchgehen. Hierzu können Sie auf einem Blatt Papier sechs Spalten mit folgenden Überschriften bilden: „Mein Verhalten", „Verhalten des Gegenübers", „Meine Ursachenerklärung für mein Verhalten", „Ursachenerklärung meines Verhaltens aus Sicht des Gegenübers", „Meine Ursachenerklärung für das Verhalten des Gegenübers" und „Ursachenerklärung des Verhaltens meines Gegenübers aus seiner Sicht".

EIGENSCHAFTEN VON STEREOTYPEN

„Der galante Franzose", „die lebensfrohen Lateinamerikaner", „der oberflächliche Amerikaner", „der ordentliche Deutsche": Wir alle tragen in uns bestimmte Vorstellungen über andere Völker, Kulturen, Nationen. Denken Sie an ein Volk, so werden sofort Bilder geweckt: Bei „Russland" etwa denken viele an „Moskau", den „Kreml", die „Kälte", an „Wodka", an

„grimmige" Gesichter oder an die „Schwermütigkeit der Russen". Zum Ausdruck kommen solche Vorstellungen oft auch in Witzen. Sehr bekannt ist der folgende:

„Der Himmel auf Erden: Der Franzose ist Koch, der Engländer ist Polizist, der Deutsche ist Mechaniker, der Italiener ist Liebhaber und gemanagt wird das Ganze von einem Schweizer. Die Hölle auf Erden: Der Engländer ist Koch, der Deutsche ist Polizist, der Franzose ist Mechaniker, der Liebhaber ist Schweizer und gemanagt wird das Ganze von einem Italiener."

Solche und andere klischeehafte Verallgemeinerungen, in denen die Vorstellungen über andere Völker zum Ausdruck kommen, sind überall sehr verbreitet. Man nennt sie Stereotypen.

Definieren kann man Stereotypen als übergeneralisierte und vereinfachende, doch weitgehend beständige Überzeugungen und Sichtweisen gegenüber Gruppen und den einzelnen Mitgliedern dieser Gruppen. Sie basieren in der Regel nicht auf direkten Erfahrungen und sind nicht das Ergebnis frischer Eindrücke, sondern vielmehr „Fertigprodukte", die sich auf Vergangenes und Überliefertes beziehen. Stereotypen zielen nicht nur auf Völker, sondern auch auf alle möglichen Gruppen innerhalb der Gesellschaft. Auch für sie haben wir „Schubladen" parat: der „faule Student", die „dummen Blondinen", die „neunmalklugen Lehrer", die „unflexiblen Alten" usw. Selbstverständlich können Stereotypen auch Realitäten wiedergeben. Die Gefahr ist jedoch groß, dass sie sehr oft unzutreffende

Wahrnehmungsverzerrungen darstellen.

Die verschiedenen stereotypen Bilder weisen Unterschiede in ihren Bewertungen auf. Manche wirken eher neutral („der traditionsbewusste Engländer", „der blonde Schwede") oder positiv („der musikalische Italiener", „der pünktliche Deutsche"), während andere offensichtlich negative Einschätzungen transportieren („der geizige Schotte", „der habgierige Jude"). Von den eher neutralen oder positiven Stereotypen trennt man zumeist diejenigen mit negativen Bewertungen ab und verwendet für sie den Begriff Vorurteil. Auch bei Vorurteilen handelt es sich um vereinfachende und starre Generalisierungen, jedoch mit deutlicher Tendenz zum Negativen und zu stark emotionaler Attitüde gegenüber anderen Gruppen und ihren Mitgliedern.

Ein Hinweis: Die Grenzen zwischen beiden Begriffen sind fließend. Auch in den scheinbar so „neutralen" oder „positiven" Stereotypen schlummern oft negative Bewertungen. Um diesen auf die Spur zu kommen, können wir die Bilder im Umkehrschluss deuten: Wenn wir etwa den Lateinamerikanern „Lebensfreude" zuschreiben, dann beinhaltet dies unter Umständen indirekt, dass wir uns zwar für nicht so lebensfreudig halten, jedoch auch nicht für so „verantwortungslos", „pflichtvergessen", „faul" usw.

ARBEITSANREGUNG 7

Die Teilnehmer stehen im Kreis. Der Moderator nimmt einen Ball, stellt sich in die Mitte und ruft den Namen eines Landes, eines Volkes, einer Alters- oder Berufsgruppe (z. B. „Lehrer", „Senioren", „Italiener", „Bayern", „Führungskräfte"). Dabei wirft er schnell den Ball einem Teilnehmer zu. Der Ballfänger muss spontan die erste Assoziation, die ihm hierzu einfällt, sagen. Dann nennt er einen neuen Gruppennamen und wirft den Ball einem anderen Teilnehmer zu. So geht es 5-10 Minuten weiter. Die Auswertung der Übung findet mit den folgenden Fragen statt:

1. Wie erlebten Sie das Spiel? War es Ihnen angenehm oder unangenehm? Und weshalb?
2. Gab es Länder (Gruppen), zu denen Sie schwerer etwas sagen konnten? Wenn ja, warum?
3. Wenn anfangs wenig über die Eigenschaften nationaler Gruppen gesagt wurde, woran lag das?

4. Wie kommentieren Sie die genannten Assoziationen? Fanden Sie sie zutreffend? Woher stammten die jeweiligen Vorstellungen?

Stereotypen als Teil der Kultur

Stereotypen sind Bestandteile jeder Kultur. Sie werden von den Mitgliedern einer Gruppe weitgehend geteilt und ändern sich auch über längere Zeiträume hinweg relativ wenig. Im Verlauf des kulturellen Lernens werden sie von Generation zu Generation weitergegeben. Die Wege, über die diese vorgefertigten Bilder weitergegeben werden, sind vielfältig:

a. Sozialisatorische Vorbilder
Eltern, Lehrer, Nachbarn vermitteln den Heranwachsenden bereits sehr früh Sichtweisen gegenüber anderen, mal in direkter Form, wenn eine Mutter vor dem Umgang mit ausländischen Nachbarkindern warnt, oder in indirekter Form, wenn der Umgang mit bestimmten Gruppen einfach gemieden wird.

b. Sprache
Alle Sprachen haben vielfältige Metaphern oder Redensarten, die sich auf verschiedene Gruppen beziehen. Wenn sie unbedacht gebraucht werden, tragen sie Stereotypen weiter. Beispiele im Deutschen sind „etwas türken", „sich auf französisch empfehlen", „katholisch gucken", „böhmische Dörfer", „muslimischer Fundamentalist" oder „das kommt mir spanisch vor".

c. Medien
Visuelle Medien und das Internet spielen bei der Vermittlung von stereotypen Bildern eine maßgebliche Rolle. Fernsehen und Film bringen täglich immer wiederkehrende Bilder von Fremdheit und Fremden. Die Werbung spielt regelmäßig mit nationalen Stereotypen und in Nachrichtensendungen werden z. B. beim Thema „Ausländer" oder „Integration" immer wieder Kopftuch tragende Türkinnen als Hintergrundbild eingeblendet.

ARBEITSANREGUNG 8

Suchen Sie in deutschen und ausländischen Büchern, Zeitschriften oder Filmen unterschiedlicher Zeitperioden nach Aussagen oder Bildern, die andere Völker beschreiben. Vergleichen Sie die Aussagen. Haben sich die Bilder der verschiedenen Völker im Lauf der Zeit verändert?

ARBEITSANREGUNG 9

Schauen Sie sich das Foto einer Ihnen unbekannten Person an und versuchen Sie, ihr einen Lebenslauf anzudichten. Überlegen Sie Antworten auf folgende Fragen:

1. Was ist das Wichtigste für diese Person?
2. Welchen Beruf hat sie?
3. Welches Buch hat sie zuletzt gelesen?
4. Welchen Film hat sie zuletzt angesehen?
5. Was macht sie mit einem Lottogewinn von einer Million Euro?

Fanden Sie die Übung leicht oder schwer? Angenehm oder unangenehm? Warum? Wieso war es möglich, dem abgebildeten Menschen recht detaillierte Angaben zuzuordnen? Aus welchen Quellen speisten sich die Bilder, die mit der Person verbunden werden? Welche Reize waren es genau, die zu Ihrer Einschätzung der Person führten?

FUNKTIONEN VON STEREOTYPEN

Stereotypen und Vorurteile sind sehr beständig. Wir können sie nicht einfach ablegen, denn sie erfüllen für den Menschen vielfältige Funktionen:

a. Kognitive Funktion
Es wurde bereits gezeigt, dass die menschliche Informationsverarbeitung ohne typisierende Wahrnehmungskategorien nicht auskommt. Die Menge der einströmenden Reize muss selektiert und in Kategorien eingeordnet werden. Dies gilt auch bei der Wahrnehmung der sozialen Umwelt. Menschen in verallgemeinernde Kategorien zusammenzufassen, bedeutet für uns eine Möglichkeit, das Denken so ökonomisch wie möglich zu gestalten. Die realen oder angeblichen Merkmale, die wir hierbei den jeweiligen Gruppen zuschreiben, helfen uns, soziale Informationen zu organisieren, im Gedächtnis zu behalten und wieder abzurufen. Ohne Stereotypen wären wir in unserem Alltag ohne Orientierung. Wenn man ein Kochrezept braucht und vor einer Gruppe aus Frauen und Männern steht, würde man sich eher

an eine Frau wenden – „Frauen kochen häufiger als Männer" – und so schneller seine Auskunft bekommen. Die Ökonomie unseres Denkens verlangt, auf bestehende Bilder zurückzugreifen und Stereotypen von anderen Menschen zu übernehmen. Gäbe es sie nicht, müssten wir die Charakteristika eines jeden Gegenübers erst selbst erschließen, was ungleich mühsamer wäre.

b. Affektive Funktion

Stereotypen und Vorurteile unterstützen die menschliche Psyche in dem Glauben an den eigenen positiven Selbstwert und dienen so als mächtiger Schutzmechanismus des Egos. Wir tendieren dazu, die Existenz unangenehmer eigener Persönlichkeitsanteile nicht wahrhaben zu wollen, z. B. Gefühle der Minderwertigkeit oder der Aggression. Um unseren Selbstwert zu verteidigen – denn wir wollen ja alle „gute Menschen" sein – projizieren wir diese inakzeptablen Anteile unbewusst auf andere. Wir lenken also von uns ab und versuchen uns vorzumachen, all das „Böse" bzw. all die schlechten Eigenschaften seien nicht in uns zu finden, sondern bei anderen – ein Prozess, der von der Psychologie Aggressionsverschiebung genannt wird. Wir entlasten uns hierdurch selbst, befriedigen tatsächlich vorhandene Aggressionen und bewahren unseren Selbstwert bzw. erhöhen ihn sogar. Typischerweise verschieben wir unsere aggressiven Gefühle auf vermeintlich oder real schwächere Gruppen, die für uns den idealen Sündenbock darstellen. Manche Menschen neigen stärker dazu, negative Haltungen gegenüber anderen auszubilden: Wer im Laufe seines Lebens bestimmte Konflikte nicht adäquat verarbeitet oder eine eher instabile Persönlichkeit entwickelt hat, ist anfälliger für stark vorurteilsbesetzte Haltungen. Ein Mensch mit einem „schwachen Ich", wie man in der Psychoanalyse sagen würde, bildet eine geringere Frustrationstoleranz aus und ist weniger in der Lage, Konflikte rational einzuordnen und zu bewältigen.

c. Soziale Funktion

Menschen streben danach, eine soziale Identität auszubilden, d. h. sie wollen sich selbst einer bestimmten sozialen Gruppe zugehörig fühlen. Damit menschliche Gemeinschaften überhaupt eine Gruppenidentität – und der Einzelne somit eine soziale Identität – entwickeln können, benötigen sie die kategoriale Abgrenzung von anderen Gruppen. Anders ausgedrückt, dienen uns Stereotypen und Vorurteile zur Grenzziehung zwischen Gruppen. Mit ihrer Hilfe können wir reale oder vermeintliche Merkmale der anderen Gruppe, aber auch unserer eigenen Gruppe genauer festlegen. Wenn wir z. B. als deutsche Lehrer von den „faulen Schülern" oder von den „fundamentalistischen Türken" sprechen, dann treffen wir nicht nur eine Aussage über andere, sondern umschreiben gleichzeitig auch die eigene Gruppe als „Lehrer" und „Deutsche", die wir als „fleißig" und „nicht fundamentalistisch" verstehen.

STEREOTYPEN IN DER INTERKULTURELLEN BEGEGNUNG

Im Rahmen von interkulturellen Begegnungen spielen stereotype Bilder eine große Rolle. Sie funktionieren als Wahrnehmungsfilter, die in problematischer Weise nicht nur unsere Einschätzung des Kommunikationspartners beeinflussen können, sondern auch unser Verhalten ihm gegenüber. Stereotypen unterscheiden sich nach mehreren Kriterien. Eines davon ist die Ausrichtung: Sind die Stereotypen ausgerichtet auf andere Gruppen, nennt man sie Heterostereotypen („Russen sind...", „Ostfriesen sind..."), richten sie sich auf die eigene Gruppe, sind es Autostereotypen („Wir Deutsche sind...", „Wir Handwerker sind..."). In der Regel fallen die Heterostereotypen bzw. die Bewertungen, die mit ihnen verbunden sind, negativer aus als die Autostereotypen. Sie drücken somit ein ethnozentrisches Weltbild aus, in dem das Eigene als normal und positiv, das Fremde eher als unnormal und negativ bewertet wird. So werden negativ belastete Eigenschafte wie Aggressivität oder Unsauberkeit eher bei anderen kulturellen Gruppen vermutet und kaum bei der eigenen.

Die Verlagerung von Negativem nach außen und die damit einhergehende Schlechterbewertung lassen Stereotypen und Vorurteile für den interkulturellen Kontakt als problematisch erscheinen. Sie können unser Handeln beeinflussen und Auslöser für Diskriminierungen sein, d. h. also zu ungerechter Behandlung von Menschen führen, mit denen wir eine bestimmte Gruppenzugehörigkeit verbinden.

In der Praxis der interkulturellen Begegnung stellen offensichtliche Diskriminierungen jedoch oft das kleinere Problem dar. Öfter tritt der Fall der ungewollten und wenig bewussten Diskriminierung auf, wenn etwa Personen unterschiedlichen kulturellen Hintergrunds aufeinander treffen, die gemeinsam eine bestimmte Aufgabe erfüllen wollen (z. B. an einer Geschäftsverhandlung teilnehmen, in einem internationalen Projekt arbeiten oder einfach im informellen Gespräch sind) und nicht unbedingt vorhaben, einander „feindlich" gesinnt zu sein

Stereotypen nehmen hier auf eine subtile Weise Einfluss auf das Handeln: Sie machen es uns schwer, den Anderen in seiner individuellen Vielfalt wahrzunehmen, und verleiten uns dazu, seine Zugehörigkeit zu einer fremden Gruppe überzubewerten. Die Gefahr ist groß, dass sich das Gegenüber nicht korrekt wahrgenommen fühlt und verletzt wird. Umso mehr gilt dies, wenn die Betroffenen für die Bilder, die ihnen häufig entgegengehalten werden, eine sehr große Empfindsamkeit entwickelt haben. Dies bleibt den Außenstehenden meist verborgen.
Hier zwei Beispiele:

a. Eine norwegische Biologin will ihrer in Norwegen lebenden äthiopischen Kollegin gegenüber ihre Sympathie zum Ausdruck bringen und bedauert sie, weil die Situation in ihrem Heimatland sehr schlimm sei und die Menschen Armut und Hunger leiden. Die Kollegin reagiert innerlich mit Wut: Immer verbinden die Norweger ihr Land mit „Armut" und „Hunger". Dabei ist sie selbst keineswegs in Armut und Hunger aufgewachsen, und überhaupt gibt es in Äthiopien auch reiche und gebildete Leute.

b. „Woher kommst du?" wird der in Deutschland aufgewachsene junge Mann mit indischen Eltern von seiner deutschen Studienkommilitonin gefragt. „Köln", antwortet er. „Ja, schon, aber wo bist du geboren?", fragt seine Kommilitonin weiter. „In Köln", setzt er fort. „Ja, schon aber woher kommst Du eigentlich?" bohrt sie weiter. „Meinst du Indien? Ja, meine Eltern kommen aus Indien, aber ich bin hier geboren", sagt er laut und denkt: „Wann hört sie endlich auf! Sie fragt so nur weil ich anders aussehe. Eigentlich bin ich genau wie sie, ein Deutscher."

Stellvertretend illustrieren die beiden Beispiele den Wunsch der Betroffenen, als komplexe Persönlichkeit und nicht als eine Art „kulturelles Abziehbild" wahrgenommen zu werden. Um diesem Wunsch besser gerecht zu werden, können für die Praxis folgende Empfehlungen ausgesprochen werden:

1. Seien Sie sich der Tatsache bewusst, dass niemand frei von Stereotypen und Vorurteilen ist, auch Sie nicht. Versuchen Sie deshalb, Bewusstheit über die Bilder zu erlangen, die Sie mit Ihrem Gegenüber verbinden. Dies wird dazu beitragen, Verletzungen zu vermeiden.

2. Bemühen Sie sich um eine Haltung, die neugierig auf das Unerwartete im Anderen ist. Versuchen Sie Ihr Gegenüber in seiner individuellen Gewordenheit zu entdecken, Informationen über seine aktuelle Situation, seine Motivationen und seine Biographie zusammenzutragen, um Ihre vorab bestehenden Generalisierungen zu relativieren.

3. Seien Sie für den interkulturellen Kontakt darauf vorbereitet, dass man auch Ihnen mit stereotypen und vorurteilsvollen Haltungen begegnet. Versuchen Sie, Geduld für Ihre Kommunikationspartner aufzubringen und von einer allzu großen, persönlichen Betroffenheit abzusehen. Jeder trägt seine Kulturbrille.

Abbau von Stereotypen

Im Alltag der interkulturellen Begegnung besteht häufig die laienhafte Überzeugung, dass sich Stereotypen und Vorurteile im Rahmen von internationalen Begegnungen „von selbst" abbauen. Man glaubt, dass der gegenseitige Austausch von Schülern und Studenten Sympathie und Nähe zur Folge habe und somit falsche und negative Bilder aufgelöst werden können. Diese Auffassung, die man in der Wissenschaft „Kontakthypothese" nennt, ist bei Ausbildern immer noch sehr verbreitet und findet viele praktische Umsetzungen in den verschiedensten Begegnungsprogrammen für Schüler und Studenten.

Tatsächlich jedoch bewahrheitet sich die Kontakthypothese oft nicht. Das Aufeinandertreffen von Personen verschiedener Gruppen kann sogar zu einer Verstärkung bestehender Stereotypen und Vorurteile führen, indem sich zuvor diffus vorhandene Haltungen durch die Erfahrung der direkten Begegnung verfestigen.

Hatte z. B. ein deutscher Schüler bereits einmal gehört, dass „Israelis oft streiten" und gerät er dann, während eines deutsch-israelischen Begegnungsprogramms, mit zwei israelischen Schülern in einen Konflikt, so kann es zu Sich-selbst-erfüllenden-Prophezeiungen kommen: „Ich habe es ja gewusst, dass die Israelis streitsüchtig sind". Seine Erwartung wird damit „bestätigt" und sein früheres diffuses Bild „Israelis streiten immer" ist nunmehr fest zementiert.

Zu diesem Effekt trägt bei, dass eine in der Realität erlebte Abweichung von vorhandenen Stereotypen weniger stark wahrgenommen wird, als deren Bestätigung: Beim deutschen Schüler rücken im Kontakt also die „streitenden Israelis" in den Vordergrund der Wahrnehmung, während die harmonischen Momente und Kontakte, die sich mit anderen israelischen Schülern ergeben haben, eher übersehen werden.

Selbstverständlich ist die Kontakthypothese nicht völlig falsch: Neuere Forschungen zeigen, dass unter bestimmten Voraussetzungen ein Abbau stereotyper Einstellungen zu realisieren ist. Die eigentliche Frage ist daher die nach den Bedingungen, unter denen Kontakte zu einer positiven Verhaltensänderung gegenüber anderen Gruppen führen können. Es sind einige Bedingungen herausgearbeitet worden, unter denen interkulturelle Kontakte zum teilweisen Abbau von Stereotypen führen können:

1. Zwischen den Gruppen sollte ein nicht zu großer Unterschied im ökonomischen und sozialen Status bestehen.
2. Die Gruppen sollten im Rahmen ihrer Begegnung gemeinsame Ziele verfolgen.
3. Bestehende Einstellungen der Gruppenmitglieder dürfen nicht schon von vornherein sehr extrem und/oder negativ ausgeprägt sein.
4. Die Kontakte zwischen den Gruppen und ihren Mitgliedern sollten eng sein und sich auf wichtige Verhaltensbereiche beziehen.
5. Eine Integrationsleitfigur mit Autorität bei beiden Gruppen sollte den Prozess der Annäherung zwischen den Gruppen lenken und ein positives soziales Klima herstellen.

KONTROLLFRAGEN

1. Warum ist unsere Wahrnehmung trügerisch?

2. Warum sind Wahrnehmungsunterschiede bei der interkulturellen Begegnung „vorprogrammiert"?

3. Warum ist es schwierig, isomorphe Attributionen zu produzieren?

4. Worin besteht der „fundamentale Attributionsfehler"? Nennen Sie einige Beispiele aus Ihrer eigenen Erfahrung.

5. Warum sind Stereotypen kulturspezifisch?

6. Warum ist es so schwierig, sich seiner Stereotypen zu entledigen?

7. Wann können Stereotypen bei der interkulturellen Begegnung nützlich sein?

8. Warum werden Stereotypen meist als eine Herausforderung für die interkulturelle Begegnung gesehen?

LITERATUR
- Barley, Nigel: *Hallo Mister Puttymann. Bei den Toraja in Indonesien.* Stuttgart 1994.
- Försterling, Friedrich: *Attribution: An Introduction to Theories, Research, and Applications.* Hove 2001.
- Goldstein, E. B.: *Wahrnehmungspsychologie.* Heidelberg 2002.
- Güttler, Peter: *Sozialpsychologie: soziale Einstellungen, Vorurteile, Einstellungsänderungen.* München 2003.
- Kebeck, Günther: *Wahrnehmung. Theorien, Methoden und Forschungsergebnisse der Wahrnehmungspsychologie.* Weinheim 1994.
- Petersen, Thomas, C. Schwender (Hg.): *Visuelle Stereotype.* Köln 2009.
- Rock, Irvin: *Wahrnehmung: vom visuellen Reiz zum Sehen und Erkennen.* Heidelberg 1998.
- Wagner, Katja: *Stereotype und Fremdsprachenunterricht: Über den Umgang mit Vorurteilen und Stereotypen im interkulturellen Fremdsprachenunterricht.* Saarbrücken 2008.
- Zick, Andreas: *Vorurteile und Rassismus: Eine sozialpsychologische Analyse.* München 1997.

EIGENE NOTIZEN

4 TECHNIKEN DES INTERKULTURELLEN UMGANGS

In diesem Modul lernen Sie über die Fähigkeiten und Fertigkeiten, die Ihnen helfen können, interkulturelle Begegnungen kompetenter und zufrieden stellender zu bewältigen. Deren Aneignung muss auf dem Wissen über Informationsaufnahme und -verarbeitung aufbauen. Da beide Prozesse grundsätzlich sehr kulturabhängig sind, üben sie auf jede interkulturelle Situation einen großen Einfluss aus.

- **Umgang mit Ethnozentrismus**
- **Kontrolle emotionaler Betroffenheit**
- **Wahrnehmungspräzisierung**
- **Achtsamkeit in der Kommunikation**
- **Empathie**
- **Perspektivenwechsel**
- **Erweiterung der Handlungsroutinen**

UMGANG MIT ETHNOZENTRISMUS

Erfolgreich mit Kulturfremden umzugehen ist keine leichte Aufgabe, wenn man sich daran erinnert, dass unser Verhalten bis in die tiefsten Schichten unserer Persönlichkeit hinein von unseren individuellen und kulturellen Lernerfahrungen bestimmt ist. Alle unsere kognitiven Kenntnisse, unsere emotionalen Reaktionen und auch unser Handlungswissen werden in hohem Maße durch unsere Kultur vorgegeben bzw. geprägt. Anders ausgedrückt: Wir erleben unsere Umwelt immer aus der Sicht unseres eigenen kulturellen Lebenszusammenhangs. „Wir" bzw. unsere eigene Kultur bilden den „natürlichen" Mittelpunkt der Welt, von dem aus alles andere eingeordnet und beurteilt wird – eine Haltung, die in der Wissenschaft Ethnozentrismus genannt wird. Auf der alltäglichen Ebene müssen wir uns den Ethnozentrismus als eine Neigung vorstellen, die Handlungen von Fremden mit Hilfe der eigenen Standards zu deuten und zu bewerten.

Damit ist gewiss nicht gemeint, dass wir Fremden in bewusster Weise aggressiv oder ausgrenzend entgegentreten; dieses kommt zwar vor, ist aber nicht der Regelfall. Ethnozentrismus ist vielmehr Ausdruck davon, dass wir uns unserer Kultur wenig bewusst sind, weswegen wir sie als „selbstverständlich" und „normal" sehen und so unsere Identität schützen. Ethnozentrische Tendenzen beim Menschen sind normal und unvermeidlich; jedermann ist bis zu einem gewissen Grad ethnozentrisch, weswegen es auch den Ausdruck „natürlicher Ethnozentrismus" gibt.

So „normal" der Ethnozentrismus sein mag – er ist eine problematische Erscheinung, denn er funktioniert als eine Barriere für das interkulturelle Verstehen. Er hält uns ab vom Verstehen des Anderen: Durch die Nutzung der eigenkulturellen Maßstäbe für die Erklärung des Fremdkulturellen riskieren wir stets, falsche Erklärungen und inadäquate Vorhersagen zu produzieren. Ist es möglich, einen Kompromiss zwischen den hilfreichen und den gefährlichen Aspekten des Ethnozentrismus zu finden, zwischen dem psychologischen Komfort der Identitätssicherung und dem Versagen in interkulturellen Interaktionen? Zu einem niedrigeren Niveau des persönlichen Ethnozentrismus zu kommen, klingt wie ein akzeptabler Kompromiss: Dieses ist in der Tat eine Fähigkeit, die erreichbar ist – wenn wir lernen, unseren Ethnozentrismus herauszuarbeiten, zu reflektieren und zu kontrollieren.

Man unterscheidet vier graduelle Abstufungen ethnozentrischer Haltungen bzw. vier „Portraits" ethnozentrischer Individuen:

a. Der „harte Ethnozentriker" leugnet entweder die Existenz von kulturellen Unterschieden oder er akzeptiert sie zwar, bewertet sie aber negativ. Nur seine eigene Kultur zählt als „zivilisiert". Ein Mensch, der von den geltenden Standards abweicht, wird als „unnormal", „schräg" oder gar „krankhaft" („Er muss erst noch lernen, sich richtig zu benehmen.") wahrgenommen. Emotional empfindet er Misstrauen, Ablehnung, Abscheu, manchmal sogar Ekel angesichts der Handlungen Anderskultureller. Sein Verhalten beim interkulturellen Umgang reicht von der rigiden Anwendung eigenkultureller Strategien über eine ignorante Ausgrenzung bis hin zu Diskriminierungen oder gar Gewaltanwendung.

b. Den „negativen Ethnozentriker" kann man als das Gegenbild des harten Ethnozentrikers verstehen. In seinem Denken dominiert die Ablehnung der eigenen Kultur und die Begeisterung für die fremde Kultur, in der alles besser, schöner und vor allem auch exotischer ist. In seiner romantischen Phantasie gestaltet sich das Leben dort friedvoller und lebenswerter. In umgekehrter Weise wie beim harten Ethnozentriker wird von ihm das Eigenkulturelle abgelehnt. Bewegt er sich in interkulturellen Kontexten, bemüht er sich krampfhaft um Überanpassung an die Fremdkultur und an die fremdkulturellen Verhaltensweisen. Aufgrund seiner unreflektierten Verankerung in seiner Herkunftskultur ist sein Bemühen jedoch, zumindest langfristig, zum Scheitern verurteilt.

c. Am häufigsten findet sich hierzulande wohl der „heimliche Ethnozentriker". Er gibt sich weltoffen und akzeptiert die Vielfalt kultureller Unterschiede. Er glaubt, sie berge keine Probleme – vorausgesetzt, man bemüht sich um „Toleranz". Typischerweise ist er fest davon überzeugt, dass er selbst keineswegs ethnozentrisch ist. Seine idealistisch-tolerante Grundhaltung versagt aber oft beim direkten Umgang mit Menschen aus anderen Kulturen: Auch bei ihm offenbaren sich ethnozentrische Verhaltensweisen, denn ganz „automatisch" verhält er sich so, wie es in seiner Kultur „normal" ist.

d. Der „reflektierte Ethnozentriker" akzeptiert, dass alle Menschen mit ihrem Ethnozentrismus zu leben haben – auch er selbst. Er rechnet damit, dass Denken, Fühlen und Handeln von den Normalitätserwartungen der eigenen Kultur durchsetzt sind, und hofft, ihnen in einem gewissen Maße im Rahmen von Reflexion und Innenschau auf die Spur zu kommen. Für ihn gilt es z.B. auch, ablehnende Gefühle gegenüber anderen zuzulassen und seine potenziellen Abwertungen kontrolliert wahrzunehmen. Sein Ziel ist es, Schritt für Schritt daran zu arbeiten, Offenheit, Verständnis und Kooperationsfähigkeit zu entwickeln.

In der interkulturellen Begegnung ist also damit zu rechnen, dass unser Verhalten – und das unserer Interaktionspartner – vielfältig von ethnozentrischen Haltungen geprägt ist und dass diese dem Gelingen der Kommunikation entgegenwirken. Für die erfolgreiche Begegnung mit Menschen aus anderen Kulturen ist die Haltung des reflektierten Ethnozentrikers am vorteilhaftesten.

ARBEITSANREGUNG 1

Reflektieren Sie über das ethnozentrische Denken in Ihrer Lebensumwelt, indem Sie allein oder in Gruppenarbeit einheimische und ausländische Zeitungsartikel, Fernsehsendungen, Internetseiten, Schulbücher usw. analysieren, in denen sich Aussagen über andere Kulturen finden. Versuchen Sie, dort vertretene Ansichten den verschiedenen Ethnozentriker-Typen („harter", „negativer", „heimlicher" und „reflektierter") zuzuordnen.

ARBEITSANREGUNG 2

Durch unsere „kulturelle Brille" hindurch bewerten wir alle Geschehnisse in ethnozentrischer Weise. Erleben Sie dies mit folgender Übung, die zwei schauspielerisch begabte Personen mit Teilnehmern durchführen. Zu Beginn erklären die „Schauspieler", dass sie eine Szene aus einer anderen Kultur vorspielen werden. Sie führen dann vor der Gruppe folgendes vor:

Der männliche „Schauspieler" nimmt auf einem Stuhl Platz, die „Schauspielerin" kniet sich neben ihn auf den Boden. Nach einiger Zeit der Stille schnalzt der Mann mit der Zunge. Die Frau reicht dem Mann eine Schüssel mit Wasser, in die der Mann die Fingerspitzen seiner Hand taucht und diese reinigt. Nachdem die Frau ebenfalls ihre Finger gereinigt und die Schüssel abgestellt hat, kehren beide zu ihrer ursprünglichen Position zurück. Dann legt der Mann der Frau sanft die Hand auf den Nacken. Mit seiner Hand im Nacken beugt sie sich weit nach vorne in Richtung Boden und kehrt dann wieder zur Ausgangsposition zurück. Nach einiger Ruhezeit schnalzt der Mann erneut mit der Zunge, woraufhin ihm die Frau diesmal eine Schale mit Erdnüssen reicht, von denen er mit der gesäuberten Hand kostet. Jetzt nimmt die Frau einige Erdnüsse zu sich. Ist die Schale weggestellt, legt der Mann wieder die Hand in den Nacken der Frau und sie beugt sich wieder nach vorne. Der letzte Durchgang beginnt wieder mit dem Schnalzen des Mannes. Diesmal legt die Frau ihre Hände auf die Oberseite der Füße des Mannes und streicht sie mehrmals von oben nach unten. Ein letztes Mal wiederholt sich das Vorbeugen der Frau.

Die beiden „Schauspieler" verlassen den Raum. Der Kursleiter führt nun die Auswertung mit den folgenden Fragen durch:

• Wie fühlten Sie sich beim Beobachten der Szene?
• Können Sie sich vorstellen, mit Leuten aus dieser Kultur zusammenzuleben?
• Welche waren Ihre stärksten Eindrücke?
• Wie beurteilen Sie das Gesehene?

- Was bedeuten die einzelnen Handlungssequenzen?
- Was für kulturelle Werte verbergen sich in ihnen?

Meist wird vermutet, dass es sich offensichtlich um die Zeremonie in einer Kultur handelt, in der Männer dominieren und Frauen untergeordnet sind. Nachdem genügend Aussagen von den Teilnehmern gesammelt sind, eröffnet der Kursleiter die Auflösung des Gesehenen: Es handelt sich um ein Ritual aus einer fiktiven Kultur, in der die Göttin der Erde verehrt wird. Frauen genießen hier hohes Ansehen, weil sie wie die Erde Leben gebären. Nur ihnen kommt das Privileg zu, direkt auf der Erde zu sitzen, während Männer entfernt von ihr auf Stühlen sitzen müssen. Männer können zur Erde nur indirekt Kontakt aufnehmen. Sie müssen sich erst reinigen, bevor sie von den Früchten der Erde kosten dürfen. Die Frau darf, wenn sie sich nach vorne beugt, mit der Stirn die Erde berühren und so deren Energie aufnehmen. Dem Mann hingegen ist es nur erlaubt, diese Energie indirekt zu erhalten, indem er seine Hand auf ihren Nacken legt und indem ihm die Frau die Füße in Richtung Erde streicht. Wenn er schnalzt, ist dies nicht herablassend gemeint, sondern als Signal, das anzeigt: „Ich bin innerlich bereit für einen weiteren Schritt des Rituals!". Männer müssen in dieser Kultur alle Speisen vorkosten, bevor die Frauen davon essen. Außerhalb des Rituals dürfen Männer Frauen nicht berühren.

Diese Übung, die unter dem Namen „Albatross" bekannt ist, ist bei interkulturellen Trainern sehr beliebt und wird, vorausgesetzt, man hat gute „Schauspieler", entsprechend gerne und häufig in Trainings eingesetzt.

Quelle: Theodore Gochenour: *Beyond Experience*. Yarmouth 1993, S.119-127.

KONTROLLE EMOTIONALER BETROFFENHEIT

Eine große Herausforderung im interkulturellen Umgang besteht darin, dass er emotional oft sehr belastend ist. Sicherlich machen Begegnungen mit Menschen aus anderen Kulturen auch Spaß oder bedeuten für uns eine bereichernde Erfahrung. Jedoch handelt es sich im Regelfall um eher stressreiche Situationen.

In der interkulturellen Situation sind wir mit Menschen zusammen, die anders aussehen, eine andere Sprache sprechen, anders denken, fühlen oder sich anders verhalten als man selbst. Unsere gewohnte Handlungssicherheit fällt diesen gegenüber häufig aus – ein Orientierungsverlust, der psychisch nicht einfach zu verkraften ist. Es können ernstzunehmende Ungewissheiten entstehen. Erfahrungen zeigen, dass das Erleben von kultureller Differenz in der Tat höhere Grade von Unsicherheit verursachen kann: Weil wir das Verhalten des Gegenübers viel ungenauer vorhersagen oder erklären können, finden wir den Umgang mit ihm belastend. Auch der Aufbau von persönlichen Beziehungen gelingt schwerer. Noch belastender und stressvoller werden die auf der emotionalen Ebene angesiedelten Unsicherheiten und Ängste erlebt. Hier einige der möglichen Gründe:

1. Interkulturelle Begegnungen können das eigene Selbstwertgefühl bedrohen, weil man meint, keine Kontrolle über das Geschehen zu haben („Was wird jetzt als Nächstes passieren?"), oder sich selbst als inkompetent erlebt („Wie soll ich mich hier richtig verhalten?"). Besonders wenn uns die Sprachkenntnisse fehlen, fühlen wir uns in geradezu kindlicher Weise hilflos, weil wir nicht in der Lage sind, uns wie gewohnt verständlich und geltend zu machen.

2. Man befürchtet auch negative Verhaltenskonsequenzen seitens der Kommunikationspartner. Weil man sich nicht adäquat zu verhalten weiß, kann es passieren, vom anderskulturellen Gegenüber falsch

verstanden zu werden, was zu Missverständnissen und ungewollten Konflikten führen kann. Auch ist es schwierig oder unmöglich, einzuschätzen, ob andere einen bewusst benachteiligen wollen; dadurch können ausgeprägte Gefühle des Misstrauens hervorgerufen werden. Kann man dem lächelnden, aber aufdringlichen marokkanischen Straßenhändler in Marrakesch vertrauen? Vielleicht meint er es ehrlich und ist bereit, einen vernünftigen Preis für seine Ware zu machen; vielleicht ist er aber auch hinterlistig und hegt betrügerische Absichten?

3. Auch Befürchtungen, von anderen in negativer Weise bewertet zu werden, kommen beim interkulturellen Umgang häufig vor. Mal kann es die Angst sein, von anderen als unsympathisch abgestempelt zu werden, mal die Befürchtung, zurückgewiesen zu werden, oder auch das Gefühl, als „lächerlich" wahrgenommen zu werden. Viele der „Gastarbeiter" der ersten Generation, die nach Deutschland kamen, bemühten sich, nur „ja nicht aufzufallen", um einer Ablehnung durch die deutsche Mehrheit zu entgehen.

4. Aufgrund des Kontakts zu anderskulturellen Gruppen kann die Situation entstehen, dass die „eigene Gruppe" diesen Kontakt sanktioniert. Wenn etwa eine türkische Frau einen deutschen Mann heiraten will, kann es durchaus sein, dass ihre eigene Familie dies ablehnt.

Für Menschen, die längere Zeit in einer anderen Kultur leben und arbeiten, können solche Unsicherheiten und Ängste sowie die daraus entstehende kognitive Orientierungslosigkeit zu einer andauernden Stressbelastung führen. Dabei ist das Stressniveau periodischen Schwankungen unterworfen, d. h. Frustrationen werden mal stärker und mal schwächer wahrgenommen. Menschen, die sich in Kulturschocksituationen befinden, tendieren dazu, die Ursachen der erlebten Frustrationen entweder in sich selbst oder in der Unzulänglichkeit der anderen zu suchen. Manche erleben Gefühle des persönlichen Versagens und zweifeln an ihrem Selbstwert, was dann zu einem kommunikativen Rückzug oder zur vorzeitigen Heimkehr führen kann. Andere wieder suchen die „Schuld" bei den Angehörigen der anderen Kultur, nehmen diese als inkompetent oder feindselig wahr und begegnen ihnen gegenüber dann mit Abschätzigkeit und Abwertung. Langfristig erhöht sich durch beide Reaktionen das Stressniveau eher als dass es abgebaut wird.

Die erste und wichtigste Hilfe beim Auftreten von Orientierungslosigkeit und Ängsten besteht darin, sie als normale Bestandteile der interkulturellen Begegnung anzunehmen. Dies ermöglicht, sich selbst wie dem anderskulturellen Kommunikationspartner gegenüber Geduld aufzubringen, dann, es als Selbstverständlichkeit anzusehen, dass sich Kommunikation an kulturellen Schnittstellen schwierig gestaltet. Wer den Umstand akzeptiert hat, dass der interkulturelle Kontakt normalerweise stressreiche Belastungen mit sich bringt, lernt, diese als alltägliche Normalität zu verstehen und damit konstruktiv umzugehen.

Unklare, wenig eindeutige Situationen mit ungewissem Ausgang auszuhalten, ist eine unverzichtbare Fähigkeit, die erworben und dann bewusst gestärkt werden muss. Damit sind auch Situationen zu bewältigen, in denen man eigene Ablehnung gegenüber fremdkulturellen Denk- und Verhaltensweisen verspürt. Diese Technik des interkulturellen Umgangs wird als Ambiguitätstoleranz bezeichnet. Pragmatisch bedeutet dies, erst einmal abzuwarten und zu beobachten, anstatt sofort, übereilt und unangemessen zu handeln. Wenn man das Verhalten eines Gegenübers als negativ erlebt oder sich hilflos fühlt, sollte man nicht überreagieren. Oft hilft das Nachdenken darüber, ob die eigene Reaktion möglicherweise mit kultureller Unterschiedlichkeit zusammenhängt; daraufhin bietet sich an, weitere Informationen zu sammeln sowie mit Geduld und Gelassenheit auf eine positive Klärung der Situation zu vertrauen. Sollten Sachzwänge zum unmittelbaren

Handeln zwingen, kann man – einige Übung in Ambiguitätstoleranz vorausgesetzt – spielerisch mehrere Wege ausprobieren, z. B. dem Kommunikationspartner verschiedene Möglichkeiten anbieten.

Die Fähigkeit der Ambiguitätstoleranz verlangt in der Praxis, erste Frustrationen „herunterzuschlucken" und Unliebsames und Unangenehmes auch längerfristig auszuhalten. Es ist deshalb sinnvoll, sich ein Ventil für aufgestaute negative Gefühle zu suchen – sei es, mit Vertrauenspersonen über die Erlebnisse zu sprechen, ein reflektierendes Tagebuch zu führen, einem Hobby nachzugehen oder Sport zu treiben.

ARBEITSANREGUNG 3

Zwei Teilnehmer verlassen den Raum. Der Rest der Gruppe bildet einen engen Kreis, so dass alle Schulter an Schulter stehen. Die Gruppe erhält die Instruktion, Neulinge nur dann in den Kreis aufzunehmen, wenn diese in einem Abstand von mehr als drei Metern um ihre Aufnahme bitten. Diese Regel darf nach außen nicht mitgeteilt werden. Wenn die zwei wieder kommen, erhalten sie die Aufgabe, in den Kreis einzudringen. Ihre Versuche werden höchstwahrscheinlich immer wieder scheitern. Die Übung sollte nicht zu schnell abgebrochen werden. Warten Sie ab, bis die „Eindringlinge" eine gewisse Ratlosigkeit erkennen lassen.

Fragen für die Auswertung:
- Wie fühlten sich die „Eindringlinge" bei ihren Versuchen, in den Kreis zu gelangen?
- War es leicht, die Gefühle zu kontrollieren?
- Dachten die Eindringlinge daran, dass es „Regeln" für den Einschluss in den Kreis gibt?
- Waren diese zu erkennen?
- Wie waren die Gefühle der Teilnehmer im Kreis?
- Wie nahmen sie die Reaktionen der „Eindringlinge" wahr?

ARBEITSANREGUNG 4

Stellen Sie sich vor, Sie reisen in eine fiktive Kultur. Von Ihrem Reisebüro wird Ihnen ein Reiseführer bereitgestellt, dessen Aufgabe es ist, Sie in diese fremde Kultur einzuführen. Der Reiseführer hat sich vorab drei Elemente, Dinge oder Verhaltensweisen überlegt, die in seiner „Kultur" eine zentrale Rolle

spielen und die er seinen Reisenden vermitteln will: „Geld"„Männlichkeit" und „Schnelligkeit". Weil es Sprachprobleme gibt, müssen Sie schweigend kommunizieren. Sie können auch nichts sehen, da man Ihre Augen verbunden hat. Der Reiseführer wird Ihnen die drei Elemente nonverbal vermitteln und Sie müssen erkennen, worum es geht. In der Rolle als Reiseteilnehmer werden Sie z. B. vom Reiseleiter immer sehr schnell herumgeführt (Schnelligkeit), er lässt Sie seine Muskeln anfassen (Männlichkeit) und er drückt Ihnen für Sie nicht sichtbare Münzen in die Hand (Geld).

Die Hälfte der Gruppe spielt Reisegäste, die andere Hälfte Reiseleiter. Die Reisegäste sitzen auf ihren Stühlen und verbinden sich die Augen. Dann „vermitteln" die Reiseleiter nonverbal die ausgewählten Kulturelemente und bringen schließlich die Reiseteilnehmer wieder zurück zu ihren Stühlen. Erst wenn alle wieder sitzen, können die Reisenden die Augenbinde abnehmen. Anschließend können die Rollen getauscht werden. Die Reiseleiter vom ersten Teil werden Reisegäste und umgekehrt. So ist jeder Teilnehmer einmal Reisender, einmal Reiseleiter. Achtung: Die Übung wirkt oft emotional aufwühlend, deswegen sollten Teilnehmer, die nicht mitmachen wollen, als Beobachter eingesetzt werden.

Fragen für die Auswertung:
- Wie fanden Sie die Übung?
- Wie fühlten sich die Reisegäste?
- Wie fühlten sich die Reiseleiter?
- War es leicht, kulturelle Charakteristika zu wählen und sie dann nonverbal zu vermitteln?

- Welche Verhaltensweisen der Reiseleiter waren geeignet, Vertrauen zu schaffen?
- War es schwierig, die kulturellen Charakteristika zu erraten?
- Konnten Sie erahnen, wer Ihr Reiseführer war?

WAHRNEHMUNGSPRÄZISIERUNG

Eine möglichst genaue Wahrnehmung ist die zweite wichtige Voraussetzung für das adäquate Einschätzen von und angemessenes Handeln in interkulturellen Situationen. Mit dieser Fähigkeit erweitern wir unsere Wahrnehmung und lernen, zwischen den drei Kategorien von Wahrnehmungseindrücken – Beschreibung, Interpretation und Bewertung – zu unterscheiden.

Jeder Mensch agiert wie ein „naiver" Wissenschaftler, wenn er die Welt um sich herum wahrnimmt. Man beobachtet, sucht nach Ursachen für das Beobachtete, erstellt Erklärungen und ordnet sie emotional ein. Das Besondere dabei ist, dass wir die Stufen dieser Analyse sehr schnell durchschreiten: Nach dem „Sehen" kommt sofort der zweite Schritt, in dem wir nach einer Sinndeutung suchen und entsprechend eine Interpretation („Was glaube ich, gesehen zu haben"?) erstellen, die anschließend nach der eigenen persönlichen Disposition bewertet wird („Wie gefällt mir das, was ich gesehen habe?"). Die Schnelligkeit, mit der wir das objektiv Gesehene verarbeiten, bringt es mit sich, dass dieses von den Ergebnissen der nachfolgenden zwei subjektiven Operationen – Interpretation und Bewertung – im Bewusstsein völlig verdrängt wird. Die objektive Antwort auf die Frage „Was habe ich gesehen?" bleibt aus; die Frage wird nur vermeintlich beantwortet, indem man die subjektive Deutung an deren Stelle setzt.

Ein Beispiel: Ich sehe im Park auf einer Bank zwei eng aneinander sitzende Frauen gleichen Alters, die sich angeregt unterhalten, es sind Freundinnen, die sich viel zu sagen haben, und ihre Zuneigung gefällt mir. Soviel zu meiner „naiven" Vorgehensweise. Das einzige, was in der obigen Beschreibung der objektiven Realität entspricht, ist die Zahl der Frauen, ihre körperliche Nähe und ihre Stimmen. Alles Weitere ist subjektiv erdacht, in Abstimmung mit meiner kulturellen Konditionierung. Das Problem hier liegt in der geringen Bewusstheit dieses Prozesses: Auf die

Frage „Wen haben Sie im Park gesehen?" würde ich natürlich antworten „Zwei Freundinnen, die sich so schön unterhalten haben!".

Dieses Beispiel soll illustrieren wie jeder beobachtete Reiz sofort in unser ethnozentrisch geprägtes Sinngefüge eingepasst wird. Diese Eigenart unserer Wahrnehmung ist nicht unproblematisch. Die Erklärungen, die wir uns „zusammenbasteln", müssen keineswegs zutreffen. Besonders wenn sie von mehr oder weniger starken Abwertungen begleitet sind, können sie die Effektivität unserer Kommunikation stark behindern. Um der schnellen Interpretation und Bewertung entgegenzuwirken, sollte man sich im Rahmen des Wahrnehmungsprozesses besonders darauf konzentrieren, was man tatsächlich beobachten konnte. Es hilft, die Qualität der erlebten Wahrnehmungseindrücke analytisch zu unterteilen:

1. Beschreibung:
   „Was habe ich tatsächlich beobachtet?", „Was tun die Beteiligten genau?", „Was genau sehe ich?"
2. Interpretation:
   „Wie erkläre ich mir das beobachtete Verhalten?", „Welchen Hintergrund vermute ich?", „Was bringt mich dazu, genau diese Erklärung zu geben?"
3. Bewertung:
   „Wie bewerte ich das Verhalten?", „Finde ich es gut oder schlecht?", „Was empfinde ich?"

Durch diese bewusste Aufteilung kann der schnelle und unbewusste Prozess der Informationsverarbeitung verlangsamt und bewusst gemacht werden. Ein Vorschlag: Versuchen Sie, sich bei Ihrer nächsten interkulturellen Begegnung auf die genaue Beschreibung zu konzentrieren. Halten Sie inne, wenn Sie versucht sind, das Verhalten Ihres Gegenübers schnell zu erklären und zu bewerten. Wenn Sie unmittelbare Interpretationen und Bewertungen in Ihren Gedanken und Empfindungen bemerken, seien Sie diesen gegenüber besonders wachsam und misstrauisch. Es empfiehlt sich das folgende Vorgehen:

1. Fragen Sie sich, was Sie wirklich beobachten können. Sammeln Sie also so viele „Daten" wie möglich, z. B.: „Ihre Augen sind verengt, sie runzelt die Stirn".
2. Formulieren Sie für sich im Stillen, was Sie über die Gedanken und Gefühle Ihres Gegenübers denken.

Hierdurch können Sie voreilige Interpretationen und Bewertungen wie „Sie ist sehr verärgert und will es mir zeigen!" oder gar „Ist sie verärgert, weil ich unsere Verabredung abgesagt habe?" leichter herausfiltern.

3. Überprüfen Sie, wenn möglich durch Nachfragen, ob Ihre Beschreibungen des Gegenübers zutreffen. Bleiben Sie dabei bei Ihrer Wahrnehmung und vermeiden Sie Fragen, in denen Ihre Interpretationen und Bewertungen stark zum Ausdruck kommen könnten. Fragen Sie z. B. „Du ärgerst dich über mich, nicht wahr?" und nicht „Warum bist Du sauer auf mich?" Viele Menschen werden Ihnen Ihre Einschätzungen mitteilen, die Sie dann mit Ihren Vermutungen abgleichen können. Berücksichtigen müssen Sie hierbei aber, dass Ihnen nicht alle Menschen „die Wahrheit" sagen werden und ausweichend reagieren: Direktes und verbales Nachfragen ist in vielen Kulturen verpönt und gilt als bedrohlich (vgl. Modul 7). Manchmal können Ihnen dann nonverbale Signale zur Deutung verhelfen. Bei dem genannten Beispiel könnte die Person sagen „Nein, ich bin nicht sauer", aber trotzdem ein verärgertes Gesicht an den Tag legen.

4. Erst jetzt sollten Sie versuchen – vorsichtig und zögernd – das Verhalten der Beteiligten zu erklären. Hier z. B. „Auch wenn sie etwas anderes sagt, glaube ich, dass sie verärgert ist – wahrscheinlich, weil ich die Verabredung abgesagt habe." Doch hinterfragen Sie Ihre hypothetischen Interpretationen immer wieder von neuem. Hierzu ist es für interkulturelle Kontexte oft hilfreich, andere Vertrauenspersonen um ihre Einschätzung zu bitten, die Ihr Gegenüber und seine aktuelle Situation ebenfalls kennen. Alternativ können Sie auch den Kommunikationspartner selbst erneut befragen, wenn die Gelegenheit günstig erscheint (z. B. wenn keine anderen anwesend sind oder eine entspannte Atmosphäre herrscht). Vielleicht müssen Sie dann, vor dem Hintergrund neu gesammelter Informationen, Ihre getroffenen Schlussfolgerungen revidieren – etwa, wenn Sie erfahren, dass die Person zwar verärgert ist, aber nicht über Sie, sondern über das Verhalten Ihres Kollegen.

5. Seien Sie also bei interkulturellen Kontakten besonders vorsichtig damit, endgültige Bewertungen für das Verhalten anderer vorzunehmen. Hier z. B.: „Sie ist ein viel zu empfindlicher Mensch!". Behalten Sie im Auge, dass Ihre Einschätzungen meist ethnozentrisch überformt sind und bewahren Sie sich eine Bewertungsoffenheit. „Ich empfinde ihren Ärger zwar momentan als übertrieben, aber vielleicht lassen sich noch andere Gründe dafür finden, dass sie das Verhalten meines Kollegen negativ bewertet?".

ARBEITSANREGUNG 5

Eine genauere Wahrnehmung können Sie mit folgender Übung trainieren, die Sie allein oder in der Gruppe durchführen können. Sie wählen eine Fotografie, auf der mehrere Personen in Aktion zu sehen sind. Bearbeiten Sie das Bild in folgender Weise:

Stellen Sie die Frage „Was sehe ich auf diesem Bild?" Notieren Sie alle Ihre Eindrücke. Schauen Sie dann anschließend die Liste kritisch an und überlegen Sie, welche davon als Beschreibung, Interpretation oder Wertung einzustufen sind. Meist stellt man fest, dass der Großteil der Eindrücke nicht wirklich präzise ist und aus bloßen Mutmaßungen (Interpretationen, Bewertungen) besteht. Nur beim kleineren Teil der Wahrnehmungen wird es sich um tatsächlich Beobachtetes handeln.

Sammeln Sie in einem weiteren Schritt alle wirklich nur beschreibenden Nennungen. Konzentrieren Sie sich auf Dinge, die Sie beim ersten Mal übersehen haben und erkennen Sie, wie sich der Charakter der Wahrnehmung verändert.

Versuchen Sie, Ihre Bewertungsoffenheit zu üben, indem Sie ganz andere Interpretations- und Bewertungsmöglichkeiten für das Beobachtete suchen. Deuten Sie das Bild aus der Sicht anderer, Ihnen gut bekannter sozialer oder nationaler Kulturen (Sozialarbeiter, Bankangestellte, Lehrer, Russen, Tunesier usw.).

ACHTSAMKEIT IN DER KOMMUNIKATION

Bereits die angemessene Einschätzung von interkulturellen Situationen bedeutet eine Herausforderung für den interkulturellen Umgang. Noch schwieriger gestaltet sich eine adäquate Wahrnehmung, wenn wir sozusagen „live" und direkt mit Menschen aus anderen Kulturen kommunizieren. Missverständnisse zwischen den Interaktionspartnern sind hier fast vorprogrammiert, da jeder mit unterschiedlichen kulturellen Erwartungen in die Interaktion eintritt. Wollen wir effektiv und angemessen kommunizieren, müssen wir lernen, unsere Tendenz zu Fehlinterpretationen zu kontrollieren und zu korrigieren. Sozialpsychologen sprechen an dieser Stelle von der Notwendigkeit, achtsam zu kommunizieren. Die Achtsamkeit in der Kommunikation beinhaltet drei Forderungen:

a. Kategorienerweiterung

Wie Sie im Modul 3 erfahren haben, ist es eine grundlegende Eigenheit unserer Wahrnehmung, nicht nur Dinge, sondern auch Menschen in Kategorien einzuteilen und Stereotypen zu bilden. Kategorien erweitern bedeutet, dass man sein Register an Kategorien mit neuen Elementen anreichert. Ein enger „Kategorisierer" würde nur sehr ähnliche Bestandteile bei seiner Kategoriebildung einschließen, während ein breiterer Kategorisierer mehrere verschiedene, augenscheinlich nicht zueinander passende Merkmale aufnehmen würde. Ein Beispiel: Ich begegne auf der Straße in Amsterdam einer arabisch aussehenden Frau mit Kopftuch. Ist sie vielleicht Anwältin? Ein enger Kategorisierer würde sofort „nein" sagen, ein breiter Kategorisierer hingegen „vielleicht" oder „muss ich fragen".

Weil man Kategorisierungen ohnehin nicht vermeiden kann, sollte man lieber zu einer „Vorwärts-Verteidigung" greifen: Lernen Sie, nicht weniger Kategorien zu bilden, sondern mehr! Wenn Sie die Person aus dem oberen Beispiel nur als „Muslimin" und „Frau" wahrnehmen, dürfte dies kaum ausreichen, um ihr Verhalten hinreichend einzuschätzen. Bilden Sie weitere Kategorien und wenden Sie diese bewusst an, gelingt Ihnen das wahrscheinlich besser, etwa wenn Sie zu „Muslimin" und „Frau" zusätzlich auch „Akademikerin", „Lehrerin", „Hausfrau", „Sozialarbeiterin", „lange Jahre in der Niederlande lebend", „Mutter" oder „Ehefrau" hinzufügen.

b. Offenheit für neue Informationen

Achtsam zu sein bedeutet, besonders wachsam und offen zu sein für alle neuen Informationen, die im Prozess der interkulturellen Kommunikation „ausgestrahlt" werden. In vertrauten Situationen wissen wir, was uns erwartet und wie wir handeln müssen.

Es fällt uns deswegen relativ leicht, uns auf den Prozess der Kommunikation selbst zu konzentrieren und auch kleinste kommunikative Nachrichten des Gegenübers wahrzunehmen. In unbekannten Situationen aber wissen wir dies oft nicht. Wir sind daher weniger handlungssicher, was notwendigerweise Konsequenzen für die Ausrichtung der Aufmerksamkeit hat. Bei interkulturellen Begegnungen ist unsere Aufmerksamkeit oft abgelenkt vom eigentlichen, kommunikativen Geschehen: Mal sind wir irritiert vom Eindruck der Fremdheit, mal denken wir nur darüber nach, wie wir nur ja nichts falsch machen, mal müssen wir uns ausschließlich auf die Worte des Gegenübers konzentrieren, weil wir nicht in unserer Muttersprache reden. Hierbei übersehen wir leicht Dinge, die wichtig sein können, wie z. B. das Geschehen im Hintergrund, die nonverbalen Signale des Kommunikationspartners, die Vieldeutigkeit seiner Worte oder, ganz wichtig, wir vergessen, unser eigenes Verhalten zu kontrollieren. Die folgende Episode kann hier als Beispiel dienen:

Herr Krämer verbringt als Tourist einige Zeit auf der kenianischen Insel Lamu, deren Einwohner vorwiegend Muslime sind. Er wird von einem Einheimischen zum Essen eingeladen. Am Abend tritt er zum ersten Mal in seinem Leben in einen islamischen Haushalt ein. Vieles kommt ihm fremd vor: Alle sitzen auf dem Boden, vor ihm stehen unbekannte Speisen, die Einrichtung, die Menschen, alles wirkt ungewohnt. Plötzlich sieht er, wie einer der Männer ihn anblickt und vor Ekel den Mund verzieht. Jetzt erst fällt es Herrn Krämer auf: Er hat die linke Hand zum Essen benutzt, die als unrein gilt.

c. Erkennen und Beachten von Perspektiven

Dem Nachlassen der Aufmerksamkeit ist es geschuldet, wenn man oft vergisst, dass die Kommunikationspartner die Dinge aus einer anderen Perspektive betrachten: Ihre Anschauungen, Meinungen und Ideen bleiben verschlossen, weil man wichtige kommunikative Hinweise überhört oder übersehen hat. Für den interkulturellen Umgang bedeutet Achtsamkeit somit, für potenziell unterschiedliche Perspektiven eine stete Bewusstheit zu haben und beständig auf Signale zu achten, die Hinweise auf die Perspektive des Gegenübers geben könnten.

Folgerichtig ist es für eine achtsame Kommunikation verpflichtend, den kommunikativen Prozess selbst in möglichst konzentrierter Weise wahrzunehmen, um geduldig die Sichtweisen, Bedürfnisse und Motivationen des Gegenübers und auch die eigenen zu erfassen. Begehen Sie nicht den häufigen Fehler, blindlings und überhastet auf das Ziel Ihres Gesprächs „loszustürmen", auch wenn es Sie stark motiviert, z. B. beim Geschäftsabschluss. Konzentrieren Sie sich nur auf Ihre Aufgabe oder das Ziel, das die Kommunikation erfüllen soll, kommt es leicht zu beidseitigem Missverstehen, das zu beseitigen später oft erhebliche Energie benötigt. Es lohnt sich, der Kommunikation selbst ausreichend Raum und Zeit einzuräumen.

EMPATHIE

Eine weitere wichtige Fertigkeit für die effektive Kommunikation ist die Empathie. Empathie bezeichnet die Fähigkeit, sich in die Denkweisen und Gefühle anderer versetzen zu können. Sie beinhaltet den Respekt für den Anderen, selbst wenn er uns nicht unbedingt gefällt, sowie die Aufmerksamkeit für seine Kommunikationssignale und die Erstellung von Annahmen über seine aktuelle Befindlichkeit. Empathie schließt die folgenden Techniken ein:

a. Aktives Zuhören

Ein aufmerksamer Zuhörer lehnt sich nicht einfach passiv zurück, sondern bemüht sich, in aktiver Weise neue Informationen vom Gegenüber wahrzunehmen und diese mit alten Informationen abzugleichen. Man soll gerade einem fremdkulturellen Kommunikationspartner mehr Zeit gewähren, sich auszudrücken und zu beweisen. Man braucht Geduld: Das Gegenüber benötigt vermutlich mehr Zeit, um seinen Standpunkt klarzumachen, etwa wenn er in einer Fremdsprache kommuniziert oder weil längere Redepausen in seiner Kultur üblich sind. Man muss genau darauf achten, was das Gegenüber eigentlich sagt, denn oft verstecken sich zentrale Inhalte in scheinbar nebensächlichen Äußerungen. Wenn man dem Kommunikationspartner ein Feedback darüber gibt, was man verstanden hat, bekommt man die Gelegenheit, Fehlwahrnehmungen zu berichten.

b. Nonverbales beachten

Oft sind gerade nonverbale Verhaltensweisen ein Schlüssel, um der emotionalen Welt eines Anderen auf die Spur zu kommen. Deswegen müssen nonverbale Signale besonders beachtet werden. Wie wirken Körperhaltung, Mimik, Gestik usw. auf mich? Welche innere Haltung, welche Gefühlslage verraten sie mir? Wir müssen hierbei jedoch vorsichtig mit Deutungen sein, da sich nonverbales Verhalten interkulturell sehr unterscheiden kann (vgl. Modul 7).

c. Spiegeln

Um einen guten Kontakt zu Ihrem Kommunikationspartner aufzubauen, können Sie versuchen, ihn zu spiegeln, d. h. Anteile seines Selbstausdrucks zeitweise zu übernehmen. Wenn Ihnen z. B. einer „traurig" gegenübersitzt, kann man für eine Weile einzelne Verhaltenskomponenten annehmen, etwa hängende Schultern, eine ernste Miene oder eine ruhige Sprechweise. Hierdurch kann man seine Befindlichkeit leichter nachvollziehen. Oft führt ein gelungenes Spiegeln zu einem verbesserten Kontakt, gerade auf emotionaler Ebene. Allerdings ist beim Spiegeln größte Vorsicht geboten: Wenn Ihre Verhaltensübernahme gekünstelt wirkt, kann sich Ihr Kommunikationspartner „nachgeäfft" fühlen und sich in Betroffenheit und Misstrauen zurückziehen.

Insgesamt bedeutet Empathie jedoch weniger die Aneinanderreihung der erwähnten Einzeltechniken, sondern eine zugewandte Haltung, mit der man dem Anderen begegnet. Sie ist Ausdruck unseres Willens, die Perspektive des Gegenübers aufmerksam zu erfassen und mit Respekt anzuerkennen.

ARBEITSANREGUNG 6

Sehen Sie sich einen etwa fünfminütigen Videoausschnitt aus einer Talkshow an, ohne dabei zunächst den Ton einzuschalten. Auch anderes Film- und Fernsehmaterial ist denkbar, Talkshows sind aber aufgrund der Kameraführung besonders gut geeignet. Versuchen Sie erst einen groben Überblick über die Situation zu gewinnen: Worum könnte es im Gespräch der Beteiligten gehen? Herrscht zwischen ihnen eine freundliche oder eher feindliche Atmosphäre? Sind Ihre Beziehungen durch Nähe oder Distanz geprägt, durch Sympathie oder Antipathie? Machen Sie sich hierzu Notizen und notieren Sie dabei auch, welches die Signale sind, aus denen sich Ihre Vermutungen herleiten. Sehen Sie sich den Ausschnitt anschließend erneut an, immer noch ohne Ton. Fragen Sie sich dann immer detaillierter, was Sie aus den Verhaltensweisen der beobachteten Personen herauslesen können. Wie fühlen sich die Personen? Was könnten sie gerade denken? Schalten Sie schließlich den Ton ein und überprüfen Sie Ihre Beobachtungen. Machen Sie dieselbe Übung noch mit anderen Videosequenzen, idealerweise auch mit ausländischen Film- und Fernsehausschnitten.

Quelle: Stephan Lermer: *Small Talk. Nie wieder sprachlos. Das Trainingsbuch*. Planegg 1993.

PERSPEKTIVENWECHSEL

Das kompetente Handeln beim interkulturellen Umgang beinhaltet die Fähigkeit zum Perspektivenwechsel. Interkulturelle Sensibilität setzt voraus, dass Perspektivenwechsel vollzogen werden kann. Ein vorrangiges Lernziel ist es daher, die eigene Perspektive und die des Kommunikationspartners zu erkennen und zu vergleichen. Hat man das geleistet, wird Missverstehen unwahrscheinlicher. Auch lassen sich leichter akzeptable Lösungen für praktische Probleme finden, wenn beide Seiten berücksichtigt werden. Der Perspektivenwechsel beinhaltet folgendes:

a. Bewusstheit der eigenen Perspektive
   Die Lernaufgabe besteht darin, sich die eigenen kulturellen und individuellen Handlungsmuster und Perspektiven bewusst zu machen. Von welchen Werten, Gewohnheiten, Hintergründen, Vorlieben usw. wird unser Handeln bestimmt?

b. Bewusstheit der Fremdperspektive
   Für das interkulturelle Feld gilt die Annahme, dass der Fremde Sachverhalte oder Situationen höchstwahrscheinlich anders wahrnimmt als man selbst — eine Einsicht, die zu erzielen gar nicht so einfach ist. Oft wecken relativ oberflächliche Gemeinsamkeiten fremdkultureller Kommunikationspartner wie Kleidung oder elektronische Geräte die irrtümliche Überzeugung, dass man sich auch im Denken, Fühlen und Verhalten ähnele. Unser Ethnozentrismus hindert uns, vorhandene Unterschiedlichkeiten zu entdecken, denn er legt nahe, nur jene Sichtweisen anzunehmen, die der eigenen Kultur entstammen.

Vorbedingung, um sich bewusst und kenntnisreich in die Perspektive des Gegenübers hineinzuversetzen, ist es, mit kulturellen Unterschiedlichkeiten zu rechnen. Die konkrete Erfassung der Perspektive des Kommunikationspartners erfordert beim direkten Kontakt die Anwendung von Achtsamkeit und Empathie. Erst wenn man die Verschiedenheit in den Erfahrungen anerkennt und die Bereitschaft offenbart, an den fremden Erfahrungen teilzuhaben, schafft man sich Wege, sich passend zu verhalten. Das „Hineindenken" in die Sichtweisen des Gegenübers muss nicht aus komplexen Schritten bestehen: Es hilft bereits, sich die Mühe zu machen, zusätzliches Wissen über den kulturellen Hintergrund des Gegenübers zu erwerben.

c. Perspektivenvergleich
   Das Identifizieren der eigenen und der fremden Perspektive setzt voraus, dass man sich mit der Idee des Kulturrelativismus auseinandergesetzt und sie verinnerlicht hat. Man weiß, dass die eigene und die fremde Sicht nur zwei von vielen Varianten sind und dass alles Kulturelle relativ bzw. „Ansichtssache" ist. Das Annehmen einer kulturrelativistischen Haltung ist beim Perspektivenausgleich Pflicht: Denn wenn beide Kommunikationspartner auf ihren jeweiligen Standpunkten beharren, wird es schwierig, Kompromisse zu finden, Kooperationen zu ermöglichen und angestrebte Ziele zu erreichen. Sehr viel Erfolg versprechender ist es deshalb, beim interkulturellen Umgang immer dafür Sorge zu tragen, dass die Perspektiven der Beteiligten in einem bewussten Prozess eingebracht, diskutiert und ausgehandelt werden können. Man kann auch die Unterschiede in den kulturell bedingten Sichtweisen in aller Deutlichkeit bewusst machen und Klärungsbedarf für Diskrepanzen anmelden.

ARBEITSANREGUNG 7

Identische Sachverhalte werden in den Medien in verschiedenen Teilen der Welt sehr unterschiedlich dargestellt. Damit werden oft verschiedene Perspektiven zu politischen oder sozialen Ereignissen deutlich. Suchen Sie nach Zeitungsartikeln, Fernsehausschnitten, Internetseiten usw. aus dem In- und Ausland, in denen ein und dasselbe Thema behandelt wird.

Analysieren Sie die Präsentation der Inhalte: Welche

Unterschiede und Gemeinsamkeiten ergeben sich hinsichtlich der Darstellung und Bewertung des Sachverhalts? Haben Sie Erklärungen für die Unterschiede? Finden Sie Darstellungen über Ihre eigene Kultur, die Sie betroffen machen? Haben Sie eine Erklärung für die Behauptung „Der andere Blick tut häufig weh"?

ARBEITSANREGUNG 8

Schauen Sie sich den Film „Das unberührte und rätselhafte Oberösterreich: Das Fest des Huhnes" (Österreich 1992) an und diskutieren Sie die enthaltene Konfrontation der verschiedenen Perspektiven. In dem preisgekrönten Film erforschen fiktive afrikanische Ethnologen Oberösterreich.

ERWEITERUNG DER HANDLUNGSROUTINEN

„Meisterschaft" in interkultureller Kompetenz erlangen Sie, wenn Sie lernen, was in einer bestimmten Situation zu tun ist, d. h. wenn Sie konkrete Handlungskompetenz erwerben. Diese zu erreichen, bedeutet für den Lernenden die schwierigste Herausforderung. Im Verlaufe unserer Sozialisation verankert sich Kultur gerade auf der Ebene unseres Verhaltens sehr tief. In der Regel verschafft nur ein langwieriges „trial-and-error"- Lernen in der Praxis, z. B. während eines längeren Auslandsaufenthalts, eine gewisse Souveränität im Handeln.

Trotzdem lohnt es sich, als Vorbereitung für interkulturelle Begegnungen die Flexibilität des eigenen Verhaltens auszubilden, d. h. die eigenen Handlungsroutinen zu erweitern. Flexibel im Handeln zu sein, bedeutet vor allem die Fähigkeit, je nach Situation von

den eigenen gewohnten Handlungsmustern abzurücken und sich auf die kommunikativen Bedürfnisse des anderskulturellen Gegenübers einstellen zu können.

Geht es um Handlungsroutinen, hat die Fähigkeit der Rollenflexibilität große Bedeutung. Sich für alternative Rollenverständnisse öffnen zu können, die Fähigkeit mitzubringen, in flexibler Weise sowohl Problem lösende als auch Beziehung bildende Rollen übernehmen zu können, ist eine wichtige Voraussetzung, um in interkulturellen Kontexten zu bestehen. Zum Beispiel beweisen Deutsche in berufsbezogenen Zusammenhängen oft ihre Stärke, berufliche Aufgaben und Sachprobleme effektiv zu lösen. Persönliches wird eher ausgeklammert. Wenn sie dann als Führungskraft im Ausland tätig werden, in einer Kultur, in der persönliche Beziehungen sehr viel wichtiger sind, erleben sie vielfach Überforderungen. Es fällt ihnen dann oft schwer, gute Kontakte zu Mitarbeitern herzustellen und aufrechtzuerhalten, weil diese sehr viel höhere und weitergehende Erwartungen hinsichtlich der Beziehungspflege haben.

Bei interkulturellen Begegnungen sind gegenseitige Anpassungen während der Kommunikation normal und notwendig: Würden beide Seiten auf ihren Gewohnheiten beharren, wäre eine Verständigung nicht möglich. Oft geschieht unsere Anpassung ganz automatisch, was jedoch nicht heißt, dass sie damit effektiv ist. So müssen deutsche Behördenvertreter bei der Kommunikation mit Ausländern immer wieder feststellen, dass diese komplexe Erläuterungen eines Sachverhalts nicht verstehen, weil ihre Deutschkenntnisse nicht ausreichen. Die laienhafte Anpassungsstrategie vieler Beamter ist, einfach lauter zu sprechen und dieselben Sätze mehrfach zu wiederholen. Das führt meist nur dazu, dass sie erneut nicht verstanden werden. Die bessere Alternative, langsamer und deutlicher zu sprechen sowie möglichst einfache Worte zu wählen, kommt ihnen oft nicht in den Sinn.

Je mehr Handlungsroutinen wir erlernen, die über unseren bisherigen individuellen und kulturellen Horizont hinausreichen, desto leichter fällt es uns, im Bedarfsfall umzudenken und in schwierigen Situationen Alternativen zu finden. Man gewöhnt sich daran, stets nach Möglichkeiten und neuen Wegen zu suchen, um das eigene Handeln zu verändern und seine Routinen zu erweitern.

Möglicherweise fragen Sie sich: „Warum soll gerade ich mich anpassen und nicht mein Kommunikationspartner?" Das ist eine klare ethische Frage: Sie kann nur durch eine persönliche Entscheidung beantwortet werden. Grenzen der Anpassung werden insbesondere dann schnell erreicht, wenn unser Gegenüber uns ein Verhalten abverlangt, das unsere kulturellen oder moralischen Standards stark verletzt. Sicher ist jedoch andererseits, dass Sie sich, gerade wenn Sie professionell in einem interkulturellen Feld tätig sind, durch Anpassung selbst das Leben vereinfachen können: Ihre Anliegen werden besser verstanden, Missverständnisse leichter vermieden und Sie werden mit größerer Wahrscheinlichkeit schneller kompetent und zielgerecht handeln können.

Eine sinnvolle Anpassung verlangt nicht, mit dem Anderen sozusagen „eins" zu werden und sich alle seine Denk- und Verhaltensweisen anzueignen. Sich sinnvoll anzupassen erfordert, auf die kulturell geprägten Vorlieben unseres Kommunikationspartners Rücksicht zu nehmen und unser Verhalten partiell und zeitweise, je nach Situation, nach ihnen auszurichten. Beim interkulturellen Umgang flexibles Handeln zu beweisen, heißt gerade nicht, dass man seine eigene kulturelle Identität aufgeben soll. Eher ist es wie mit dem Schwimmen: Auch wenn der Mensch ein Landlebewesen ist, kann er doch die Fähigkeit erlernen zu schwimmen, was ihm ermöglicht, sich für eine gewisse Zeit effektiv in einer anderen Lebensumgebung, dem Wasser, zu bewegen. Hierdurch wird er nicht zu einem anderen Lebewesen: Wenn er wieder ans Ufer gelangt, hört er mit dem Schwimmen auf. Er beginnt wieder zu laufen.

ARBEITSANREGUNG 9
Um Flexibilität im Handeln auszubilden, können Sie in der Gruppe für eine gewisse gemeinsam vereinbarte Zeit einzelne oder kombinierte Regeln bzw. „unnormale Verhaltensweisen" beschließen, die alle befolgen müssen. Während die Vereinbarungen gelten, wird inhaltlich weitergearbeitet. Beispiele für „Regelabweichungen":

- statt des Duzens wird das Siezen eingeführt und umgekehrt
- im Hintergrund läuft ständig der Fernseher
- alle sitzen ganz eng zusammen
- beim Reden müssen bestimmte Wörter vermieden werden
- alle müssen etwas lauter oder schneller reden
- außer der Seminarleitung darf niemand reden
- wer etwas sagen will, muss aufstehen

Fragen für die Auswertung:
- War es schwer, die Vereinbarungen einzuhalten?
- Gab es Unterschiede zwischen den verschiedenen ungewöhnlichen Verhaltensweisen?
- Was fanden Sie am schwierigsten?

KONTROLLFRAGEN

1. Was müssen wir erlernen, um beim interkulturellen Umgang emotionale Betroffenheit zu kontrollieren?

2. Erklären Sie den Begriff „Ambiguitätstoleranz" und geben Sie ein Beispiel für eine interkulturelle Situation, in der Sie persönlich diese Fertigkeit gebraucht hätten.

3. Was kann man tun, um interkulturelle Situationen genauer wahrzunehmen?

4. Stellen Sie sich vor, Sie befinden sich in einer peinlichen Situation, z. B. jemand, den Sie zum ersten Mal treffen, erzählt Ihnen sehr intime Dinge. Was würde in dieser Situation bedeuten, achtsam zu sein?

5. Was kennzeichnet eine „empathische" Haltung gegenüber einem Fremden?

6. Was bedeutet es, beim interkulturellen Kontakt „Perspektivenwechsel" zu vollziehen? Geben Sie ein Beispiel.

7. Wieso ist es für den interkulturellen Umgang wichtig, seine Handlungsroutinen zu erweitern?

8. Warum kann es von Vorteil sein, wenn man sich an sein fremdkulturelles Gegenüber anpasst?

LITERATUR
- Boyacigiller, Nakiye A., R. A. Goodman, M. E. Phillips (Hg.): *Crossing Cultures. Insights from Master Teachers.* London 2004.
- Fowler, Sandra M., M. G. Mumford (Hg.): *Intercul-*

tural Sourcebook: Cross-Cultural Training Methods. Yarmouth 1995.

- Gudykunst, William B.: *Bridging Differences: Effective Intergroup Communication.* Thousand Oaks 1998.
- Herbert, Martin: *Soziale Kompetenz: den Umgang mit anderen üben.* Bern 1999.
- Holzbrecher, Alfred: *Wahrnehmung des Anderen. Zur Didaktik des interkulturellen Lernens.* Opladen 1997.
- Lermer, Stephan: *Small Talk. Nie wieder sprachlos. Das Trainingsbuch.* Planegg 1993.
- Losche, Helga: *Interkulturelle Kommunikation.* Augsburg 2005.
- Rademacher, Helmolt, M. Wilhelm: *Interkulturelle Spiele für die Klassen 5 bis 10.* Berlin 2005.

EIGENE NOTIZEN

5 KULTUREXPLORATION

Kultur ist etwas, das einmal als Festgefügtes, einmal als Fließendes erscheint. Um die Strukturen von Kultur zu erkennen, braucht es ein geschultes Auge. Die nötige Kompetenz dafür erlangt man am besten durch den Sprung in die interkulturelle Alltagsrealität.

In diesem Modul lernen Sie, das Wissen aus den Programm-Modulen für die ganzheitliche Erfassung von interkulturellen Interaktionen anzuwenden. Sie erforschen reale Situationen des täglichen Lebens und schulen sich, Ihre Aufnahmefähigkeit für kommunikative Signale zu erweitern und die Bedeutungen von Unbekanntem zu ermitteln. Das Ziel ist, einen „kulturkundigen Blick" zu gewinnen, um kulturelle Zeichen zu erkennen und sinnvoll zu deuten. Die beiden bekanntesten Methoden, Befragung und Erkundung, werden vorgestellt.

- Sensibilisierung für kulturelle Differenz
- Kulturexploration als Datensammlung
- Explorative Verfahren: Befragung und Erkundung
- Bearbeitung der Daten
- Ethisches Handeln im Feld

SENSIBILISIERUNG FÜR KULTURELLE DIFFERENZ

Das Erkennen von kulturbedingtem Verhalten zweier Menschen, die in eine gemeinsame Tätigkeit verwickelt sind, ist keine leichte Aufgabe. Dennoch führt kein Weg daran vorbei, denn das Erkennen von kultureller Differenz und die realistische Einschätzung ihrer Wirkungen macht den zentralen Teil jener Fertigkeiten aus, die man als „interkulturelle Kompetenz" bezeichnet.

Begibt man sich „der Kultur auf die Spur", so steht man zunächst vor der wichtigen Aufgabe, erkennen zu müssen, in welchem Teil einer zwischenmenschlichen Interaktion kulturelle Sichtweisen eine Rolle spielen. Schließlich kann das Geschehen genauso stark oder sogar stärker bestimmt sein durch die Individualität der Beteiligten oder durch die Situation, in der sie sich befinden. Die Gewichtverteilung im Dreieck Individuum – Kultur – Situation (vgl. Modul 1) muss geklärt sein, bevor man sich den nächsten Stufen der Erkundung kultureller Faktoren zuwendet.

Das Erkennen des kulturell Relevanten benötigt langes Training. Interkulturalisten müssen in ihrem Studium diese Fähigkeit mühevoll erlernen und sie später ständig üben und verfeinern. Professionelles Beobachten will also gelernt sein. Da Kulturelles meist mit Gruppenhaftem zu tun hat, wartet man beim Beobachten ab, bis sich im Verhalten Wiederholungen zeigen. Ethnologen nennen – in Analogie zu den Druckmustern auf Textilien – solche wiederkehrenden Verhaltensweisen „Muster". Wenn mehrere Personen der gleichen sozialen Gruppe in der gleichen Situation ähnlich handeln, gibt es gute Gründe anzunehmen, dass ihr Verhalten nicht mit ihrer Individualität oder mit der Situation zu tun hat, sondern kulturell bedingt ist.

Beschreibungen fremder Länder und Völker, Reiseberichte, lebensgeschichtliche Erzählungen von Migranten, aber auch Fernsehreportagen, Fotos oder Bilder können eine erste Hilfe beim Entdecken von Kulturmustern sein; in Frage kommen dafür auch Spielfilme, Romane, Zeitungsanzeigen, Ansichtspostkarten oder Werbevideos. Auch für das Entschlüsseln der eigenen Kulturmuster benutzt man im Prinzip die gleichen Quellen, freilich solche mit fremder Autorenschaft, also Bücher, Filme, Reiseberichte, Reportagen usw., die die eigene Lebenswelt aus fremder Sicht darstellen. Aus dem Spiel wechselseitiger Fremdheiten (vgl. Modul 2) können wichtige Impulse für das Trainieren des „Kultur-Auges" gewonnen werden. Es geht dabei stets um das Gleiche, nämlich die allmähliche Entwicklung der Fähigkeit, Fremdes und Abweichendes im Alltag des interkulturellen Zusammenlebens – z.B. in multiethnischen Wohnvierteln, in Schulen oder in Krankenhäusern – zu erkennen und angemessen zu interpretieren.

Schlüsse aus dieser „Untersuchung von Kultur im Feld" müssen jedoch sehr vorsichtig gezogen werden. Gewinnen lässt sich zunächst nur ein Rohmaterial aus allgemeinen Aussagen. Es ist meist noch zu grob gerastert und auf das Besondere und Exotische fixiert – also nur bedingt geeignet, eine angemessene Vorstellung der meist komplexen realen Lebenswelt zu erzeugen (vgl. Module 2 und 3). Nach einiger Erfahrung kann es bei kritischer und reflektierter Durchsicht aber durchaus erfolgreich zur Gewinnung von Anfangshypothesen führen.

Da das Erkennen des Kulturellen komplexe Beobachtungen verlangt und professionelle Fertigkeiten benötigt, neigen die Menschen in Berufsfeldern, in denen der Umgang mit Fremden zum Alltag gehört (Lehrer, Sozialarbeiter, Ärzte oder Führungskräfte in Unternehmen) gern zu Vereinfachungen. Sie erklären alles, was ihnen ungewohnt vorkommt, zu „Kultur". Zu welchen gravierenden Konsequenzen solche Kulturalisierungen führen können, soll mit den folgenden zwei Beispielen illustriert werden:

a. Eine Sozialarbeiterin bemerkt, dass ihre junge afghanische Klientin nicht besonders gepflegt aussieht und schlechten Körpergeruch ausströmt. Ihr ist es peinlich, das Thema anzusprechen, denn sie vermutet, dass das seltenere Waschen „mit der afghanischen Kultur" zusammenhängt. Erst als die Afghanin fragt, wie sie eine Waschmaschine bekommen kann, stellt sich der wahre Grund der mangelnden Körperpflege heraus.

b. Eine Mitarbeiterin in der Stadtverwaltung muss einem iranischen Mann seine Einbürgerungsurkunde überreichen. Er lehnt es ab, aus den Händen der

Mitarbeiterin die Urkunde zu empfangen und bittet, dass die vorgesetzte Person dieses tut. Die Mitarbeiterin ist betroffen und erklärt sich das Vorgefallene als eine „kulturell bedingte" Minderschätzung von Frauen. Die spätere Klärung zeigt, dass aus der Sicht des Klienten der Geschlechtsunterschied keine Rolle spielte; ihm war die Tatsache, dass er eingebürgert wird, so wichtig, dass er seine Urkunde nur aus den Händen einer hierarchisch hoch stehenden Person empfangen wollte.

Diesen Kulturalisierungen steht die Ablehnung kultureller Erklärungen gegenüber. Häufig findet man diese etwa in Berichten über Erlebnisse im östlichen Europa, in denen Missstände und Fehlkommunikationen mit dortigen Partnern allzu gerne mit dem „Erbe der sozialistischen Vergangenheit" erklärt werden und an die Möglichkeiten grundsätzlicher kultureller Andersartigkeit überhaupt nicht gedacht wird. Beides, Überbetonung und Leugnung des Kulturellen, führt zu Fehleinschätzungen und verschließt den Blick für die wirkliche Bedeutung kultureller Faktoren.

ARBEITSANREGUNG 1

Lesen Sie den Roman von Stefanie Zweig „Nirgendwo in Afrika", in dem die Autorin über ihr Leben in Kenia als Kind deutsch-jüdischer Flüchtlinge während des Zweiten Weltkriegs erzählt. Versuchen Sie, das Wissen über Kenia, das Sie aus dem Buch gewonnen haben, kritisch zu bewerten. Überlegen Sie, welche Teile des Bildes mit der individuellen Geschichte der Familie und mit der besonderen Situation Kenias als britischer Kolonie zusammenhängen. Sprechen Sie mit Kenianern, die den Roman kennen, und fragen Sie sie nach ihrer Einschätzung des Dargestellten. Hat sich Ihr Bild über Kenia aus dem Roman dadurch verändert? Die gleiche Übung können Sie anhand der erfolgreichen Verfilmung des Romans durch Caroline Link (Deutschland 2001) durchführen.

KULTUREXPLORATION ALS DATENSAMMLUNG

Ethnologen und Interkulturalisten verstehen unter Kulturexploration das offene ethnographische Arbeiten im direkten Kontakt mit verschiedenen Lebensrealitäten. Man begibt sich in natürliche Situationen mit dem Ziel, das tägliche Leben von Menschen möglichst unverfälscht zu beobachten und zu verstehen. Man greift nicht ein und versucht zunächst nicht, die komplexen beobachteten Abläufe zu vereinfachen, gegeneinander abzugrenzen und zu strukturieren. Denn jeder Versuch der Strukturierung würde die Situation verfälschen, sie weniger „natürlich" machen.

In diesem offenen Zugang zum realen sozialen Leben liegt die große Stärke der Kulturexploration. Als Grundlage dient die Annahme, dass die Erfassung interkultureller Interaktionen am besten und am vollständigsten durch die direkte Beobachtung möglich ist. Das zentrale Anliegen des Kultur-Lerners besteht darin, das Wesentliche in der fremden Gesellschaft zu erspüren und die Einstellungen und Gedanken der Interaktionspartner offen zu legen – und um das zu leisten, braucht man zunächst eine große Menge gesammelter Daten.

Das Vorgehen bei der Erfassung fremdkultureller „Botschaften" ist ganzheitlich. Man versucht, aus dem sichtbaren Verhalten der Partner auf deren Denkweisen, Werte und Vorstellungen zu schließen, d.h. zu einem Verstehen ihres Handelns „von innen" her zu gelangen. Dafür begibt man sich in Situationen, in denen man Beobachtungen und Eindrücke sammelt, die anschließend geordnet und analytisch aufgearbeitet werden. Es folgt die Hypothesenbildung und die Überprüfung der Ergebnisse an der Realität.

Die Bereitschaft, sich „in die Situation zu begeben", setzt beim Kultur-Lerner einiges voraus. Als Explorateur ist er selbst das „Aufnahmegerät": Um das Feld so wenig wie möglich zu beeinflussen, muss er fähig sein, eine neutrale „Registriergerät-Einstellung" einzunehmen, d.h. bei physischer Anwesenheit im Feld sich gleichzeitig vom Geschehen mental zu distanzieren. Da jedoch jeder Mensch fremde Kulturen primär durch seine Kulturbrille wahrnimmt, ist jede Erkundung anderskultureller Welten durch das Vorwissen des Beobachters beeinflusst. Das Gebot der Selbstdistanzierung beinhaltet deswegen, dass der Explorateur sich während der gesamten Erkundung seiner kulturellen Filter bewusst ist und diese stets kontrolliert.

Je mehr der Explorateur seine eigenkulturelle Sichtweise „stillstellt", desto erfolgreicher ist seine Feldforschung. Doch die Neutralisierung der Eigensicht kann auch unerwünschte Folgen haben. Die Konfrontation

mit dem „kulturellen Selbst" kann beim Explorateur heftige Emotionen freisetzen und Lernwiderstände erzeugen. Das kann etwa dann eintreten, wenn man in Umgebungen forscht, die sich kulturell von der eigenen stark unterscheiden, wie z.B. in Sekten oder fundamentalistischen religiösen Gemeinschaften – seien diese christlich, muslimisch oder jüdisch.

Man kann jedoch die Rolle des neutralen, nicht-beurteilenden, verständnisvollen Partners erlernen: Man bleibt sich seiner Position als Außenseiter stets bewusst, reflektiert über die eigene Sicht und versucht, die anderen zu erkunden. Wichtig ist das stete Bemühen, die Situation so wenig wie möglich durch die eigene Präsenz zu beeinflussen oder zu verfälschen. Das Ergebnis sollte die Herausbildung zweier Sichtweisen sein, zwischen denen man zu pendeln lernt. Dieses Vorgehen entspricht genau dem Perspektivenwechsel (vgl. Modul 4), der in der interkulturellen Praxis für das Fremdverstehen unentbehrlich ist.

ARBEITSANREGUNG 2

Lesen Sie die folgenden Geschichten. Beide handeln vom gleichen Geschehen, das jedoch aus zwei verschiedenen Perspektiven dargestellt wird. Versuchen Sie, sich mit der Perspektive zu identifizieren, die Ihnen persönlich näher steht. Lesen Sie dann mehrfach jene Variante, die die andere Perspektive enthält. Versuchen Sie nun, die Situation aus der Sicht der jeweils anderen Seite nachzuempfinden.

Eine Besprechung steht bevor. Sie findet in Frankfurt statt. Es treffen sich die Herren Schmidt, Müller, Smith und Miller, die bei einem großen Autokonzern beschäftigt sind, der aus der Fusion eines deutschen und eines US-amerikanischen Herstellers entstanden ist. Es soll um die Auswahl einiger neuer Zulieferer gehen. Wie im Konzern üblich, wird auf Englisch verhandelt.

a. Herr Schmidt und Herr Müller erzählen:
   „Unsere Besprechung beginnt. Wir geben die Tagesordnung aus. Dann stellen wir unsere Vorschläge sehr detailliert vor. Wir haben ja schon vor einiger Zeit mit der Vorbereitung begonnen, so haben wir viele Daten zusammenstellen und in Unterlagen festhalten können. Dann mussten wir alles noch ins Englische übersetzen.
   Unsere Partner hörten zunächst aufmerksam zu. Sie fingen

an, dazwischen Fragen zu stellen, doch wir haben sie auf die anschließende Diskussion verwiesen. Dann hörten sie damit auf. Als wir fertig waren, wollten wir wissen, ob sie noch Fragen haben, es kamen aber keine.

Wir fühlten uns verschaukelt: Wozu nützt eine Besprechung, wenn unsere Partner kein Interesse daran haben? Sind sie vielleicht nicht vorbereitet? Haben sie denn keine Kritik?"

b. Mr. Smith und Mr. Miller erzählen:

"Unsere Besprechung beginnt. Unsere Partner geben die Tagesordnung aus. Schön, dass sie auf Englisch ist. Dann stellen sie ihre Vorschläge sehr detailliert vor. Es ist eine sehr langatmige Präsentation, mit vielen Tabellen und Schaubildern. Man sieht schon, dass die beiden sich viel Mühe gemacht haben. Dazu alles auf Englisch.

Es war sehr schwer, ihnen zu folgen. Erst der Akzent, dann diese Ausführlichkeit. Wir kannten vieles davon, es war reine Zeitvergeudung. Wichtig für uns war die gemeinsame Ausarbeitung der Vorschläge – es war aber nutzlos, was zu sagen. Sie hatten alles schon fertig und wollten nur, dass wir mit ihnen übereinstimmen.

Wir waren frustriert. Wozu der lange Flug und die ganze Mühe? Unsere Partner haben schon alles genau geplant, warum holen sie uns zu einer Besprechung? Wir könnten nur ,ja' oder ,nein' sagen. Sie brauchen uns eigentlich gar nicht."

Gewiss darf man von der Kulturexploration keine Wunder erwarten. Es ist ein Vorgehen mit fließenden Strukturen und wechselnden Richtungen, sein Erfolg hängt zwar vom erlernbaren beruflichen Können, aber auch nicht minder stark von Intuition und „natürlicher" Sozialkompetenz ab. Die Nähe zum „echten Leben" hat weitere Einschränkungen zur Folge: Sie bringt es mit sich, dass Ergebnisse häufig erneut hinterfragt und überdacht werden müssen. Für die Erforschung der komplexen interkulturellen Lebenswelten von heute bietet sie dennoch die beste Möglichkeit, das Andere von innen heraus zu beleuchten und verstehbar zu machen.

ARBEITSANREGUNG 3

Lesen Sie die folgenden zwei Geschichten. Auch sie beschreiben das gleiche Geschehen aus zwei verschiedenen Perspektiven. Versuchen Sie, sich emotional in die Lage der indischen Familie zu versetzen und ihre Sichtweise nachzuvollziehen. Je entfernter Ihre eigene „natürliche" Perspektive ist, desto schwieriger wird Ihnen die eigene Selbstdistanzierung fallen. Suchen Sie

sich dann einen Gesprächspartner aus der Gruppe, der den Standpunkt der deutschen Familie vertritt, und versuchen Sie dann, ihm den Standpunkt „Ihrer" indischen Familie mit Nachdruck nahe zu bringen.

Im nächsten Schritt können Sie die Rollen tauschen: Nun übernimmt Ihr Partner die Perspektive der indischen Familie und versucht, sie Ihnen nahe zu bringen. Ein Vorschlag: Das Sich-Einfühlen in die Sicht der indischen Familie kann sehr mühsam sein. Es hilft, wenn man mit einer indischen Person spricht, ihr die Geschichte vorlegt und um Kommentare bittet. Da für die indische Person vieles an der Geschichte bekannt und „selbstverständlich" sein wird, sollte man für das Gespräch genaue „Warum"-Fragen vorbereiten.

Herr und Frau Kunze sind zu Gast in Indien. Ihre Gastgeber, Herr und Frau Mukherjee haben sich viel Zeit genommen und sind mit ihnen jeden Tag unterwegs, um ihnen die Sehenswürdigkeiten zu zeigen.

a. Herr Kunze erzählt:

„Wir sind jetzt schon fast drei Wochen hier. Wir haben sehr reizende Gastgeber. Sie sind so bemüht, alle unsere Wünsche zu erfüllen. Eins verstehe ich jedoch nicht. Jedes Mal wenn wir in der Stadt sind, werden wir von einer Schar von Bettlern umringt und verfolgt. Und Herr Mukherjee verzieht keine Miene. Er ist bemüht, sie nach Kräften zu verscheuchen.

Es ist richtig grausam, in welchem Zustand diese Leute sind, wirklich ausgemergelt bis zum Knochen. Und praktisch ohne Kleider. Und der Schmutz! Am Anfang haben wir ständig in die Tasche gegriffen und die Geldstücke nur so verteilt. Das Problem ist – so viel Kleingeld trägt man nicht ständig bei sich und kaum, dass man dem einen was gegeben hat, kommen zehn andere dazu. Da fühlt man sich schlecht, mit

seinem Wohlstand.

Das Komische ist, dass Herr Mukherjee (Frau Mukherjee tritt ja nicht so sehr hervor), ansonsten ein sehr großzügiger Gastgeber, kaum Anstalten macht, den Bettlern was zu geben. Er versucht, sie mit lautem Zischen zu verjagen – so als wären sie Tiere. Er rückt nie was raus."

b. Herr Mukherjee erzählt:

„Wir haben Gäste aus Deutschland, Herr und Frau Kunze. Es war eine Ehre und wir haben versucht, ihnen vieles zu zeigen. Am Anfang waren sie sehr interessiert. Langsam scheinen sie etwas ermüdet zu sein. Sicherlich ist es das Klima hier, sie sind es nicht gewöhnt.

Die Ausländer – besonders die Europäer – sind schon merkwürdig. Jedes Mal, wenn wir draußen sind, ziehen sie die Bettler in Scharen an. Sie fangen an, in ihren Geldbörsen und Taschen zu wühlen und geben jedem etwas in die Hand. Ich versuche, unsere Gäste zu retten – aber alleine kann ich unmöglich so viele wegkämpfen.

Wer weiß, wer diese Leute sind. Gewiss haben sie ein schlechtes Karma. Neulich bei uns zu Hause hat unser Hausmädchen für ihre kranke Mutter die alten Saris mitgenommen. Die Essensreste packt sie auch regelmäßig ein. Sie hat noch vier Kinder. Ihre Familie stammt von einem Dorf, nicht weit von hier.

Nun scheinen die Kunzes sich sehr stark verausgabt zu haben. Und dann sind sie natürlich auch müde und wollen von alledem nichts mehr wissen."

EXPLORATIVE VERFAHREN: BEFRAGUNG UND ERKUNDUNG

Die bekanntesten Methoden zur Erschließung eigener und fremdkultureller Lebenswelten sind die Befragung und die Erkundung. Beide Methoden unterscheiden sich erheblich nach ihrer Technik, Leistungsfähigkeit und nach den Anforderungen, die sie an den Kulturforscher stellen. Für Anfänger im interkulturellen Bereich sind Befragungen die geeignetere Methode. Sie haben eher eine konkrete Zielsetzung (z.B. Erschließung der sozialen Netzwerke von Migranten), sprechen häufig genau definierte Zielgruppen an (z.B. Migranten der ersten Generation). Befrager können sich für die Aktion vorab vorbereiten und haben die Möglichkeit, wenn sie sich unsicher fühlen, eines der geschlosseneren Gesprächsformate zu wählen (fragebogen- oder leitfadengestütztes Gespräch). Die gewonnenen Daten sind meist nicht so umfangreich,

und sie können mit geringer Anstrengung strukturiert und bearbeitet werden.

Erkundungen sind hingegen ganz offen, und nehmen nicht unbedingt eine konkrete Richtung an, denn sie wollen umfassender erheben. Man verlässt sich nur auf sein Beobachtungsvermögen und muss im „freien Fall" arbeiten, ohne die stützende Hilfe von Fragebögen oder Leitfäden. Die gewonnene Information ist gewiss umfangreicher, jedoch zunächst wenig strukturiert. Sie kann erst nach einer intensiven Sortierung und Kategorisierung bearbeitet und gedeutet werden. Auch der Erkenntnisgewinn ist größer, vorausgesetzt, alle Teilprozesse sind optimal verlaufen.

Trotz der Unterschiede sollten die beiden Methoden nicht als Gegensätze verstanden werden. Bei manchen Feldern und Zielsetzungen kann die Befragung, in anderen die Erkundung die passendere Methode sein. Will man z.B. die Eltern-Kind Beziehungen in bestimmten migrantischen Kreisen erschließen, wären Befragungen die besser geeignete Methode: Erkundung würde die längere und intensive Anwesenheit des Forschers im Privatraum der Beobachteten erfordern und gleichzeitig die Gefahr der Beeinflussung des Feldes mit sich bringen. Räumliche Muster hingegen lassen sich am effektivsten mit der Erkundung untersuchen, z.B. beim Aufsuchen von Bahnhöfen, Behörden und Arztpraxen, beim Fahren in öffentlichen Verkehrsmitteln usw. Erfahrene Kulturforscher nutzen meist eine Kombination aus beiden Methoden.

Befragung

Lebensweltliche Information über alltägliche Situationen wie Essen, Feiern, Zeit einteilen, Räume einrichten, Informationen austauschen usw. kann man „sammeln", indem man sich mit Personen unterhält und dabei versucht, die Realität aus ihrer Sicht zu erfassen und angemessen zu deuten. Man verlässt sich auf die Selbstaussagen der Betroffenen und versucht, ihre Innenansicht zu erkennen.

ARBEITSANREGUNG 4

Erforschen Sie das soziale Netzwerk einer in Deutschland lebenden nicht-deutschen Person. Suchen Sie dafür eine Person, die Sie zwar kennen, mit der Sie aber nicht befreundet sind. Klären Sie sie über das Ziel Ihrer

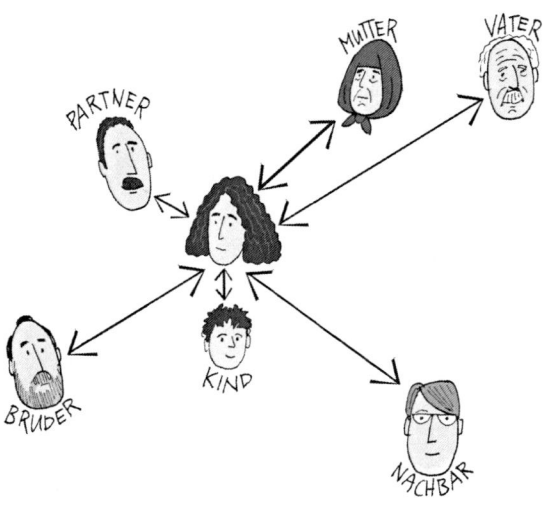

dieses eine zusammenhängende Darstellung aller relevanten Ereignisse zum angesprochenen Thema ergibt, z. B. zum Thema „Wie erleben Sie die Schule Ihrer Kinder?" Der Interviewer stellt eine Anfangsfrage, die das Erzählen anstößt, und dann weitere Initialfragen, die den Erzählfluss fördern und in Richtung des Themas voranbringen.

Interviews eignen sich hervorragend für die Erhebung von interkulturellen Episoden. Diese Schilderungen von Begegnungen mit Fremdheit aus der Perspektive des Befragten sind von mehrfachem didaktischem Wert. Sie erhöhen erstens die kulturelle Kompetenz des Befragers, der über – ihm oftmals bekannte – Alltagsumstände neue Informationen und Sichtweisen gewinnt. Vor allem Sozialarbeiter und Sozialpädagogen können hiervon profitieren, denn sie brauchen das Wissen über die „mitgebrachte" Kultur ihrer Klienten, wenn sie mit ihnen erfolgreich arbeiten wollen. Man kann zweitens mit ihnen – außerhalb der Befragungssituation – die Präzisierung der Wahrnehmung (vgl. Modul 4) üben, indem man gemeinsam mit dem Befragten jene Teile der Episode herausarbeitet, in denen das Erlebte beschrieben, interpretiert und gewertet wird. Dieser Aspekt kann interkulturelle Trainings sehr bereichern, erbringt er doch auf natürliche Art anschaulich und überzeugend den Beweis für unsere meist mangelhafte Verarbeitung von Umwelteindrücken. Drittens können die Episoden, wenn sie sich auf die Kultur des Interviewers beziehen, als „Augenöffner" im Sinne einer kulturellen Eigensensibilisierung wirken. So kann die Berufskompetenz von Lehrern, Ärzten, Sachbearbeitern und anderen in interkulturellen Feldern Tätigen erhöht werden.

Erkundung auf und holen Sie ihr Einverständnis ein. Wenn Sie ein Diktiergerät benutzen wollen, müssen Sie sie vorher um Erlaubnis bitten. Besser ist es in vielen Fällen, darauf zu verzichten und sich in Stichworten Notizen zu machen.

Das soziale Netzwerk einer Person umfasst die Menschen, mit denen jemand in seinem Alltag zu tun hat, vom Postboten über die Arbeitskollegen bis zum Lebenspartner. Suchen Sie nach einem passenden Anlass, um indirekt an Informationen über das soziale Netzwerk des Informanten zu gelangen. Fragen Sie z. B., mit wem er/sie arbeitet, telefoniert, die Wochenenden verbringt, aber auch wen er/sie zum Geburtstag einlädt oder im Krankenhaus besuchen würde. Wenn Sie eine Menge von Nennungen gesammelt haben, bitten Sie Ihren Informanten, ein Schema zu zeichnen, auf dem die emotionale Nähe bzw. Distanz dieser Personen zu ihm selbst dargestellt ist.

Um die erhobenen Daten richtig einordnen und deuten zu können, müssen Sie auch einige biographische Daten und die Migrationsgeschichte der befragten Person erfragen. Solche Fragen eignen sich besonders gut als Einstieg und erleichtern das Kennenlernen.

Befragungen, auch Interviews genannt, können verschiedene Formate haben. Im interkulturellen Bereich können sog. „narrative" Interviews sehr erfolgreich angewendet werden. Ihr Ziel ist, die Befragten zum freien, möglichst ungehinderten Erzählen aus dem Stegreif zu bringen. Die Aufgabe des Interviewers besteht in der Lenkung des Erzählens dahingehend, dass

ARBEITSANREGUNG 5
Befragen Sie

a) deutsche Personen, die lange im Ausland gelebt haben, sowie
b) nicht-deutsche Personen, die in Deutschland leben, über ihre wichtigen Feiertage und die Art, wie sie diese zu Hause und in der Fremde begehen.

Zum gleichen Zweck können Sie auch andere „ungefährliche" Themen wählen, z. B. aus den Bereichen Schule, Arbeit und Familie. Versuchen Sie dabei in sanfter Form, das Erzählen auf das von Ihnen vorgegebene

Thema zu lenken und Abschweifungen totlaufen zu lassen.

Die Arbeit mit Informanten in realen Alltagssituationen ist mit einigen Risiken verbunden. Zu ihnen gehören emotionaler Stress, Unsicherheit, Selbstenthüllung und Identitätsverlust. Sie können defensive Haltungen bei den Befragern auslösen, die sehr komplex und ernsthaft werden können – bis hin zur Gefährdung der Arbeit. Eine Besonderheit: Die Beziehung zwischen Befragern und Befragten ist eine auf Gegenseitigkeit. Befragte dürfen deshalb auch Fragen stellen, und die müssen ernst genommen und beantwortet werden – das gebietet die Ethik der Kulturexploration. In interkulturellen Kontexten ist zu erwarten, dass auch „ungewöhnliche" Fragen gestellt werden. Daher muss jeder mit sich im Klaren darüber sein, welche Gesprächsthemen persönlich angenehm, weniger angenehm oder inakzeptabel sind, bzw. wie man in kritischen Situationen mit den eigenen Gefühlen umgeht und sein Verhalten entsprechend kontrolliert. Es hilft, vor Beginn der konkreten Befragung sich eventuelle „riskante" Situationen vorzustellen und mögliche Handlungsstrategien zu überlegen.

ARBEITSANREGUNG 6

Testen Sie sich, indem Sie sich bei jedem der folgenden Themen die Frage stellen: „Würde ich mich darüber mit meinem Informanten austauschen wollen?" Ordnen Sie die Themen dann in eine Reihe von „ganz angenehm" bis zu „völlig inakzeptabel". Damit schärfen Sie Ihr Gefühl für mögliche Einschränkungen und

Tabuisierungen sowie auch dafür, dass bei Ihren Gesprächspartnern die Zuordnungen ganz anders liegen können.

Mögliche Themen: ganz angenehm
Religion
Menschenrechte
Lieblingsbücher
Sex
Bankkredite
Lieblingsfernsehprogramme
Politik
Geburtstagsfeier
Herkunft
persönliche religiöse Ansichten
Vorgesetzte
 traurige Gefühle
Einkommen
Arbeit
Glücksgefühle
Lieblingsmusik.

völlig inakzeptabel

Erfahrungsgemäß sind Interviews zu persönlichen Fremdheitserlebnissen nicht schwer zu führen. Der Anstoß durch die Anfangsfrage „Können Sie von einer Situation erzählen, in der Sie das Gefühl von Fremdheit hatten?" funktioniert in der Regel sehr gut. Der Befrager muss lediglich auf den Zusammenhang der erzählten Ereignisse achten und bei Abschweifungen zum Thema zurückführen.

ARBEITSANREGUNG 7

Bitten Sie Personen aus Ihrem Bekanntenkreis, Ihnen ein Fremdheitserlebnis aus dem eigenen Leben zu erzählen. Fragen Sie am Schluss den Erzähler nach seiner Erklärung für das Vorgefallene. Schreiben Sie das Erzählte in Form einer Episode nieder. Wenn Sie eine Person aus der Kultur finden, in der das Erlebnis stattgefunden hat, legen Sie ihr die Episode vor und sammeln Sie ihre Erklärungen. Sie können in abgewandelter Form diese Übung auch im Kurs durchführen, um Interviewfertigkeit zu trainieren. Die Gruppe teilt sich in Paare auf. Jeder „Sprecher" erzählt seinem „Zuhörer" eine Fremdheitsgeschichte, dann werden die Rollen getauscht. Danach wiederholt jeder die Geschichte des anderen und erhält ein Feedback über die Genauigkeit seiner Wiedergabe.

Erkundung

Die Erkundung stellt eine Variante der Methode der „teilnehmenden Beobachtung" dar, die als die wichtigste und zugleich schwierigste Technik der ethnographischen Feldforschung gilt. Bei der teilnehmenden Beobachtung begibt sich der Forscher über längere Zeit in eine Gruppe und nimmt an ihrem Leben soweit wie möglich teil. „Teilnehmen" bezieht sich dabei nicht nur auf das äußerliche „Mitmachen", sondern auch auf den inneren emotionalen Einbezug; vom Forscher wird erwartet, ein „Gefühl" für die Kultur zu entwickeln. Für die Erforschung des „kulturell Fremden" – sei es in fremden Gesellschaften oder in der eigenen Gesellschaft – ist diese Methode außerordentlich gut geeignet.

Bei der Erkundung begibt man sich in authentische, nicht organisierte Alltagssituationen. Die teilnehmende Beobachtung ist in den meisten Fällen abhängig von der Bereitschaft der untersuchten Personen oder Gruppen. Gegen ihre Interessen und Wünsche ist keine Forschung durchzuführen. Da die teilnehmende Beobachtung ein interaktives Vorgehen ist, bei dem der Forscher mit seiner Person stark einbezogen wird, ist es für Anfänger ratsam, mit jenen Erkundungen zu beginnen, die dem Forscher durch Anonymität einen gewissen Schutz bieten. Daher sollte er zuerst mit öffentlichen Orten (Ämter, Geschäfte, Straßen, Restaurants usw.) beginnen, die den Vorteil haben, dass man für sie in der Regel keine Genehmigung benötigt, und wichtiger noch, dass der Forscher eher in Ruhe gelassen wird. Doch selbst in öffentlichen Räumen kann der Druck der Beobachteten fühlbar werden. So kann das Eintragen von Notizen und die Anfertigung von Zeichnungen, z. B. in der U-Bahn, Mitreisende misstrauisch und ablehnend stimmen.

Wer also wenig Erfahrung mit Beobachtungstechniken hat, sollte zunächst in vertraute Felder gehen, um dort seine Wahrnehmung zu schulen (vgl. Modul 4). Erweiterte und genaue Wahrnehmung ist unabdingbare Voraussetzung für die Arbeit mit kultureller Fremdheit. Man lernt auch, sich als Beobachter zu bewegen, den Druck der Umgebung zu spüren, seine Aufmerksamkeit zwischen „Mitmachen" (z. B. Lebensmittel einkaufen) und Informationsgewinnung zu teilen. Um die schwierige Aufgabe des „Zeichenlesens" zu leisten, hilft es, einen ausländischen Partner mitzunehmen und ihm „über die Schulter zu schauen", d. h. ihn beim Einkauf kommentarlos zu begleiten und alle seine Reaktionen aufzunehmen.

Im zweiten Schritt können dann Erkundungen an Orten stärkerer kultureller Fremdheit folgen. Dabei gilt es, Differenzen zu erkennen und Erklärungen für „abweichendes" Verhalten zu entwickeln. Das unmittelbare Erleben fremdartiger Situationen bietet intensive Erfahrungsmöglichkeiten, die nicht abstrakt oder simuliert, sondern am eigenen Leibe erfahrbar sind.

ARBEITSANREGUNG 8

Im Folgenden finden Sie einige Vorschläge für Orte der Erkundung und Hinweise für Beobachtungen. Die anschließenden Beispielfragen sollen Ihnen helfen, Ihre Aufmerksamkeit zu schärfen und Ihre Beobachtungen zu strukturieren. Zum Schluss können Sie prüfen, ob Sie Ihre Wahrnehmung geschärft und erweitert haben (vgl. Modul 4), indem Sie sich fragen, ob Sie Dinge wahrgenommen haben, die Ihnen früher entgangen wären.

Beachten Sie beim Abfassen Ihres Feldforschungsberichts genau die Trennung zwischen Beschreibung, Interpretation und Wertung (vgl. Modul 4). Nach diesem Vorbild können Sie selbst weitere Übungen entwickeln.

a. Kinderspielplatz
   Suchen Sie einen größeren Kinderspielplatz zu einer „kinderintensiven" Zeit (am Wochenende, am Nachmittag) auf. Beobachten Sie das allgemeine Geschehen und besonders die Interaktion zwischen Eltern bzw. Begleitpersonen und Kindern. Wie sind die Menschen dort angeordnet? Befinden sich Erwachsene und Kinder an getrennten Orten? Wann und wo sind sie zusammen? Welche Anweisungen geben die Erwachsenen den Kindern? Geschieht das verbal oder nonverbal? Welchen Körperkontakt zwischen Erwachsenen und Kindern können Sie beobachten? Gibt es Unterschiede im Umgang mit den Kindern je nach Alter oder sind die Verhaltensweisen altersunabhängig?

b. Öffentliches Verkehrsmittel
   Fahren Sie mit einem öffentlichen Verkehrsmittel (U-Bahn, S-Bahn, Straßenbahn oder Bus) Ihrer

tungsfragen entwickelt werden. Wie ist der Raum gegliedert und eingerichtet? Wie viele Menschen sind da, wie sind sie gruppiert? Können Sie erkennen, wer zusammengehört? Wie bewegt man sich im Raum, gibt es Körperberührungen? Können Sie erkennen, wer von den Anwesenden einheimisch ist und wer nicht? Woran erkennt man das? Gibt es Rollen, die durch Geschlecht oder Hierarchie bestimmt sind? Welche Gerüche, Töne, Geräusche nehmen Sie wahr? Welchen Kommunikationsstil haben die Beamten der Institution? Wird Information eher schriftlich oder mündlich gegeben?

BEARBEITUNG DER DATEN

Wie können die ethnographischen Daten für das Erkennen von kulturbedingtem Verhalten eingesetzt werden? Mit dieser Frage befinden wir uns inmitten der Suche nach „kulturellen Spuren".

Stellen wir uns vor, dass wir bereits eine Menge von Beobachtungen über das Verhalten von russischsprachigen Personen in Meldeämtern deutscher Großstädte erhoben haben. Ein Ergebnis kann der Eindruck sein, dass Russen die Ämter selten allein aufsuchen und meist in Begleitung sind. Ihre Kleingruppen, meist zwei bis drei Personen, bestehen häufig aus Menschen unterschiedlichen Alters, die als Eltern, Partner, Großeltern, Cousins, Freunde oder Kinder erkennbar werden. Die Zusammengehörigkeit macht sich bemerkbar an räumlichen Signalen (vgl. Modul 6) wie engem Körperabstand, häufigen Berührungen oder hoher Intensität der Interaktion wie ständige Unterhaltung oder gemeinsames Ausfüllen von Unterlagen. Des Weiteren überprüfen wir unsere Eindrücke in weiteren russischen Kontexten, z.B. in einem Konsulat der Russischen Föderation, in russischen Lebensmittelläden, Reisegruppen oder Clubs und stellen dort ähnliche Tendenzen der Gruppenbildung fest.

Gehen wir davon aus, dass wir überall, wo wir verschiedenen russischen Personen begegnen, auf ähnliches Verhalten träfen, so hätten wir das Recht, von einem kulturellen Muster zu sprechen. Zu diesem Zeitpunkt der „Kultursuche" darf man allerdings noch nicht von festen kulturellen Zuschreibungen, sondern nur von Hypothesen sprechen. Die Erhärtung der Hypothesen zu kulturellen Mustern erfordert viel breitere Daten-

Wahl eine längere Strecke außerhalb der Stoßzeiten. Beginnen Sie die Fahrt an der Endstation. Beobachten Sie das allgemeine Geschehen im Wagen. Wie werden Plätze im Wagen belegt? Welches ist der häufigste Abstand bei denjenigen, die zusammen auf einer Bank sitzen? Wie wird Augenkontakt gehandhabt? Wie gehen Erwachsene mit ihren kleinen Kindern um? Wie mit Jugendlichen?

c. Arztpraxis
Besuchen Sie eine Arztpraxis. Am besten können Sie die Erkundung im Rahmen eines echten Arztbesuchs durchführen. Wenn Sie im Wartezimmer sitzen, haben Sie sehr gute Möglichkeiten der Beobachtung. Beobachten Sie die Interaktion zwischen den Menschen wie auch ihr räumliches und zeitliches Verhalten. Wie ist das Wartezimmer räumlich gegliedert? Kommen die Patienten alleine oder in Gruppen? Wie ist die Sitzplatzverteilung? Gibt es Körperkontakt? Woran erkennen Sie den sozialen Status der Patienten? Was dürfen Kinder und was dürfen sie nicht tun? Wie ist die Lautstärke der Gespräche? Welche Geräusche sind zu hören? Wie wird Ungeduld signalisiert? Gibt es Patienten, die „auffallend" sind? Wodurch?

d. Botschaft/Konsulat
Suchen Sie das Konsulat oder die Botschaft eines Landes auf, für das Sie ein Visum bräuchten, z.B. China, Russland oder die Ukraine. Bewohner von kleineren Städten könnten ersatzweise andere Institutionen aufsuchen, in denen eine Mischung aus Einheimischen und Fremden zu erwarten ist (Einwohnermeldeamt, TÜV, Automarkt, Lebensmittelladen), doch müssten dafür andere Beobach-

sammlung in vielen verschiedenen Kontexten. Nach der Erstellung der Hypothese zum „gruppenhaften" russischen Verhalten stellt sich die Frage „Warum bewegen sich Russen meist in Begleitung?" Bei der weiteren Analyse geht es deshalb darum, aus dem wahrnehmbaren Handeln der Akteure Hinweise zu finden, die die Bedeutungen und Ursachen dieses Handelns erhellen und die Perspektive der Akteure deutlich machen.

Hierzu leisten die in Modul 6 behandelten Kulturkategorien gute Hilfe. Zu ihnen sollte man jedoch erst im weiteren Verlauf der Erkundung greifen und sie nicht etwa als starre Regeln, sondern als strukturierende Hilfe sehen. Greift man zu früh auf sie zurück, besteht die Gefahr, dass der Blick auf das tatsächliche Geschehen eingeengt wird. Zu leicht wird man dazu verführt, „das zu sehen, was man sehen wollte" (vgl. Modul 3). Für das obige Beispiel würde dies bedeuten, dass man die Kategorie „Individualismus – Kollektivismus" (vgl. Modul 6) als Erklärung erst nach dem Analysieren des beobachteten Verhaltens einführt. Die Schlussfolgerung „Russen tendieren zu kollektivistischen Verhaltensweisen" wäre dann ein in der Realität (induktiv) gewonnenes Ergebnis und nicht eine Vorannahme, die (deduktiv) unkritisch auf die Realität gestülpt wurde.

ETHISCHES HANDELN IM FELD

Ethische Verantwortung für die Untersuchungsobjekte

Die Erkundung fremder Lebenswelten und die Erhebung von Daten zum Verhalten in interkulturellen Situationen hat auch eine interaktive Komponente. Sie stellt für die „Erforschten" einen mehr oder weniger starken Einbruch in ihre gewohnte Lebenswelt dar, der ein rücksichtsvolles Vorgehen des Beobachters erfordert. Mit dem Eintreten ins interkulturelle Feld übernimmt der Beobachter eine ethische Verantwortung. Bereits das Konzept des „neutralen Beobachters", der als Außenseiter das soziale Geschehen untersucht, um die Innensicht der Beteiligten zu gewinnen, beinhaltet ein ethisches Problem, denn der Beobachter ist kein echter Interaktionspartner. Seine Handlungsmotive fallen nicht mit denen der Beobachteten zusammen. Für den Beobachter bedeutet dies, dass er die Persönlichkeitssphäre seiner Informanten jederzeit beachten und

ihre Interessen schützen muss. Um eine ausgeglichene Interaktion zu gewährleisten, muss er zudem die Bereitschaft haben, über sich selbst soviel zu erzählen wie er von seinen Gesprächspartnern erfahren will.

Wahrung einer kulturrelativistischen Haltung

Jede Erforschung interkultureller Interaktionen sollte von der Überzeugung der Gleichwertigkeit der Kulturen ausgehen: Alle Kulturen sind „anders, aber gleichwertig". Jede verfügt über ihre jeweils spezifischen, aber prinzipiell gleichwertigen Lösungen der Grundprobleme menschlicher Existenz. Jede Kultur hat als ein einzigartiges und einmaliges Gebilde ihre Berechtigung. Dieser kulturrelativistische Ansatz ist damit Grundlage aller interkulturellen Erkundung, auch wenn dies in der Praxis nicht immer leicht zu befolgen ist.

Berücksichtigung von Machtaspekten

Von erheblicher Bedeutung ist die Tatsache, dass interkulturelle Interaktionen in den meisten Fällen asymmetrisch, d.h. durch ungleiche Verteilung politischer, ökonomischer, sozialer oder kultureller Macht gekennzeichnet sind. Die Machtasymmetrien können allein durch die politische, militärische oder ökonomische Dominanz der Herkunftsländer der Kommunikationspartner vorgegeben sein. Sie können sich dynamisch im Prozess der Interaktion ergeben, wenn z.B. Muttersprachler in ihrer Sprache mit Nicht-Muttersprachlern verhandeln, wenn wichtige Informationen nur für den Gebrauch durch die Ingroup „gehortet" werden. Oder wenn starke Gruppenallianzen ihren Vorteil strategisch nutzen. Die ständige Reflexion über die Machtverteilung in den beobachteten Situationen hilft, Verhalten präziser zu attribuieren (vgl. Modul 3) und Störungen im interkulturellen Austausch erfolgreicher zu beheben. In Situationen mit sehr starken Machtasymmetrien kann es kaum zu einem wohlmeinenden Kommunikationsaustausch und einer wirklichen Verständigung zwischen den Parteien kommen.

KONTROLLFRAGEN

1. Warum soll der Erforscher interkultureller Situationen Selbstdistanzierung und emotionale Kontrolle üben?

2. Wie kann man sich vor der Überbewertung von Kultur schützen?

3. Wie kann der Kultur-Lerner vermeiden, von den Beobachteten als „Eindringling" gesehen zu werden?

4. Wann läuft man Gefahr, die Kulturdimensionen als starre Regeln zu nutzen? Wie kann man dies vermeiden?

5. Mit welchem methodischen Vorgehen kann man das Nahrungsverhalten einer Kulturgruppe am besten erkunden?

6. Und wie kann man die Vorstellungen von Freundschaft ermitteln?

LITERATUR

- Friedrichs, Jürgen: *Methoden empirischer Sozialforschung.* Opladen 1985.
- Girtler, Roland: *Methoden der qualitativen Sozialforschung. Anleitung zur Feldarbeit.* Wien 1988.
- Gläser, Jochen, G. Laudel (Hg.): *Experteninterviews und qualitative Inhaltsanalyse.* Wiesbaden 2008.
- Göttsch, Silke, A. Lehmann (Hg.): *Methoden der Volkskunde.* Berlin 2001.
- Jeggle, Utz (Hg.): *Feldforschung. Qualitative Methoden in der Kulturanalyse.* Tübingen 1984.
- Lamnek, Siegfried: *Qualitative Sozialforschung. Lehrbuch.* Weinheim 2005.
- Mayring, Philipp: *Einführung in die qualitative Sozialforschung.* Weinheim 2002.
- Verluyten, S. Paul: *Cultures: From Observation to Understanding. A Workbook.* Leuven 2007.

EIGENE NOTIZEN

6 KULTURGRAMMATIK

In diesem Modul erfahren Sie, wie die Verbindung zwischen Kultur und Verhalten mittels theoretischer Kategorien systematisch gedeutet werden kann. Zu diesem Zweck werden die Konzepte der Werteorientierungen und der Kulturgrammatik eingeführt. Im Modul wird eine Auswahl von sechs kulturellen Werteorientierungen mit ihren theoretischen Grundlagen und ihren praktischen Seiten vorgestellt. Das Ziel ist, zu lernen, wie man diese als Instrumente für die Analyse interkultureller Interaktionen nutzen kann.

- **Kulturelle Werteorientierungen**
- **Kulturgrammatik**
- **Kulturdimensionen**
  Zeit
  Raum
  Kontext
  Individualismus – Kollektivismus
  Machtdistanz
  Aktivität
- **Nutzung der Kulturdimensionen**

KULTURELLE WERTEORIENTIERUNGEN

Wie sollen sich Forscher und Praktiker kommunikativen „Zusammenstößen" zwischen Menschen mit unterschiedlichem kulturellem Hintergrund nähern, Analysen anstreben, nach möglichen Erklärungen und Vergleichen von kulturbedingtem Verhalten suchen oder, kurz gesagt, die Beziehung zwischen kulturellen Werten und Kommunikation analysieren? Für alle, die Kulturelles aus der Außenperspektive betrachten, ist hier das anthropologische Konzept der Werteorientierungen besonders hilfreich.

Alle Gesellschaften werden zu jeder Zeit mit einer begrenzten Zahl von menschlichen Problemen konfrontiert, für die ihre Mitglieder angemessene Lösungen finden müssen. Jede Gesellschaft muss z.B. entscheiden, wie ihre Mitglieder sich ernähren, heilen oder kleiden, wie sie wohnen oder ihre Kinder großziehen. Entscheiden müssen sie auch, wie man kommuniziert, handelt, transportiert, ausbildet, trauert usw. Die Werteorientierungen sind die spezifischen Mittel, die die Gesellschaften nutzen, diese universellen Probleme zu lösen. Die Variationen dieser Lösungen, d.h. die verschiedenen Werteorientierungen drücken sich im Verhalten aus und von eben daher sind sie auch zu beobachten und empirisch zu fassen. Dieser Weg von den unsichtbaren Werten bis hin zu den greifbaren Handlungsäußerungen ist allerdings sogar für ausgebildete Kulturwissenschaftler nicht einfach nachvollziehbar. Man benötigt sehr viel – zunächst ungeordnetes – Wissen über mögliche Handlungsvariationen aus verschiedenen Gesellschaften, eine systematische Grundlage für deren Zuordnung, aber auch stabile persönliche Fähigkeiten im Sinne der Module 4 und 5.

Jede Gesellschaft hat ein dominantes Profil von Werteorientierungen und dazu noch zusätzlich mehrere alternative Profile. So können Krankheiten z.B. mit Akupressur, Akupunktur, Gebet, Arzneien, mit besonderer Nahrung oder chirurgischem Eingriff geheilt werden, doch werden die meisten Europäer der Chirurgie oder den Arzneien den Vorzug geben. Die vorgezogenen Varianten äußern sich dann als kulturelle Normen. Wichtig ist allerdings, dass diese Normen sich nie auf das Verhalten aller Mitglieder einer Kultur beziehen, auch dass sie nicht als Vorhersagen für das Verhalten einzelner Personen taugen. Die kulturellen Beschreibungen, die auf den dominanten Profilen aufbauen, haben den Charakter von kulturellen Stereotypen. Sie können wohl für das Verstehen und Erklären von kulturellen Erscheinungen – wie Verhaltensweisen, Ideen, Einstellungen oder Objekten der materiellen Kultur – hilfreich sein, wenn diese auf den ersten Blick unbekannt und fremd erscheinen. Gewarnt wird hier allerdings davor, die Qualität dieser Erklärungen zu überschätzen. Es handelt sich nämlich nur um Konstruktionen und vorläufige Hypothesen, denen stets mit offener Wahrnehmung und Bewusstsein für die problematischen Aspekte der Stereotypisierung begegnet werden muss (vgl. Modul 4).

KULTURGRAMMATIK

Die Suche nach Kategorien, die die Analyse von kulturbedingtem Verhalten ermöglichen, stellt seit den Anfängen der wissenschaftlichen Auseinandersetzung mit der Interkulturalität das zentrale Anliegen dar. Die Diskussion über die Instrumente, die für das „Entziffern" von kulturellen Zeichen eingesetzt werden und Theoretiker wie Praktiker befähigen können, kulturelle Vergleiche anzustellen, hat bis heute nicht aufgehört. In jeder organisierten Maßnahme zum interkulturellen Lernen, sei es in Trainings, Fortbildungen oder Uni-

versitätskursen, müssen die Dozenten die Lernenden befähigen, beobachtbares kulturbedingtes Verhalten zu bearbeiten, um sich so schnell wie möglich zu distanzieren von laienhaften alltäglichen Erklärungen wie „Chinesen sind kollektivistisch, deswegen gehen sie meist als Gruppe" oder „Der französische Mitarbeiter kommt zu spät, aber Franzosen sind halt so".

Das Konzept der „Kulturgrammatik" kann hier Abhilfe schaffen. Es stammt von Edward T. Hall, der mit der Aussage „if culture is learned, then this means that it can be taught" in den 1950er Jahren als erster den Weg zum konkreten Kulturlernen öffnete. Dabei griff er zurück auf die damals sehr populäre Sapir-Whorf-Hypothese zur engen Verbindung zwischen Sprache und Denken und fasste das Erlernen von Kultur als einen Vorgang auf, der analog zum Erlernen fremder Sprachen verläuft. Diese Analogie ist auch für die Entstehung des Begriffs „Kulturgrammatik" verantwortlich. Es ist ein Begriff, der bis heute nicht allgemein akzeptiert und daher häufig mit Anführungszeichen versehen wird. In diesem praxisorientierten Lehrbuch wird er direkt benutzt, und zwar auf Grund der Überzeugung, dass die „kulturgrammatikalischen" Bestandteile bei einer reflektierten und kritischen Nutzung durchaus eine sinnvolle Hilfe bei der interkulturellen Ausbildung bieten.

Ähnlich dem systematischen Lernen von Fremdsprachen, das auf grammatikalischen Kategorien wie „Verb", „Adjektiv", „Nomen", „Tempus" usw. basiert, die den Lernprozess strukturieren und Vergleiche zwischen der Mutter- und der Fremdsprache erlauben, kann auch das Erlernen einer fremden Kultur stattfinden. Die Idee der Kulturgrammatik besagt, dass dies

möglich ist, wenn der Lernprozess auf Kategorien aufbaut, die variabel sind und Vergleiche zur eigenen Kultur ermöglichen, und wenn er von Fähigkeiten wie Perspektivenwechsel und Empathie (vgl. Modul 4) unterstützt wird. Die Bedingung ist, dass die Kategorien sich auf universelle Bereiche des menschlichen Lebens beziehen wie z.B. die Regelung zwischenmenschlicher Beziehungen, der Umgang mit Krankheit, die Bedeutung von Hierarchien, der Umgang mit Zeit usw. Hall hat sich hier deutlich an das Konzept der Werteorientierungen angelehnt. In seinem ersten Buch mit dem sprechenden Titel „The Silent Language" stellt er selbst ein eigenes Rahmenkonzept aus biologisch verankerten Kategorien vor und demonstriert, wie man diese für die Deutung von kulturbedingten Interaktionen einsetzen kann.

Die Grundüberzeugungen Halls, dass Fremdkulturen erlernbar sind und kulturelle Kategorien dabei eine wesentliche Hilfe bieten, bilden bis heute die unausgesprochene Basis aller Programme des interkulturellen Lernens. Trotzdem muss man sagen, dass die Praxis des interkulturellen Lernens der letzten fünfzig Jahre die Begeisterung der Anfangsjahre gedämpft hat. Es hat sich nämlich gezeigt, dass das adäquate Erkennen und Verarbeiten von kulturellen Zeichen ein Vorgang von hoher Komplexität ist. Die Anwendung „kulturgrammatikalischer" Instrumente für das Verstehen von kulturbezogenen Phänomenen verrät ein bestimmtes Verständnis von Kultur als eine vorgegebene objektive soziale Realität, in die die Gesellschaftsmitglieder hineingeboren werden. Kultur wird heute aber zunehmend als mehrschichtig gesehen: Der Aspekt der Objektivität und der Gewissheit um die Bedeutung der kulturellen Prägung ist im populären Verständnis zwar noch vorhanden, im Vordergrund stehen aber subjektive Kriterien, die Kultur stärker als fließend und vom Menschen „gedacht", also nicht so sehr als reale Gegebenheit auffassen (vgl. Modul 1). Beide Sichtweisen stimmen jedoch darin überein, dass Kultur keine „natürlich" vorkommende Realität an sich ist, sondern ein gelerntes Denkmodell, mit dem wir versuchen, Wahrgenommenes, sei es „real" oder „gedacht", zu erklären.

KULTURDIMENSIONEN

In diesem Modul werden sechs Kulturdimensionen vorgestellt. Sie sind eine Auswahl aus einer größeren

Zahl von Dimensionen, die von verschiedenen Forschern erarbeitet worden sind. Drei Dimensionen, Zeit, Raum und Kontext, stammen aus Halls Rahmenkonzept, zwei weitere, Individualismus-Kollektivismus und Machtdistanz, aus der viel beachteten Arbeit des niederländischen Psychologen Geert Hofstede. Die Dimension Aktivität ist dem Modell der US-amerikanischen Anthropologen Strodtbeck und Kluckhohn entnommen. Die Auswahl dieser Dimensionen liegt darin begründet, dass diese sich als wertvolle praktische Hilfe bei der Erfassung von interkulturellen Begegnungen bewährt haben. Man kann sagen, dass damit ein Großteil der real anfallenden interkulturellen Überschneidungen abgedeckt werden kann, sei es im Integrationsunterricht, in der Schule, im Krankenhaus oder in der Sozialarbeit. Im Übrigen entspricht dieser Gedanke dem mikroanalytischen Ansatz Halls, nach dem es bei der Lösung eines Kommunikationsproblems zwischen zwei Personen unterschiedlichen kulturellen Hintergrunds in der Regel ausreicht, nur jene wenigen Kulturdimensionen heranzuziehen, die den größten Teil des Problems erklären. Es müssen also nicht alle möglichen Aspekte aufgeklärt werden.

Zeit

Vermutlich ist unter allen Lebewesen nur der Mensch in der Lage, Zeit wahrzunehmen und zu überschauen. Zeit ist ein Konstrukt, das bestimmt ist durch gesellschaftliche Konventionen, die im Verlauf der kindlichen Enkulturation erlernt werden und im weiteren Leben dann „in Fleisch und Blut übergehen". Die verschiedenen Formen des Konstrukts verbinden sich mit unterschiedlichen Bedeutungen und sind ausschlaggebend für die Herausbildung von Verhaltensnormen. Sogar sehr kleine Übertretungen der mit der Zeit verbundenen Normen können sehr starke Emotionen hervorrufen.

Man kann Zeit als kulturelle Kategorie auf zwei Ebenen betrachten. Auf der Makro-Ebene ist zu unterscheiden zwischen den drei zeitlichen Dimensionen Vergangenheit, Gegenwart und Zukunft. Anthropologen haben diese drei zeitlichen Dimensionen prinzipiell in allen Gesellschaften gefunden, doch haben sie festgestellt, dass jede von ihnen in jeder Gesellschaft eine andere Bedeutung und Rangfolge besitzt. Aus den jeweils vorgezogenen Dimensionen ergeben sich in den Gesellschaften die jeweils dominanten Zeitorientierungen sowie auch die jeweilige Attribuierung (vgl. Modul 3) der verschiedenen zeitbezogenen Verhaltensweisen.

Viele moderne europäische Länder haben eine starke Orientierung auf die Vergangenheit, während Nordamerikaner häufiger die Zukunft betonen. Das bedeutet gewiss nicht, dass sie Vergangenes nicht schätzen, doch ist es eine Tatsache, dass „altmodisch" eine Eigenschaft ist, die nur in sehr wenigen alltäglichen Kontexten positiv eingeschätzt wird, während Veränderungen und jede Art von Wechsel durchgehend hoch bewertet werden. Verweise auf „Omas Küche" oder „nach traditioneller Art gefertigt" auf Lebensmitteln wirken keinesfalls so attraktiv, wie etwa in deutschen oder bulgarischen Supermärkten, und sie sind in der Tat auf den Verpackungen amerikanischer Lebensmittel selten zu finden.

Die folgende Tabelle verweist auf einige grundlegende Aspekte der drei zeitlichen Orientierungen:

Vergangenheit	Gegenwart	Zukunft
Traditionen sind wichtig, werden befolgt. Historisches Gedächtnis spielt eine große Rolle.	Die Ausrichtung ist auf das Hier und Jetzt. Kurzzeitziele sind wichtig. Fokus ist auf schnellem Erfolg.	Langfristige Ziele sind wichtig. Planen ist vorrangig. Erfolg wird sich später einstellen

In vielen europäischen Ländern und in Nordamerika spricht man über Zeit als etwas Materielles. Man kann sie gewinnen, ausgeben, sparen oder vergeuden: Zeit ist wie Geld oder Anlage. Dies entspricht der Vorstellung, dass Zeit etwas ist, das wie eine Achse, die sich nach vorne erstreckt, verläuft. Diese Vorstellung macht auch die klare Unterscheidung zwischen Vergangenheit, Gegenwart und Zukunft plausibel. Es gibt aber Gesellschaften, die Zeit als einen Kreis empfinden und den Zeitfluss als eine endlose Wiederholung von Ereignissen verstehen. Entsprechend spielt dann die deutliche Unterscheidung zwischen Vergangenheit, Gegenwart und Zukunft kaum eine Rolle.

Auf der Mikro-Ebene ist es hingegen wichtig, wie die einzelnen Gesellschaften mit Zeit konkret umgehen. „Die Zeit spricht" sagt Hall. Unsere Auffassung von Zeit gibt unseren Aktionen und Interaktionen Struktur und legt zugleich viel über unsere Kultur offen. Die Macht der Aussagen über die Zeit ist immer wieder überraschend: „Was sagt die Uhr?" ist ein üblicher Ausdruck im Englischen und im Deutschen. In anderen Sprachen und Kulturen, die andere Zeitbezüge hervorheben, mag dieser Ausdruck unverständlich sein. So kann etwa die Zeit eines Telefonats viel über seine Bedeutung aussagen: Wenn in Köln das Telefon um 3 Uhr nachts klingelt, kann es nur etwas sehr Wichtiges sein; wenn dann aber nur ein Bericht über den gestrigen Kaffeeklatsch folgt, wird man dort in der Regel beleidigt und erbost sein.

Die Zeitlänge, die wir einer Handlung zugestehen, „spricht" ebenfalls. Erhält man z.B. eine Einladung zu einer abendlichen Geburtstagsparty erst am Nachmittag des gleichen Tages, könnte dies leicht als Beleidigung empfunden werden: „Also, sie haben mich vergessen" oder gar „Sie wollten mich eigentlich gar nicht als Gast haben". Während die einen gerne langfristig planen und eine Einladung am liebsten Wochen im Voraus im Kalender notieren möchten, liegen für andere wiederum Terminabsprachen, die über eine Woche hinausgehen, in weiter Zukunft und würden nicht als verbindlich gelten. Warten und Wartezeiten variieren auch, je nach Zeitvorstellungen. Was ist „Warten" und wie lange „wartet" man? In Deutschland denken viele, dass beim geladenen Abendessen bereits eine Verspätung von zehn Minuten einer Erklärung und

Entschuldigung bedarf. Eine Verspätung von zwanzig Minuten braucht eine sehr ernsthafte Begründung und alles über dreißig Minuten hinausgehende ist inakzeptabel und beleidigend. In anderen kulturellen Umgebungen hingegen fließt die Zeit eher, Pünktlichkeit ist kein Muss und die Gäste kommen, wenn sie fertig sind. Verspätungen bedeuten, dass etwas passiert ist – Regen, Stau oder eine andere unvorhergesehene Angelegenheit.

Wenn unterschiedliche Vorstellungen von Zeit aufeinander treffen, kann es zu Konflikten kommen. Falls die Beteiligten irgendeine interkulturelle Vorbereitung gehabt haben, werden sie wissen, dass Verspätungen und lange Wartezeiten nicht unbedingt einen Affront bedeuten. Man kann ja immer etwas bei sich haben, zum Lesen oder zum Arbeiten, um die Wartezeit zu überbrücken. Trotzdem bleibt das Gefühl der Störung. Man kann sehr wohl wissen, dass Verspätungen oder zeitliche Verschiebungen nicht in allen Kulturen automatisch eine Beleidigung bedeuten, doch man ist trotzdem nicht fähig, das negative Gefühl loszuwerden. Einer der wichtigsten Beiträge Edward T. Halls zum vergleichenden Studium von kulturbedingten Verhaltensweisen ist die Einführung eines spezifischen Begriffspaars zum Verständnis des kulturabhängigen Umgangs mit Zeit. Die von ihm geprägten Begriffe des „monochronen" und des „polychronen" Umgangs mit Zeit haben große Bekanntheit erlangt und brauchen daher nur in kurzer Form erklärt zu werden: Entweder zieht man vor, sich jeweils auf eine Sache zu konzentrieren und diese „gründlich" zu machen („monochron"), oder aber man beschäftigt sich gleichzeitig mit mehreren Dingen, vielleicht sogar sehr unterschiedlichen Charakters („polychron").

Im monochronen Zeitverständnis wird Zeit empfunden als etwas, was sich entlang einer geraden Linie entfaltet und in chronologisch nacheinander geordnete Segmente eingeteilt werden kann. „Erst räumst du dein Zimmer auf und dann kannst du fernsehen", sagen Mütter in Deutschland zu ihren Kindern. Auch das monochrone Denken ist linear organisiert, so dass monochrone Menschen es einfacher und effektiver finden, Informationen „eine nach der anderen" zu speichern und abzuarbeiten. Polychrone Menschen hingegen können mehrere Sachen gleichzeitig in Angriff nehmen und sie Teil für Teil parallel bearbeiten. Man lagert Informationen so wie sie kommen ab, bearbeitet sie nebeneinander und kämpft mit dem Übermaß an Daten.

Diese verkürzte und stark vereinfachte Beschreibung der zwei Typen kann selbstverständlich durch viele Beispiele illustriert und vertieft werden. Wichtig ist aber, die beiden Umgangsformen nicht als „entweder – oder" zu begreifen, sondern eher als Markierungen der Enden einer gedachten Achse, auf der sich die ganze Vielfalt menschlichen Umgangs mit Zeit befindet. Die Unterscheidung in polychron und monochron bezieht sich in erster Linie auf Individuen und auf ihre Art, Information aufzunehmen und zu verarbeiten. Doch auch Kulturen können in monochrone und polychrone unterschieden werden, je nach der überwiegenden Tendenz in der jeweiligen Gesellschaft. Hall hat Beobachtungen aus vielen Kulturen veröffentlicht und gezeigt, dass es durchaus klare Tendenzen zugunsten der einen oder der anderen Variante gibt: In Deutschland, Schweden oder Großbritannien gelten vor allem monochrone Auffassungen, in Griechenland oder Italien hingegen eher polychrone. Die beiden Orientierungen dürfen aber auch hier nicht als schwarz-weiße Gegensätze und homogenisierende Verallgemeinerungen gedacht werden, z.B. „Alle Deutschen sind monochron" oder „Alle Griechen sind polychron". In jeder Gesellschaft gibt es Menschen mit monochronen und polychronen Handlungsweisen, doch entscheidend ist zu wissen, welche Variante sich als Norm durchgesetzt hat und die „Abweichler" dann zwingt, sich dem „Diktat" der dominanten Orientierung zu beugen.

In der unten abgebildeten Tabelle werden einige stark schematisierte Verhaltensäußerungen der monochronen und polychronen Zeitauffassung veranschaulicht. Zu bedenken ist dabei, dass es sich bei den Beispielen um extreme Gegenüberstellungen handelt, die in reiner Form selten vorkommen.

Eine Frage, die in Ausbildungen häufig gestellt wird, ist die, welche Zeitauffassung die bessere sei. Dabei wird das polychrone Zeitverständnis häufig romantisch verklärt als das „natürliche" und deswegen „bessere". In Wirklichkeit ist es nicht möglich, begründet von einer generellen negativen oder positiven Wertung zu sprechen. Das monochrone Zeitverständnis hat wichtige Vorteile, ohne die viele Menschen unter den herrschenden Lebens- und Arbeitsbedingungen nicht auskommen können und möchten. Viele Menschen aus polychronen Kulturen mögen und bewundern sogar Verhaltensweisen wie Pünktlichkeit und Ordnung, die auf das monochrone Zeitverständnis zurückge-

Monochrone Zeit	Polychrone Zeit
„Eine Sache zur Zeit": Dinge oder Geschehnisse werden nacheinander bearbeitet	Mehrere Dinge oder Geschehnisse gleichzeitig: sie laufen parallel nebeneinander
Konzentration auf Aufgaben: Gründlichkeit geht vor Schnelligkeit	Konzentration auf Menschen: man arbeitet schnell parallel an mehreren Aufgaben: Improvisation geht vor Gründlichkeit
Mehrere Kurzzeitbeziehungen	Viele Langzeitbeziehungen
Pünktlichkeit ist ein hohes Ideal; Zeitpläne werden sehr ernst genommen	Zeitliche Vereinbarungen geben nur einen Orientierungsrahmen vor; Agenden müssen nicht immer ernst genommen werden
Zeit herrscht über den Menschen: man hat immer Angst, dass sie nicht effizient gemanagt wird	Zeit ist ein Freund: die Menschen haben sie in ihrer Gewalt und es gibt immer genug davon
Vorausplanung ist wichtig: Verabredungen und Termine sind verbindlich und werden eingehalten	Pläne können sich immer ändern: neue Situationen werden integriert: Verabredungen werden flexibel gehalten.

hen. Im gelebten Leben vermischen sich die beiden ohnehin und werden je nach Kontext unterschiedlich gewichtet.

ARBEITSANREGUNG 1

Testen Sie an sich die Wirkung von monochroner und polychroner Sprechweise mit der folgenden Übung: Die Gruppe teilt sich in Paare. Jedes Paar beginnt ein Gespräch zu einem frei gewählten Thema. Im ersten Schritt spricht der eine Partner wie gewohnt, der zweite „fällt ihm dauernd ins Wort" während des Gesprächs. Nach fünf Minuten wechseln die Partner die Rollen und unterhalten sich weitere fünf Minuten. Danach kehren alle Teilnehmer in die Gruppe zurück und besprechen den Verlauf der Gespräche.
Fragen für die Auswertung:

- Wie hat man sich als jemand, dem ständig „ins Wort gefallen" wurde, gefühlt? War diese Sprechweise gewohnt oder nicht?
- Traten Probleme auf? Hat man sein Gegenüber verstanden?
- Konnte man seine Inhalte rüberbringen?
- Konnte man sich nach einiger Zeit an die andere Sprechweise gewöhnen?
- Wie hat man sich als Person, die ständig unterbrechen musste, gefühlt?
- War es einfach, die Sprechregel der Unterbrechung die ganze Zeit einzuhalten?
- Haben Sie ähnliche Erfahrungen in Ihrem gewohnten Alltag gemacht?

Diese Übung ähnelt der Übung „Gegen den Strich" (vgl. Modul 1), weswegen hier die gleiche Warnung gilt: Stark monochrone Teilnehmer könnten bei dieser Übung sehr emotional belastet werden. Es kann auch sein, dass sie die Gesamtdauer der Übung nicht durchstehen und abbrechen. Hier müssten sie von der Seminarleitung unterstützt und ermutigt werden, weiterzumachen. Im Falle zu starker emotionaler Belastung sollten sie aber nicht weiter gedrängt werden.

Raum

Menschen haben ein hoch entwickeltes Gefühl für Territorium. Das Räumliche wird durch sichtbare und unsichtbare Grenzen bestimmt, wobei die letzteren viel schwieriger zu bestimmen und trotzdem genau-

so wirksam sind. Gesetzt sind sie üblicherweise durch kulturelle Konventionen, weswegen Hall den Raum als eine „Hidden Dimension" bezeichnete. Es ist auch hier kein Zufall, dass er seinem zweiten, ebenfalls sehr berühmten Buch diesen Titel gegeben hat. Die kulturelle Spezifik des menschlichen räumlichen Verhaltens beginnt beim persönlichen Raum und schließt Sitzordnungen, Arrangements von Möbeln, Einteilungen von Räumen, die Bebauung in Städten usw. ein. Jeder Mensch erlernt eine Fülle von räumlichen Signalen zusammen mit den Bedeutungen, die ihnen im eigenen kulturellen Kontext anhaften. Die Unterschiede in Raumverhalten können unsere Beziehungen mit anderskulturellen Menschen massiv beeinflussen, Quelle für starke Emotionen sein und die interkulturelle Begegnung ernsthaft beeinflussen.

In der Art, wie wir den Raum nutzen, senden wir stets Signale und Botschaften aus. „Kann ich mir die Bilder in Ihrer Wohnung anschauen?" fragt der Gast, der zum Abendessen eingeladen ist. „Ja, klar!" kommt die schelle Antwort. Darf der Gast dann auch ins Schlafzimmer gehen und die Bilder dort anschauen? Von welchen Räumen würden die Türen offen stehen? Das sind typische raumbezogene Fragen, die von Kultur zu Kultur unterschiedlich beantwortet werden. Räumliche Signale sind in der Kommunikationssituation sehr entscheidend, sie können den Verlauf von Interaktionen stark beeinflussen, gelegentlich sogar die Bedeutung des gesprochenen Wortes überdecken oder verdrehen. Noch schwieriger wird es, wenn die gleichen Kommunikationssignale unterschiedliches bedeuten. So kann etwa das Wahren eines größeren persönlichen Abstands Respekt für die Privatsphäre des Gegenübers bedeuten, aber auch Hochschätzung und Unterordnung anzeigen.

Nur wenige Leute wissen aktiv, dass Raum nicht nur durch den Sehsinn, sondern durch alle Sinne wahrgenommen wird. Hall unterscheidet hier zwischen „Hör"-Raum (wahrgenommen durch die Ohren), „Wärme"-Raum (wahrgenommen durch die Haut), „Bewegungs"-Raum (wahrgenommen durch die Muskeln) und „Riech"-Raum (wahrgenommen durch die Nase). Wenn jemand sich beschwert, dass es „zu laut" ist, reagiert er auf den „Hör"-Raum, zieht er im überfüllten Fahrstuhl seine Muskeln zusammen auf den „Wärme"-Raum, bewertet er einen Körpergeruch als „stinkend" oder „angenehm", bezieht er sich auf den „Riech"-Raum.

Öffentlicher und privater Raum

Alle Kulturen kennen den Unterschied zwischen dem öffentlichen und dem privaten Raum, doch sind die Bestimmungen dessen, was „öffentlich" und was „privat" ist, welche Symbole dieses anzeigen oder wie man sich dort verhalten sollte, sehr unterschiedlich – und sie alle sind kulturell gesetzt. Jeder dieser Räume wird nach kulturell bestimmten Regeln angezeigt, in Beschlag genommen und genutzt.

So gibt es in manchen Kulturen das Gefühl von Frauen, dass sie die Küche als ihr Territorium „besitzen"; dieselbe Vorstellung beobachtet man bei Paaren in Bezug auf ihr Schlafzimmer. In beiden Fällen wird der Raum als „privat" belegt oder als bestimmten Individuen „gehörend", und nur sie haben das Recht, seine einzigen Nutzer zu sein. Das Gefühl des „Gehörens" kann sich auch in vorübergehenden Situationen entwickeln, wie bei der Sitzbelegung in Seminarräumen

und Klassenzimmern. Dort kann man beobachten, wie Teilnehmer in jeder Sitzung immer den gleichen Platz ansteuern und wie irritiert sie sind, wenn sie eine andere Person auf „ihrem" Stuhl vorfinden.

Auch innerhalb der eigenen vier Wände kann man Raum „besitzen". Der Platz des Vaters kann als quasi unantastbar gelten, ebenso die Zimmer der einzelnen Familienmitglieder. So gibt es Kulturen, in denen die Eltern vor dem Betreten der Zimmer ihrer Töchter und Söhne anklopfen. In anderen Gesellschaften wiederum ist es kein Tabu, „unangemeldet" ins besetzte Bad hineinzugehen.

„In der Schlange stehen", „drängeln" und „den Platz wegnehmen" sind Ausdrücke, die verschiedene Arten des Umgangs mit Raum signalisieren. Ruhiges Warten hinter dem Vordermann signalisiert in vielen europäischen Kulturen Respekt für den privaten Raum, die Schlange ignorieren und sich nach vorne drängeln hingegen nicht. Tourismus und Migration können diese Gewohnheiten ändern, und doch werden sich die Menschen bei der für sie unüblichen Art unwohl fühlen oder aggressiv verhalten: Die „Drängler" werden meist die Schlange ignorieren und die geduldig „Wartenden" werden es nicht schaffen, sich im Gedränge des Busbahnhofs Fahrkarten zu kaufen.

Der Aspekt des Öffentlichen und des Privaten bestimmt auch die Arrangements der Räume und ihre Bewertung in Organisationen. Eine Person mit einem „privaten" Einzelbüro genießt mehr Status als jene, die im Großraumbüro ihren Schreibtisch hat. In manchen Kulturen ist es üblich, dass die oberen Führungskräfte die oberste Etage belegen, in anderen ist es der erste Stock. Mancherorts signalisiert das Eckbüro Macht und Prestige, woanders ist es das Büro im Zentrum eines Kreises oder am Anfang des Korridors.

Die Bedeutungen, die dem privaten Raum anhängen, unterscheiden sich stark. Muss der private Raum strikt abgegrenzt werden oder ist der Übergang zum öffentlichen Bereich fließend? Wie weit erstreckt sich der private Raum und wie erkennt man seine Grenzen? Bekannt sind in Deutschland viele Auseinandersetzungen unter Nachbarn, die sogar vor Gericht ziehen, weil sie sich räumlich verletzt fühlen, wenn z.B. Äste vom Baum des Nachbarn auf das eigene Grundstück fallen, Haustiere streunen oder die Grillparty zu laut ausfällt. Jungen Kindern „einen eigenen Platz" zu geben wird in Deutschland als ein wichtiges Erziehungsmittel gesehen, das zu Unabhängigkeit und Selbstverantwortung führen soll. Woanders tun Eltern und Erzieher dasselbe, doch mit einer sehr anderen Absicht: Sie wollen ihre Kinder durch das Alleinlassen maßregeln oder gar bestrafen.

Persönlicher Raum

Der persönliche Raum bezeichnet das Territorium um einen Menschen herum, das er haben muss, um sich sicher zu fühlen. Jede Person hat um sich herum eine unsichtbare Blase, die mal kleiner, mal größer ist, je nach dem, wie wir die Beziehung zu den Menschen um uns herum festlegen, wie die Situation ist oder was der kulturelle Hintergrund gebietet. Es ist der „Besitzer" der Blase, der darüber entscheidet, wer unter welchen Bedingungen die Blase betreten und wie lange er darin verweilen darf. Übertretungen der jeweiligen Regeln können Nervosität oder Unwohlsein verursachen. Die Reaktionen auf Übertretungen hängen wohl von der Persönlichkeit des Individuums ab, aber auch von seinen kulturellen Vorstellungen.

In Deutschland gilt beim höflichen Kontakt pauschal die Faustregel, dass eine Armlänge Abstand „richtig" und Berührung meist nur bei engerer Freundschaft angemessen ist. In südamerikanischen Ländern kann es viel „enger" zugehen und oft fasst man sich dabei an. In Kulturen, in denen Männer und Frauen getrennt voneinander leben, finden wenige Berührungen zwischen den Geschlechtern statt. Berührungen innerhalb des gleichen Geschlechtes, z. B. Hand-in-Hand-Gehen oder enge Umarmungen von Männern, sind hingegen vielerorts üblich, woanders wird dies als Zeichen von Homosexualität gedeutet. Persönliche „Blasen" können unterschiedlich groß sein, und weil sie unsichtbar sind und man sich seines räumlichen Verhaltens kaum bewusst ist, können leicht unbeabsichtigt „Bedrängungen" entstehen. Falls das Gegenüber eine kleinere persönliche „Blase" hat und deswegen geringerem Abstand im Umgang gewohnt ist, wird er bei Menschen mit einer größeren „Blase" immer erleben, wie diese zurückweichen; wenn er dann wieder versucht, die Distanz zu verringern, wird der „Bedrängte" wieder zurückweichen usw.

ARBEITSANREGUNG 2

Suchen Sie aus Fotos, Zeitungen, Zeitschriften oder dem Internet Bilder von Gruppen von Menschen aus verschiedenen Teilen der Welt. Sehen Sie Unterschiede in der Art, wie sie sich zueinander positioniert haben? Gibt es räumliche Anordnungen, die von Ihrer persönlichen Vorstellung abweichen oder ihr widersprechen?

ARBEITSANREGUNG 3

Lesen Sie die folgende Geschichte und diskutieren Sie das räumliche Verhalten aller Beteiligten. Beschreiben Sie die Situation aus der Sicht der verschiedenen Beteiligten. Was ist der Grund für die Aufregung von Frau Mertens? Halten Sie die eine Partei für eher „im Recht" als die andere? Kennen Sie ähnliche Fälle aus eigener Erfahrung?

„Frau Mertens besucht ihre Freundin, die gerade eine Operation überstanden hat, in der Klinik. Sie hat ihren Besuch telefonisch angekündigt und eine günstige Zeit am Nachmittag gewählt, schließlich bedarf ihre Freundin der Ruhe und Erholung. Die Freundin von Frau Mertens liegt in einem Zweibettzimmer. Die Bettnachbarin ist eine aus der Türkei zugewanderte Frau, die kurz nach der Ankunft von Frau Mertens ebenfalls Besuch erhält. Fünf Erwachsene und zwei Kinder setzen sich um das Bett der Frau und erzählen lebhaft. Essen und Getränke werden ausgepackt, die Kinder laufen im Zimmer herum und auch auf den Flur. 'So geht das jeden Tag,' sagt die Freundin, 'und vor acht Uhr abends gehen die nie nach Hause. Ich weiß gar nicht, warum ich diese Aufdringlichkeit aushalten muss, schließlich ist das hier doch ein Krankenhaus, in dem alle ihre Ruhe brauchen.' Frau Mertens versucht, ihre Freundin zu beruhigen, doch sie ist eigentlich ebenfalls verstört."

Kontext

Jede Kommunikation findet in einem Kontext statt, der die Art des gegenseitigen Austauschs sowie die Art, wie mit Informationen umgegangen wird, entscheidend beeinflusst. Informationen können detailliert gespeichert und aufbewahrt, aber auch nur zielgerichtet aufgenommen, kurz genutzt und dann gelöscht werden. Von der Art der Informationsaufnahme und -verarbeitung hängen auch die Erwartungen an unsere Kommunikationspartner ab: Sollen sie Bescheid über Dinge und Vorgänge wissen, auch ohne ausdrücklich darüber informiert gewesen zu sein? Wenn diese Frage mit „ja" beantwortet wird, brauchen wir unser Gegenüber nicht mit Auskunft über Vorgänge, Routinen oder Wünsche zu „überschütten", er wird alles wissen und wird uns vermutlich als „aufdringlich" empfinden, wenn wir versuchen, ihm Einzelheiten zu erklären. Die Hinweise auf das angemessene Handeln sind hier im Drumherum „versteckt", sie verstehen sich „von selbst". Oder erwarten wir, dass die Partner erst bei der Begegnung mit uns beginnen, Informationen aufzunehmen, weswegen wir für jede Verhandlung oder Besprechung ausführliche Unterlagen vorbereiten müssen? Die Erwartung ist, dass Informationen ausführlich und ausdrücklich vermittelt und mit Details unterlegt werden, die Stärke der Botschaft liegt in den greifbaren und präzise genannten Inhalten.

Die erste Art von Kulturen nennt man Kulturen mit „hohem Kontext", die zweite Art Kulturen mit „niedrigem Kontext". Diese Terminologie stammt von Edward T. Hall, der die Bezeichnungen „high context" und „low context" eingeführt hat. Die Bezeichnungen „hoch" und „niedrig" beziehen sich auf die Aufteilung der Inhalte von Botschaften in „Denotationen", also die explizite verbale Aussage, und in „Konnotationen", also den ganzen Bereich um die verbale Aussage herum. Eine hochkontextuelle Kommunikation ist jene, bei der die meisten Informationen im Umfeld

der sprachlichen Botschaft zu finden sind. Sie werden übermittelt durch Körpersprache, Augenkontakt, Sprechstil, Intonation, Symbole, sozialen Status usw. Auf jeden Fall hat das gesprochene Wort eine geringe Bedeutung. Die Verbalisierungen können knapp und verhalten sein, sie decken auch nicht viel auf. Der dichte Kontext drum herum kann so mächtig sein, dass er gelegentlich die Bedeutung der gesprochenen Aussage umdrehen kann. Ein Beispiel ist der Gebrauch des Wortes „ja", das in dichten Kontexten „nein" bedeuten kann. „Sind Sie mit unseren Vorschlägen einverstanden?" ist eine bei internationalen Verhandlungen häufig gestellte Frage. Und weil „nein" in vielen Kulturen schon aus Höflichkeitsgründen vermieden wird, folgt das Wort „ja". Das „ja" bedeutet dann aber keinesfalls Zustimmung, sondern eigentlich eine klare Ablehnung, doch die Hinweise darauf liegen im wenig greifbaren Kontext. Selbstverständlich würde eine Person, die mit den Tücken der hochkontextuellen Kommunikation nicht vertraut ist, glatt annehmen, dass der Partner sein Einverständnis gegeben hat, um dann später frustriert zu erfahren, dass der Geschäftsabschluss abgelehnt wurde.

Ein schwacher Kontext vermittelt dagegen wenig Information über die unmittelbar geäußerten Worte hi-

Schwacher Kontext	Dichter Kontext
Information ist vorwiegend in der verbalen Aussage enthalten, Kenntnisse des Kontextes werden nicht erwartet	Information ist vorwiegend im weniger greifbaren Kontext enthalten: Kenntnis des Kontextes ist eine absolute Voraussetzung für effektive Kommunikation
Direkter Kommunikationsstil: Interaktionen fokussieren auf Vermittlung von Information	Indirekter Kommunikationsstil: Anspielungen und Hinweise sind sehr wichtig
Menschen sollten Sache und Person trennen können: man kann die Sache kritisieren, ohne die Person, die dafür steht, zu betreffen	Menschen trennen Sache und Person eher nicht: Kritik an der Sache wird verstanden als Kritik an der Person, die dafür steht.
Verbale Kommunikation wird bevorzugt, Nonverbales spielt eine untergeordnete Rolle	Nonverbale Signale spielen eine wichtige Rolle: verbale Vermittlung von Information ist weniger wichtig
Bevorzugt sind klare und kurze Aussagen, die „alles sagen": Wichtig ist, was deutlich vernehmbar ist	Geschätzt ist kunstvolle, „blumige" Ausdrucksweise mit Geschichten und bildlichen Beispielen: wichtig ist, was den Hintergrund bildet

naus. Bevorzugt sind deutliche Botschaften, wortreiche Erklärungen, klarer und direkter Ausdruck „zum Punkt". Man sagt es, wie man es meint. Ein Partner, der mit diesem schwachkontextuellen Vorgehen nicht vertraut ist, kann sich „tot geredet" und durch die Überschüttung mit Details und schriftlichen Ausführungen sogar beleidigt fühlen. Er kann sich in seinem Urteil über die Partner völlig verschätzen und sie für naiv, unprofessionell und inkompetent halten.

Jede Gesellschaft hat eine dominante Form, die höher geschätzt und für erstrebenswert gehalten wird. Diese Norm, sei es die hoch- oder niedrigkontextuelle, bestimmt die Erwartungen und die Bewertungen der Menschen, von denen man umgeben ist. Im Allgemeinen gelten die Kulturen Nord- und Westeuropas als niedrigkontextuell, diejenigen in Süd- und Osteuropa als eher hochkontextuell. Diese Gegenüberstellung soll nur auf Tendenzen hinweisen, zu denen es allerdings viele Ausnahmen gibt. Wichtig ist es zu erwähnen, dass ähnlich der monochronen und der polychronen Zeitorientierung auch die Gegenüberstellung hochkontextuell – niedrigkontextuell nur die Endpunkte eines Kontinuums markieren. Im realen Leben trifft man eher auf Mischformen, die sich je nach Kommunikationsziel, Situation und kultureller Überschneidungssituation ergeben.

In der vorangehenden Tabelle werden einige stark schematisierte Verhaltensäußerungen der hochkontextuellen und niedrigkontextuellen Orientierung veranschaulicht: Zu bedenken ist, dass solche extremen Gegenüberstellungen in Reinform im realen Leben selten vorkommen.

ARBEITSANREGUNG 4
Lesen Sie die folgende Geschichte und versuchen Sie, mit Bezug auf die Kategorie Kontext die Enttäuschung der deutschen Familie zu erklären. Warum hat der Passant den Schneiders nicht die korrekte Information gegeben? Haben Sie im Ausland Ähnliches erlebt?

Während ihres Urlaubs in der Osttürkei machen Frau und Herr Schneider einen Ausflug in die nahe liegende Stadt. Sie wollen dort ein Museum besuchen, und weil sie den Weg nicht alleine finden, fragen sie einen Passanten danach: „Das Museum ist sicherlich auf der anderen Seite des Flusses?" Der Mann antwortet freundlich „Ja, da drüben entlang". Nach einer hal-

ben Stunde haben die Schneiders das Museum immer noch nicht gefunden. Erst nach nochmaligem Fragen und sehr viel später finden sie endlich das Museum in einem ganz anderen Stadtteil. Sie fühlen sich enttäuscht: „Sind die Leute hier unzuverlässig oder unehrlich?"

Individualismus – Kollektivismus

Die überwiegende Mehrheit der Bewohner dieser Welt lebt in Gesellschaften, in denen das Gruppeninteresse über dem Interesse des Individuums steht. Diese werden kollektivistische Kulturen genannt. Kollektivistische Kulturen zeichnen sich aus durch engere und fester gefügte soziale Strukturen, in denen das Konzept des Selbst eine geringere Rolle spielt. Die Kerngruppe, in die Menschen hineingeboren werden, ist die Familie. In den meisten kollektivistischen Gesellschaften besteht diese aus einer größeren Anzahl von Leuten, die eng zusammen leben: Eltern, Kinder, Großeltern, Onkel, Tanten, Hausangestellte und andere Hausmitbewohner, eine Konstellation, die als Großfamilie bezeichnet wird. Kinder, die in kollektivistischen Kulturen aufwachsen, lernen schon sehr früh, sich als Teil der Wir-Gruppe zu denken. Es sind die Familienmitglieder, die Nachbarn, die Mitschüler oder die Freunde, die für das Individuum den wichtigsten Orientierungspunkt bilden: Es wird erwartet, dass die Menschen auf gegenseitige Abhängigkeit (Interdependenz) orientiert sind und sich den jeweiligen Gruppenvorstellungen gegenüber konform verhalten. Die sozialen Netzwerke sind fest und die Initiative des Einzelnen ist weniger wichtig. Die Gruppe dient als vorrangige Identitätsquelle. In einem Bewerbungsgespräch könnte die Antwort auf die Frage nach der Qualifikation des Bewerbers lauten „Ich habe in England studiert, so wie alle meine Cousinen und Cousins. Schon mein Großvater hat an der gleichen Uni seinen Abschluss gemacht". Die Gruppe unterstützt einen und gewährleistet auch den Schutz des Einzelnen gegenüber den Widrigkeiten des Lebens, z. B. durch das Zusammenlegen von Geld durch Verwandte und Freunde bei Krankheit, Flucht oder Studium. Das ist wohl auch der wichtigste Grund dafür, dass man der Gruppe zu lebenslanger Loyalität verpflichtet ist. Diese wird vom Einzelnen auch strikt eingefordert, und sie zu verletzen ist eine der schlimmsten Taten, die man begehen kann. Zwischen Person und Wir-Gruppe entwickelt sich eine Abhängigkeitsbeziehung, die sowohl praktische als auch psychische Seiten hat.

Eine Minderheit der Bewohner dieser Welt lebt hingegen in Gesellschaften, in denen das Interesse des Individuums das Gruppen-Interesse überwiegt. Die Bindungen zwischen den Individuen einer Gruppe sind relativ lose. Solche Kulturen werden als individualistisch bezeichnet. Kinder wachsen dort meist in Familien auf, die nur aus Eltern und Geschwistern

bestehen. Diesen Familientyp nennt man Kernfamilie. Die Familie ist weniger wichtig, die Verwandten leben häufig entfernt und halten keine enge Beziehung zueinander. Die Kinder lernen rasch, von sich selbst als Ich zu denken. Spielkameraden werden auf der Basis persönlicher Vorlieben und nicht nach ihrer Herkunft gewählt. Der Zweck von Erziehung und Ausbildung ist, das Kind zu befähigen, auf eigenen Füßen zu stehen. Es wird erwartet, dass das Kind das elterliche Haus verlässt, sobald es dazu in der Lage ist. Nicht selten reduzieren die Kinder nach dem Verlassen des elterlichen Hauses die Beziehungen zu den Eltern auf ein Minimum oder brechen sie sogar ganz ab.

Die Normen in individualistischen Gesellschaften sind ausgerichtet auf die Betonung des Selbst und auf die Hochschätzung des Wertes und der Würde des Einzelnen. Menschen werden nicht nach ihrer Zugehörigkeit zu einer Gruppe bewertet, sondern entsprechend ihrem individuellen Charakter. Konzepte wie Selbstbewusstsein, Selbstbestimmung, Selbsteinschätzung

Individualismus	Kollektivismus
Individuen sind die Kerneinheiten der Gesellschaft: Unabhängigkeit wird hoch geschätzt	Gruppen sind die Kerneinheiten der Gesellschaft: Abhängigkeit wird hoch geschätzt
Ein übergeordnetes Ziel ist die Würde des Individuums	Ein übergeordnetes Ziel ist die Stabilität der Gruppe
Erfolg wird den eigenen Fähigkeiten zugeschrieben: von den erreichten Leistungen profitiert am meisten das Selbst	Erfolg wird der Unterstützung durch die Gruppe zugeschrieben: von den erreichten Leistungen profitiert die Gruppe
Es gibt lockere Beziehungen zu vielen Gruppen: Familie ist weniger wichtig	Es gibt feste Beziehungen zu einigen wenigen Gruppen: die Familie ist die wichtigste Gruppe, der man loyal ist
Individuen haben Recht auf ihre persönliche Privatsphäre	Mitglieder der Gruppe haben Zutritt zu der persönlichen Privatsphäre
Selbstausdruck ist wichtig: persönliche Meinungen werden erwartet und respektiert, Selbstsicherheit wird hochgeschätzt	Selbstausdruck ist nicht wichtig, denn es kann den Zusammenhalt der Gruppe in Frage stellen: Bescheidenheit wird hochgeschätzt
Man hat wenige Verpflichtungen gegenüber anderen Individuen	Man hat Verpflichtungen gegenüber den Menschen aus den eigenen Netzwerken (Familie, Verwandtschaft, Nachbarn, Mitschüler usw.)

usw. sind mit dem Konzept des Selbst auf das Engste verbunden. Von jedem wird erwartet, dass er selbst auf sich achtet und höchstens noch auf die engsten Familienangehörigen. Das Individuum ist somit das wichtigste Element der Gesellschaft. Die persönlichen Ziele sind den Gruppenzielen eindeutig vorrangig und Unabhängigkeit (Independenz) ist hoch geschätzt.

Die individualistische Orientierung ist vor allem in den reichen urbanisierten und industrialisierten Gesellschaften zu finden, während Menschen in ärmeren, ländlichen und nicht oder kaum industrialisierten Ländern eher eine gemeinschaftsorientierte Kultur leben. Es liegt auf der Hand, dass bestimmte Werte wie z. B. die Vermeidung offener Konflikte und die Erhaltung von Harmonie in einer gemeinschaftsorientierten Gesellschaft zentral sind. Ideale wie Selbstverwirklichung und die Entwicklung eines starken Ichs charakterisieren hingegen eine individualistische Kultur.

Eng verbunden mit der individualistischen bzw. kollektivistischen Orientierung ist die Ausgestaltung des Konkurrenzverhaltens. Wenn für die eigene Lebensqualität eine persönliche Erfolgsorientierung und materielle Ziele wichtiger sind als gute Beziehungen und Fürsorge, dann nennt man diese Kultur konkurrenzorientiert. Erfolg, Durchsetzungsvermögen und Wettbewerb haben darin eine hohe Bedeutung. Wird ein ausgeprägtes Konkurrenzverhalten als positiv bewertet, dann entwickelt sich oft eine materialistische Orientierung: Eigentum und Geld haben einen hohen Wert, und Eigenschaften wie Ehrgeiz, Größe, Erfolg werden als positiv angesehen. Auf der anderen Seite stehen jene Kulturen, in denen Charisma und Fürsorge eine größere Bedeutung haben und besonderer Wert auf Zusammenhalt, Konsens und Intuition gelegt wird.

Die vorangegangene Darstellung der Lebensformen und gesellschaftlichen Werte als schwarz-weiße Gegenüberstellung hat zum Ziel, die Vorstellung dieser schwer greifbaren Kategorie transparenter und verständlicher zu machen. Dieses professionelle Verständnis von Individualismus und Kollektivismus wird jedoch oftmals überschattet und verformt durch alltägliche Vorstellungen und populäre Kulturstereotypen, die der Komplexität dieser Kategorie und vor allem ihres Niederschlags in der Kommunikation nicht gerecht werden. Im realen Leben zeichnen sich Gesellschaften durch

vielfältige Kombinationen individualistischer und kollektivistischer Lebensweisen aus, die sich zu dominanten Profilen zusammenfügen. Korrekterweise spricht man dann von „tendenziell individualistischen" und „tendenziell kollektivistischen" Kulturen. Zum Zweck der didaktischen Übersichtlichkeit wurden in der vorhergehenden Tabelle einige stark schematisierte Verhaltensäußerungen der individualistischen und kollektivistischen Orientierung veranschaulicht.

ARBEITSANREGUNG 5
Analysieren Sie die Episode in der Arbeitsanregung 3 hinsichtlich der Kategorie Individualismus – Kollektivismus. Denken Sie an die deutsche Patientin und ihre Freundin sowie an die türkische Patientin und ihre Besucher: Welche Seite bringen Sie mit welcher Ausprägung zusammen? Geben Sie Belege für Ihre Entscheidung.

Machtdistanz

Die Kategorie Machtdistanz bezieht sich auf die Art, wie Menschen und Kulturen mit der ungleichen Verteilung von Macht in der Gesellschaft umgehen und wie sie diese kommunizieren. Wie sollten Menschen aus unterschiedlichen Hierarchien, mit unterschiedlichem Prestige oder Status miteinander umgehen? Sollten sie die Unterschiede betonen oder im Gegenteil darüber hinwegsehen?

Als Macht wird hier jene Kraft bezeichnet, die Menschen in verschiedenen sozialen Kontexten über andere entfalten können. Mächtig sein heißt Einfluss haben oder auch Herrschaft ausüben. Kraft und Stärke – und damit Macht – sind in allen Gesellschaften und Kulturen ungleich verteilt. Hierarchie bringt Ordnung in diese Verteilung, so dass mächtige Menschen oben stehen und über die weniger Mächtigen Herrschaft ausüben.

Die Existenz von Macht und Hierarchie ist universell. Unterschiedlich ist jedoch das Ausmaß, in dem die mit weniger Macht ausgestatteten Mitglieder einer Gesellschaft akzeptieren und erwarten, dass Macht ungleich verteilt ist. Ungleichheit kann als selbstverständliche Tatsache angenommen werden und ihr deutlicher Ausdruck sogar erwünscht sein, wie z. B. die Zufriedenheit damit, dass der Chef das teuerste Auto in der Firma fährt oder dass man als hierarchisch niedrige Person keine Verantwortung übernimmt. Solche Kulturen haben klare Regelungen von Abhängigkeiten, die sowohl den Mächtigen als auch den Abhängigen Sicherheit geben. Andererseits kann Ungleichheit aber auch als überflüssige oder kaum erträgliche Bedingung angesehen und entsprechend ignoriert werden. Ungleichheit ist zwar faktisch gegeben, doch wird es als notwendig empfunden, diese durch rituelle, rechtliche oder politische Maßnahmen zu verringern.

Hier einige – wiederum sehr generalisierte – Beispiele: In den meisten nordeuropäischen Ländern kennt man die Tendenz, Macht und Status nach außen hin nicht zu betonen: Individuen in höheren Positionen können offen in Frage gestellt werden und die Mitarbeiter erwarten, dass ihre Vorgesetzten zugänglich sind und sich mit ihnen absprechen. Es gibt das Gefühl, dass die faktisch bestehenden Machtungleichheiten durch Rituale (wenn z.B. „Du" statt „Sie" verwendet wird, es bei Tischordnungen keine herausgehobenen oder erhöhten Plätze gibt usw.) und spezielle Vorschriften überdeckt werden sollten. Das Ideal sind flache Hierarchien mit geringer sozialer Distanz zwischen den

Ebenen, und entsprechend soll der Umgang „auf gleicher Augenhöhe" stattfinden. Der Umgang zwischen Individuen mit höherem und niedrigerem Status ist relativ informell und Autorität wird leichter delegiert. In der Universität dürfen Studenten die Leistungen ihrer Professoren kritisch bewerten und in vielen Fällen werden solche Evaluationen ernst genommen. Jüngere Wissenschaftler und Doktoranden dürfen die Arbeit der älteren und erfahrenen Kollegen unter Einhaltung einiger Sprechrituale offen besprechen und kritisieren. In Kulturen mit hoher Machtdistanz neigt man dazu, die Betonung der hierarchischen Ungleichheiten als grundlegende Voraussetzung für das Wohlergehen der Gesellschaft zu betrachten. Diese werden als gegebener Lebensumstand, als „normal" gesehen, ja sogar erwünscht und gerne herausgestellt. Beim Umgang miteinander nimmt man darauf Rücksicht und richtet sich danach. Wenn man z.B. als arme Familie den reichen Ortsvorsteher zu Besuch empfängt, gibt man sich die größte Mühe und stürzt sich in „Unkosten", um diesen „fürstlich" zu empfangen und zu verköstigen. Es gibt auch umfangreiche gesellschaftliche Regeln, die die Ordnung der Abhängigkeiten und Verantwortungen der Mächtigeren gegenüber jenen in niedrigeren

Geringe Machtdistanz	Große Machtdistanz
Ungleiche Machtverteilung sollte nicht betont werden	Ungleiche Machtverteilung sollte deutlich gekennzeichnet werden
Mächtige sollten weniger mächtig erscheinen	Mächtige sollten ihre herausgehobene Position offen zeigen
Offene Darstellung von Privilegien und Statussymbolen ist kritikwürdig	Es steht Mächtigeren zu, ihre Position mit Statussymbolen herauszustellen
Titel und Status sind von geringerer Bedeutung: sie beeinflussen den Umgang kaum	Status und Titel haben eine wichtige Funktion: sie helfen, Menschen einzuordnen
Machtpositionen sind funktional begründet	Machtungleichheiten spiegeln die existentiellen Unterschiede zwischen „oben" und „unten" wider
Kritik an Höhergestellten ist möglich	Kritik an Höhergestellten ist nicht erwünscht
Kinder dürfen widersprechen: sie lernen früh, mit Eltern, Erziehern und Lehrern zu diskutieren und eigene Meinungen zu äußern	Unabhängiges Handeln der Kinder wird nicht ermutigt: Eltern, Lehrer und Erzieher sollten öffentlich nicht bloßgestellt werden

Statuspositionen wahren. Der angesehene Ortsvorsteher z.B. wäre sich seiner Pflicht bewusst, die Kinder der armen Familie bei seinem Besuch entsprechend seinem Status, also reich zu beschenken.

Auch hier dürfen wir die Varianten der Kategorie nicht in „bessere" und „schlechtere" aufteilen. Eine zulässige Unterscheidung wäre lediglich in „gewohnt und angenehm" und „ungewohnt und bedrohlich". Es braucht einen Lernprozess, um die Verhaltensweisen, die mit den verschiedenen Arten des Umgangs mit sozialer Ungleichheit zusammenhängen, zu erkennen und ihren Einfluss auf die Kommunikation festzuhalten.

In der vorangegangenen Tabelle sind einige stark schematisierte Verhaltensäußerungen, die mit der Kategorie der Machtdistanz zusammenhängen, gegenübergstellt.

ARBEITSANREGUNG 6

Lesen Sie die folgende Geschichte und diskutieren Sie das Verhalten der Beteiligten. Welche Erklärung haben Sie für das Verhalten des afghanischen Mitarbeiters? Warum fühlt sich der Vorgesetzte unwohl? Welche Strategie sollte er einschlagen? Wie würden Sie selbst in einer solchen Situation handeln?

Herr Neuner ist Vorgesetzter in einer kleinen Abteilung eines mittelständischen Unternehmens. Die Arbeitsatmosphäre zwischen ihm und den fünf Mitarbeitern ist gut, man kennt sich schon einige Jahre. Es hat es sich so entwickelt, dass alle sich duzen, mit einer Ausnahme: Der junge Mann, der vor acht Jahren aus Afghanistan zugewandert ist, weigert sich beharrlich, Herrn Neuner und die anderen Kollegen zu duzen. Nur gegenüber dem jüngsten Mitarbeiter, der erst vor kurzem nach seiner Lehre übernommen wurde, pflegt er die vertraulichere Anrede.
Schon mehrfach hat Herr Neuner ihn gefragt, warum er sich nicht der Gewohnheit der Gruppe anpasst. Doch er lächelt immer nur freundlich und sagt höchstens: „Das geht nicht." Mittlerweile fühlt sich Herr Neuner unwohl und fast ein wenig zurückgewiesen.

Aktivität

Die Einstellung gegenüber unserer Umwelt ist eng mit unserem Verhältnis zu Aktivität und unserer Orientierung auf das Handeln verbunden. Die Kategorie Aktivität bezieht sich nicht, wie man von der Alltagssprache her denken mag, auf Vorstellungen vom Aktiv- oder Passivsein. Sie meint die in einer Kultur erwünschte Art und auch die Richtung menschlicher Aktivität. Die entgegengesetzten Pole sind hier die Sein- und die Tun-Orientierung. Während bei der Sein-Orientierung Spontaneität und Emotionalität des Handelns im Vordergrund stehen, betont die Tun-Orientierung das ständige Streben nach Leistung und Zielerreichung. Es geht um grundlegende Fragen wie „Sehen wir unseren Lebensweg als Schicksal oder als von uns selbst bestimmt?" oder „Sind wir ‚unseres Glückes Schmied' oder sind wir Spielball von Ereignissen?" Die Vielschichtigkeit der möglichen Antworten macht deutlich, wie komplex die beiden Orientierungen miteinander verwoben sind.

Diese Kategorie ist besonders nützlich, wenn wir verstehen wollen, wie Menschen ihre Arbeitsaufgaben auffassen, wie viel sie sich ihrer Arbeit widmen und welchen Platz diese in ihrem Leben einnimmt. „Was machen Sie beruflich?" ist eine übliche Kennenlern-Frage, die das Interesse des Fragenden an der Arbeitsbeschäftigung des Gegenübers bezeugt. In stark tun-orientierten Kulturen wie der deutschen ist es üblich, dass die meisten Menschen ihre Arbeit und alles damit Verbundene als das Zentrale in ihrem Leben empfinden. Sogar Freizeitaktivitäten wie Fitness, Wandern oder Geschenke einkaufen werden sehr ehrgeizig und leistungsorientiert angegangen: Auch dort will man was erreichen, ähnlich wie bei der Berufsausübung. Am Schluss der Tätigkeit muss ein Ergebnis vorliegen, mal ist es das Besteigen eines neuen Gipfels, das Entdecken einer neuen Gegend oder der günstige Einkauf einer besonders hochwertigen Ware.

In sein-orientierten Kulturen hingegen ist es üblich, Entscheidungen eher emotional als rational zu treffen; das Interesse an Leistung und Zielerreichung kann je nach individueller Spontaneität variieren. Gefühle sind wichtig, weswegen Arbeitsmotivation und -erfolg sehr davon abhängen können, ob man seinen Vorgesetzten mag oder nicht. Viele Deutsche oder niederländische Führungskräfte, die in den Moskauer Büros ihrer Firmen arbeiten, stolpern in der Regel über die unterschiedlichen Gewohnheiten der lokalen Mitarbeiter, wenn es um Motivation, Leistungsfähigkeit oder Belohnungssystem geht. In der folgenden Tabelle werden einige schematisierte Verhaltensäußerungen, die mit der Kategorie Aktivität zusammenhängen, als schwarz-weiße Gegenüberstellungen veranschaulic-

Sein-Orientierung	Tun-Orientierung
Die Orientierung ist auf das „Jetzt-Sein", wichtig ist das jetzige Befinden	Die Orientierung ist auf die Zukunft, wichtig ist das Ziel
Das Handeln richtet sich auf die unmittelbare Befriedigung der Bedürfnisse	Das Handeln richtet sich auf die Erledigung wichtiger Aufgaben
Persönliche Zufriedenheit und Wohlbefinden haben hohen Wert	Leistungsideale und Belohnungssysteme haben einen hohen Wert
Motivation speist sich aus Faktoren, die mit der unmittelbaren Lebensqualität zu tun haben	Motivation speist sich aus leistungsbezogenen Faktoren

ARBEITSANREGUNG 7

Lesen Sie die folgenden zwei Geschichten, die das gleiche Thema zum Gegenstand haben: Zwei befreundete Ehepaare besuchen sich und verbringen ein Wochenende zusammen. Besprechen Sie anschließend in Arbeitsgruppen die folgenden Fragen:

- Welche Lebenseinstellungen werden in beiden Geschichten sichtbar?
- Welche Besuchsart gefällt Ihnen besser?
- Waren Sie schon zu Besuch bei Leuten, die die „andere" Variante pflegen?
- Wie haben Sie sich gefühlt?
- Wenn die Gastpaare aus den beiden Geschichten zusammenkämen, hätten sie dann die Chance, ein nettes Wochenende miteinander zu verbringen?

a. Marie und Peter

Heute sind Marie und Peter, alte Freunde von uns, zu Besuch gekommen. Sie bleiben den ganzen Tag und übernachten auch bei uns. Wir haben uns sehr gefreut, denn die beiden hatten uns noch nie in Hamburg besucht. Am Vormittag sind sie angekommen, und zuerst haben wir ein gutes, umfangreiches Frühstück auf der Terrasse serviert.
Glücklicherweise war das Wetter wunderbar, so konnten wir wie geplant zu einer großen Tour aufbrechen: Zuerst, um einen Überblick über Hamburg zu geben, machten wir eine kurze Stadtrundfahrt im offenen Bus, im Anschluss eine Tour mit der Barkasse durch den Hafen. Danach hatten wir erst mal Appetit auf einen Riesen-Eisbecher. Vom Hafen aus sind wir dann zum Michel hinauf gegangen, wo um 16 Uhr ein schönes Orgelkonzert angekündigt war. Wir waren froh, dass die Karten erschwinglich waren und haben die Musik sehr genossen. Nach dem Konzert war gerade noch genug Zeit, um in Ruhe zum Fischrestaurant zu gehen, wo wir einen schönen Tisch reserviert hatten. Dieser Höhepunkt durfte bei einem ersten Hamburg-Besuch einfach nicht fehlen. Gegen 22 Uhr verließen wir in bester Laune das Restaurant. Für den Spätfilm im Kino waren wir allerdings zu müde, und so machten wir uns auf den Heimweg. Ein Gläschen Wein genügte uns als Abschluss.*

b. Anne und Michael

Heute sind Anne und Michael, alte Freunde von uns, zu Besuch gekommen. Sie bleiben den ganzen Tag und übernachten auch bei uns. Wir haben uns sehr gefreut, denn die beiden hatten uns noch nie in Hamburg besucht. Letzte Woche haben sie am Telefon erzählt, dass sie sich riesig auf den Besuch freuen. Sie wollten den ganzen Tag bleiben und auch bei uns übernachten. Es war ein sonniger Samstag und wir genossen unseren Garten. Am Vormittag kamen sie an und wir setzten uns gleich zusammen auf die Terrasse. Wir tranken Kaffee und Tee und erzählten und erzählten. Nach und nach füllte sich der Tisch mit all den Tellern und Schüsseln, die wir vorbereitet hatten.
Es war einfach herrlich. Die Frauen blieben im Garten, tranken Tee, erzählten sich all die großen und kleinen Geschichten der Familien und konnten sich manchmal vor Lachen kaum halten. Aus der geöffneten Terrassentür hörte man den Fernseher, es gab eine Fußballübertragung und die Männer kommentierten das Spiel mit Begeisterung. Später waren wir alle zusammen wieder draußen. Doch wurden die beiden langsam müde und Michael legte sich zu einem Nickerchen in die Sonne. Anne ging ins Haus.
Die Frauen bereiteten dann das Abendessen. Lange saßen wir noch auf der Terrasse, als es kühler wurde, gingen wir irgendwann rein. Es lief eine Show im Fernsehen, was unsere Unterhaltung aber kaum störte.

NUTZUNG DER KULTURDIMENSIONEN

Bei der Arbeit mit den Kulturdimensionen befinden wir uns in einem Dilemma. Ihr großer Vorteil ist, dass sie sich als eine sehr nützliche Hilfe beim interkulturellen Lernen erwiesen haben. Sie bieten eine sinnvolle Möglichkeit, sich den verschiedenen Ausprägungen von Kultur analytisch zu nähern und sie schneller zu erfassen. Für den Anfänger im Bereich des Kultur-Lernens sind sie daher eine wertvolle erste Orientierung. Sie helfen, einen strukturierten Zugang zu den möglichen kulturbedingten Variationen des menschlichen Handelns zu finden und Kompetenz für die Bearbeitung von interkulturellen Situationen zu gewinnen. Die Kenntnis der Kategorien und ihrer kulturspezifischen Ausprägungen erlaubt, Ausschnitte realen Verhaltens in ihrer Regelhaftigkeit zu erfassen und auch zu deuten.

Dennoch müssen viele Warnungen ausgesprochen werden. In Wirklichkeit ist jeder Katalog kultureller Muster oder Dimensionen unvollständig. Die bekannten Kategorien sind zu wenige, um alle wichtigen Bereiche des menschlichen Lebens zu erfassen. Sie sind auch nicht das Ergebnis einer ganzheitlichen intellektuellen Leistung oder gedanklichen Entwicklung, sondern verschiedenen ethnologischen und psychologischen Rahmenkonzepten entnommen und zu praktischen Zwecken zusammengefügt. Genau an dieser Stelle wird die Analogie zur Sprache zweifelhaft. Eine „Kulturgrammatik" kommt in ihrer Struktur und Detailliertheit einer Sprachgrammatik niemals nahe.
Vorsicht ist also geboten, auch hinsichtlich der Leistung der Dimensionen und ihres Erklärungspotentials. Durch ihre strukturelle Klarheit und Prägnanz verleiten sie leicht zu Vereinfachungen und verführen zu stereotypen Zuordnungen und Schnelllösungen. In diesem Denken sind „Chinesen" oder „Russen" stets hierarchisch und kollektivistisch, während „Deutsche" oder, noch gefährlicher, „Westler" stets mit niedrigen Hierarchien und Individualismus gleichgesetzt werden. Man kann dieser Gefahr entgegenwirken, indem man in den konkreten, zur Bearbeitung anstehenden Situationen die Bedeutung von Kultur im Allgemeinen und die jeweilige Art des Kultureinflusses stets an der sozialen Realität überprüft (vgl. Modul 5).

Irrtümlicherweise werden die Kulturdimensionen häufig auch für das Verstehen des Handelns von Individuen benutzt, während sie in der Literatur ausdrücklich nur als Hinweise für Gruppenverhalten dargestellt werden. Wie erkläre ich mir beispielsweise das Verhalten einer japanischen Gastdozentin, die sich am Institutsgespräch bei der Weihnachtsfeier nicht beteiligt? Wie hilft mir dabei das generelle kategorielle Wissen „Japaner sind kollektivistisch"? Wende ich dieses Wissen verallgemeinernd an, besteht die Gefahr, dass ich mögliche situative Aspekte unbeachtet lasse und mich des Stereotyps bediene „Japaner mögen nicht auffallen und sind daher eher zurückhaltend". Nützlich ist hier ein sorgfältiges Hinschauen, bei dem ich z.B. erfahre, dass die Gastdozentin nicht fließend Deutsch spricht und sich viel besser im Englischen bewegt. Damit bin ich den eigentlichen Ursachen näher gekommen, habe ermittelt, ob es sich hier um ein kulturabhängiges oder ein individuelles Verhalten handelt, und habe die Rolle der Kultur für diese bestimmte Situation relativiert. Vergessen darf ich dabei aber nicht, dass bei der nächsten japanischen Person der Ausgang der Analyse ein ganz anderer sein kann.

Die Kulturdimensionen stehen in Wechselwirkung zueinander und erscheinen in Lehrbüchern und Anleitungen zu Trainings nur wegen deren analytischer und systematisierender Betrachtung voneinander getrennt. Entsprechend monokausal sind oft auch die Beispiele, mit denen die Kategorien didaktisiert werden. All dies verführt zu der irrigen Annahme, dass man ein interkulturelles Geschehen nur mit einer Kategorie, sei es „Zeit", „Raum" oder „Machtdistanz", erklären kann. In Wirklichkeit sind die kulturellen Äußerungen in der realen Lebenswelt viel zu komplex, als dass man sie mit Einzelerklärungen adäquat erfassen könnte. Es gibt kaum eine kulturbedingte Handlung, die mithilfe von nur einer Kategorie ausreichend und überzeugend erklärt werden könnte. Der Niederschlag der Kultureinflüsse ist immer multikausal: Das bedeutet, dass wenn wir ihn aufspüren und eine Ordnung möglicher kultureller Deutungen erstellen wollen, wir die Dimensionen stets vernetzt in Betracht ziehen müssen.

Daher muss jeder Versuch, kulturbedingtes Handeln zu verstehen, zu erklären oder zu lernen, mit der Einsicht beginnen, dass dies nur zum Teil mit dem Ansatz Halls oder anderer Autoren geleistet werden kann. So nützlich die Kulturdimensionen für die Anfänger im interkulturellen Lernen sein mögen, so müssen sie doch im weiteren Verlauf des Lernens kritisch be-

92

trachtet und sehr vorsichtig eingesetzt werden. Dozenten und Lerner gleichermaßen müssen stets daran
denken, dass der Einsatz von kulturellen Kategorien
für die Analyse von realen Lebenssituationen ambi-
valent ist. Sie sind wie Krücken: hilfreich, wenn wir
gehen lernen, hinderlich, wenn wir frei laufen wollen.
Sie verführen uns, zu verkürzen, zu vereinfachen, zu
verallgemeinern und damit Menschen in Schubladen
einzuordnen. Die praktische Erfahrung hat zudem gezeigt, dass die Kategorien sich besser eignen für internationale Kontexte, während ihre Erklärungsstärke
weit geringer ist, wenn Interaktionen in multikulturellen Kontexten gedeutet werden müssen. In beiden
Fällen dürfen sie nur extrem vorsichtig zur Hypothesenbildung und unter Berücksichtigung der konkreten
Situations- und Machtfaktoren eingesetzt werden. Jede
Hypothese muss zudem durch andere Analysemittel
erhärtet werden, um gegebenenfalls umgearbeitet oder
gar widerrufen zu werden.

KONTROLLFRAGEN

1. Welche Vorteile bringt die Idee der „Kulturgrammatik"? Und welche Gefahren?

2. Wie verhält sich „Kulturgrammatik" zur „Sprachgrammatik"?

3. Warum werden die beiden Seiten der tabellarischen
Gegenüberstellungen auch „Pole" genannt?

4. Gibt es in den tabellarischen Gegenüberstellungen
manchmal eine Seite, die Sie besser finden als die
andere?

5. Warum sollten die Nennungen in den tabellarischen
Darstellungen nicht für die Charakterisierung einzelner Personen genutzt werden?

6. Welche sprachlichen Ausdrücke im Deutschen kennen Sie, die eine Zeitorientierung beinhalten?

7. Welche Arten von Missverständnissen können zwischen Menschen aus hoch- und niedrigkontextuellen Kulturen auftreten?

8. Welchen Rat würden Sie Menschen aus poly- und

monochronen Kulturen geben, die in einem Team
zusammenarbeiten

LITERATUR

- Ferraro, Gary P.: *The Cultural Dimension of Internatio-
nal Business.* Upper Saddle River 2002.
- Hall, Edward T.: *The Silent Language.* New York
1959.
- Hall, Edward T.: *The Hidden Dimension.* New York
1969.
- Hinz-Rommel, Wolfgang: *Interkulturelle Kompetenz.
Ein neues Anforderungsprofil für die soziale Arbeit.* Müns-
ter 1994.
- Hofstede, Geert: *Lokales Denken, globales Handeln.
Kulturen, Zusammenarbeit und Management.* München
1997.
- Kluckhohn, Florence R., F. C. Strodtbeck: *Variations
in Value Orientations.* Evanston 1961.
- Roth, Klaus (Hg.): *Mit der Differenz leben. Europäische
Ethnologie und Interkulturelle Kommunikation.* Münster
1996.
- Russo, Kurt W. (Hg.): *Finding the Middle Ground. In-
sights and Applications of the Value Orientations Method.*
Yarmouth 2000.
- Samovar, Larry A., R. E. Porter: *Communication bet-
ween Cultures.* Belmont 2001.
- Schugk, Michael: *Interkulturelle Kommunikation. Kulturbedingte Unterschiede in Verkauf und Werbung.* München
2004.
- Tuschinsky, Christine: *Interkulturelle Ressourcenarbeit in
der Betreuung von jungen MigrantInnen.* Frankfurt 2002.

EIGENE NOTIZEN

7 INTERKULTURELLE KOMMUNIKATION

In diesem Modul lernen Sie zunächst die Struktur und die Charakteristika menschlicher Kommunikation kennen. Sie werden befähigt, verschiedene verbale und nonverbale Signale sowie Kommunikationsebenen und -stile zu erkennen und zu deuten. Sie beschäftigen sich mit der Verbindung zwischen Kultur und Kommunikation und werden auf wichtige Faktoren hingewiesen, die in der Interaktion mit anderskulturellen Menschen Einfluss auf den Kommunikationserfolg haben. Anschließend werden Techniken vorgestellt, mit denen kommunikative Missverständnisse und Konflikte identifiziert und entschärft werden können.

- Kommunikation
- Interkulturelle Kommunikation
- Kulturelle Variationen in der Sprache
- Kulturelle Variationen im nonverbalen Verhalten
- Effektive interkulturelle Kommunikation

KOMMUNIKATION

Der Kommunikationsprozess zwischen zwei Personen lässt sich stark vereinfacht in folgendem Schema darstellen.

Wenn die Person A (Sender) mit der Person B (Empfänger) kommuniziert, werden dabei ihre Gedanken, Ideen und Emotionen als Botschaft in Signale (Wörter, Gesten) umgesetzt, also kodiert, und an die Person B übermittelt. Der Empfänger muss die Botschaft dekodieren und auf der Grundlage seines Hintergrundwissens deuten. Die Deutung ruft bei der Person B eine Reaktion in Form von Gedanken, Ideen oder

Emotionen hervor, die wiederum in kodierter Form an die Person A „gesendet" wird, die damit zum Empfänger wird. Die Kommunikation ist ein dynamischer Prozess, der als ein gegenseitiger und ineinander verwobener Austausch von Botschaften verläuft. Sowohl Person A als auch Person B senden ständig Signale aus, achten darauf, wie der Partner darauf reagiert, und reagieren auf die empfangenen Signale.

Um reibungslos zu funktionieren, benötigt dieser ständige Wechsel von Aktion, Reaktion und Gegenreaktion eine wesentliche Grundlage, nämlich ein gemeinsames soziales Wissen von Sender und Empfänger. Dies bedeutet, dass Botschaften in der Regel nur korrekt verstanden werden können, wenn sie von beiden Kommunikationspartnern in einem gemeinsamen sozialen Kontext kodiert und dekodiert werden. Der Sinn von Kommunikationssignalen, die zwischen zwei IT-Experten, Pokerspielern oder 14jährigen Jugendlichen ausgetauscht und verstanden werden, kann allen, die außerhalb dieser sozialen Gruppen leben, unverständlich bleiben. Das Vorhandensein eines gemeinsamen Hintergrundwissens ist eine Voraussetzung für das Funktionieren einer jeden Kommunikation.

ARBEITSANREGUNG 1

Die folgenden Aussagen können nur dann richtig verstanden werden, wenn man ihren spezifischen sozialen Kontext kennt. Was muss der Hörer als Hintergrundinformation wissen, damit die Sätze für ihn sinnvoll sind? Überlegen Sie in einem zweiten Schritt, welche Teile dieses „gemeinsamen sozialen Wissens" bei einem nicht-deutschen Hörer, der die Sätze liest, vorausgesetzt werden können und welche nicht.

- Als Martha den Eismann kommen hörte, lief sie ins Haus und holte ihr Taschengeld.
- Mein Nachbar hat mal wieder mit seinem BMW meine Ausfahrt zugeparkt.
- Kommen Sie heute Abend auf ein Glas Wein vorbei!?

In der gleichen Art können Sie beliebige Aussagen aus dem Radio oder Fernsehen, aus der Presse oder aus alltäglichen Situationen analysieren.

Eines der wichtigsten Kennzeichen der Kommunikation ist ihre Allgegenwart. Botschaften werden un-

ablässig kommuniziert, nicht nur bewusst und nicht nur mit Worten, was Laien oft übersehen. Eine weitgehende Beschränkung auf verbale Kommunikation gibt es allenfalls beim Telefongespräch, wo die Partner einander nur hören. Bei der Face-to-Face-Kommunikation gehören zu den Signalen, die an den Partner gesendet werden und seine Reaktion hervorrufen können, genauso Gesten, Gesichtsausdruck, Redetempo, aber auch die Kleidung sowie das gesamte Benehmen der Person. Sogar aus einer Gesprächspause können Informationen bezogen werden. In diesem Sinne ist Kommunikation ein permanenter und nur teilweise bewusster Prozess. Alle Signale, die man „aussendet", sind zur Auswertung durch die Wahrnehmung und zur Interpretation freigegeben, selbst wenn wir dieses nicht wissen oder gar nicht wünschen. Um diesen Umstand auf den Punkt zu bringen, hat der Kommunikationspsychologe Watzlawick den bekannten Spruch geprägt „Man kann nicht nicht kommunizieren".

Jede Botschaft kann auf mehreren Ebenen interpretiert werden. Der Psychologe Schulz von Thun unterscheidet vier Ebenen, auf denen eine Botschaft aufgenommen und bearbeitet werden kann: die Informations-, die Appell-, die Beziehungs- und die Selbstoffenbarungsebene. Das folgende Schema illustriert diese vier Ebenen am Beispiel einer Äußerung von Herrn Müller, einem Abteilungsleiter, gegenüber seiner Mitarbeiterin Frau Schmid.

Auf der Informationsebene werden die Inhalte genannt, die man dem Kommunikationspartner mitteilen will, in diesem Fall die Anerkennung der Leistung der Mitarbeiterin. Auf der Appellebene soll mit dieser Aussage eine bestimmte Reaktion von Frau Schmid hervorgerufen werden: Sie soll sich in Zukunft besser auf ihre Arbeit konzentrieren. Gleichzeitig vermittelt

Herr Müller damit auf der Beziehungsebene auch Information darüber, wie er die Beziehung zwischen ihm und Frau Schmid versteht: Er ist der Chef und darf sie als unzuverlässig beurteilen. Schließlich kann man aus seiner Äußerung auch auf seine persönlichen Gefühle und Empfindungen schließen: Auf der Selbstoffenbarungsebene deutet Herr Müller an, dass er von der Leistung seiner Mitarbeiterin eher enttäuscht ist.

Die Arten, wie Botschaften auf den verschiedenen Ebenen kommuniziert werden, unterscheiden sich sehr deutlich. Auf der Informationsebene wird verbal und daher bewusster kommuniziert. Das unterscheidet sie von den übrigen drei Ebenen, auf denen Informationen und Bedeutungen nonverbal und unbewusst „mitgetragen" werden. Hierin verstecken sich große Potentiale für interkulturelle Missverständnisse. Man kann nicht davon ausgehen, dass Individuen mit unterschiedlichem kulturellem Hintergrund das „Gemeinte", das im Schlepptau des Gesagten „mitgetragen" wird, richtig erkennen und interpretieren können.

ARBEITSANREGUNG 2
Bestimmen Sie die vier Ebenen der Kommunikation bei den folgenden Interaktionen:

* Schülerin zu ihrer Mitschülerin: „Sag mal, hast du denn diese Lektion immer noch nicht verstanden?"
* „Ist es so, dass du heute wieder nicht zum Schwimmen mitgehst?"
* Verkäufer zu einer Kundin: „Dieses Kleid steht Ihnen wirklich sehr gut, sie sollten öfter blau tragen!"

Auf jede dieser Fragen kann es mehrere richtige Antworten geben. Die Verleihung von Bedeutung oder Sinn für ein und dieselbe Aussage kann sich von Kultur zu Kultur stark unterscheiden. So können die Worte des Verkäufers völlig unterschiedliche Interpretationen bekommen, irgendwo zwischen „wohlmeinend und beratend" und „aufdringlich und erdrückend". Das Wichtigste bei dieser Übung ist, zu lernen, die verschiedenen Kommunikationsebenen auseinander zu halten und zu spüren, welchen Lauf die Gesprächsroutinen in der eigenen Sprache nehmen.

INTERKULTURELLE KOMMUNIKATION

Im Falle der interkulturellen Begegnung verfügen die Partner per Definition über unterschiedliches Hintergrundwissen. In dem Maße wie sie es schaffen, Gemeinsamkeiten herzustellen, vermehren sich die Chancen ihrer erfolgreichen Kommunikation. Denn je mehr Wissen die Kommunikationspartner teilen, desto größer ist die Wahrscheinlichkeit, dass ihre Mitteilungen beim andern korrekt ankommen und eine angemessene Reaktion hervorrufen. Die Art und Weise, wie Kommunikationsbotschaften vom Partner dekodiert und interpretiert werden, hängt eng mit der Wahrnehmung zusammen. Das eigene Weltbild und die eigene Sichtweise, die stereotypen Vorstellungen, die die Partner voneinander haben, aber auch die kulturspezifischen Vorstellungen über die Kommunikationsmittel und -weisen bilden eine Art Wahrnehmungsfilter (vgl. Modul 3). Dieser Filter identifiziert diejenigen Botschaften, die aus Sicht des Empfängers für die Kommunikation wichtig sind und auf die er reagiert. Dieser Prozess verläuft in der Regel fließend, fast automatisch: Der Ablauf von „Botschaft empfangen", „Botschaft deuten" und „reagieren" findet in der Kommunikation permanent auf beiden Seiten statt und wird von den Kommunikationspartnern normalerweise nicht bewusst gesteuert. In einer Situation, in der Personen aus der gleichen Kultur miteinander kommunizieren, ist dies weniger ein Problem, denn eventuelle Missverständnisse können erkannt und behoben werden. Für die interkulturelle Kommunikation hat die Unbewusstheit der eigenen Kommunikationsgewohnheiten eine viel größere Bedeutung. Wenn wir kommunizieren, nehmen wir an, dass das Gegenüber unser „Gemein-

tes" versteht. Zwischen Personen unterschiedlichen kulturellen Hintergrunds ist dieses jedoch meist nicht der Fall, weswegen oft Bedeutungen zugeschrieben werden, die gar nicht gemeint waren. Schon Grundlegendes wie die Einschätzung der Wichtigkeit und des Kerns einer Botschaft, der Verbindung zwischen den Signalen und ihrem Bedeutungsgehalt, der Regeln, nach denen kommuniziert wird, können von Kultur zu Kultur vollkommen unterschiedlich sein. Aus diesem Grunde brauchen wir größere Anstrengungen, um sicher zu stellen, dass Bedeutungen im gemeinten Sinne verstanden werden.

KULTURELLE VARIATIONEN IN DER SPRACHE

Die verbalen Ausdrucksmittel zählen zu den vertrautesten Kommunikationssignalen. Für viele ist „kommunizieren" gleichbedeutend mit „sprechen" – eine zwar unzulässige Reduktion, doch gleichzeitig ein Beweis für die herausragende Rolle der Sprache im menschlichen Umgang. Jede nationale, regionale oder soziale Kultur bedient sich einer Sprache, in welcher ihre Mitglieder ihren Informationsaustausch pflegen. Die verbalen Signale in einer Aussage beziehen sich auf die Wortwahl, die Befolgung von bestimmten kommunikativen Regeln (z. B. die Anredeform, den Gebrauch von Höflichkeitsformen usw.) und auf die „sprachlichen Skripts" (die feste Abfolge von verbalen Äußerungen, z. B. wie ein Kunde beim Bäcker nach einem Brot fragt oder ein Tourist sich in der fremden Stadt nach dem Weg erkundigt). Es ist wohl kaum nötig, zu erklären, warum solche verbalen Signale sich in verschiedenen Sprachen gravierend unterscheiden können. Jeder, der schon einmal eine Unterhaltung in einer Fremdsprache geführt hat, weiß, wie schwierig es unter Umständen sein kann, die passenden Worte und Ausdrücke zu finden, um seine Gedanken korrekt „rüberzubringen", auch wenn man „die Sprache eigentlich kann". Dieses Problem wird noch größer, wenn beide Partner eine für sie fremde Sprache, eine so genannte lingua franca (heute meist Englisch), benutzen. Denn es ist üblich, dass die meisten Leute beim Sprachwechsel die Sprechgewohnheiten ihrer Muttersprache beibehalten.

Einige Beispiele: In den meisten fernöstlichen Kulturen gilt es als äußerst unhöflich, Kritik oder Ablehnung direkt zu äußern. Selbst eine einfache Verneinung ei-

ner Bitte oder Aussage („Das Wetter ist heute schön, nicht wahr?") kann als eine persönliche Beleidigung empfunden werden. Stattdessen werden ausweichende Formulierungen gebraucht, die dem Partner die Kritik oder Verneinung indirekt signalisieren sollen („ich weiß nicht" oder „manchmal ist es so, manchmal auch nicht"). Wer aber als Kommunikationspartner mit diesen verbalen Regeln nicht vertraut ist, kann schwere Enttäuschungen erleben. Reisende in Ländern wie Japan, Thailand oder Vietnam berichten immer wieder von Situationen, in denen sie Einheimische nach dem Weg gefragt („Ich möchte zur Stadtmitte, bin ich hier richtig?") und eine anscheinend bejahende, aber, wie sich später herausstellt, nicht der Wahrheit entsprechende Antwort erhalten haben. Das hat häufig eine einfachen Grund: Man kennt den Weg selbst nicht, doch möchte man mit einer negativen Antwort („Weiß ich nicht") dem Fremden gegenüber nicht als beleidigend und respektlos erscheinen.

Ähnliche Störungen im Sprachgebrauch können auch in weitaus ähnlicheren Kulturen wie der deutschen und der US-amerikanischen entstehen: „You might want to look at your paper again" mag für einen Deutschen in der wörtlichen Übersetzung als eine höfliche Aufforderung klingen. In Wirklichkeit handelt es sich um eine gute Dosis Kritik bezüglich der Qualität der eingereichten Unterlage und die strikte Aufforderung zu ihrer Umarbeitung.

Die paraverbalen Signale sind für die Kommunikation ebenfalls von großer Bedeutung. Es handelt sich hier um lautliche Zeichen, die von Menschen außerhalb der verbalen Äußerungen und deren Anordnung produziert werden, so die Sprechgeschwindigkeit (schnell oder langsam), die Intonation (auf- oder absteigend), Sprechpausen (Anzahl, Länge), die Lautstärke, den Sprecherwechsel usw. Sie sind die automatischen Begleiter eines jeden Redeaktes und verraten dem Partner viel über die Persönlichkeit des Sprechers und über dessen Beziehung zum Kommunikationspartner. Sie können aber unter Umständen auch in die Irre führen, und zwar dann, wenn sie ohne Berücksichtigung möglicher kultureller Unterschiede gedeutet werden. So gilt es in Deutschland als äußerst unhöflich, den Gesprächspartner zu unterbrechen oder gleichzeitig mit mehreren Personen zu reden. In Italien hingegen ist „überlappendes Reden" fast die Norm, so dass jemand, der auf eine deutliche Redepause wartet, um selbst etwas zu sagen, den Redeeinstieg nur schwer schafft. Unter Umständen könnte er als schweigsam und distanziert gelten. In Finnland wiederum ist es üblich, beim Reden längere Pausen zu machen, die aber keine Aufforderung an den Partner darstellen, das Wort zu ergreifen. Auf diese Weise können Deutsche in Italien als wortkarg und distanziert gelten, während sie in Finnland, wo längere Sprechpausen als im Deutschen üblich sind, als Quasselstrippen rüberkommen, die ihrem finnischen Partner stets „ins Wort fallen".

ARBEITSANREGUNG 3

Ein deutscher Geschäftsmann soll bei der Besprechung mit seinen US-amerikanischen Partnern auf Englisch präsentieren. Unten finden Sie seinen Text und anschließend die Variante, die eine US-amerikanische Führungskraft zum gleichen Thema vorbereitet hätte. Obwohl der deutsche Partner sehr gut Englisch spricht, hat er „Deutsch" gedacht, weswegen zwischen den beiden Texten erhebliche Unterschiede in der Art der Argumentation, der Wortwahl usw. bestehen. Vergleichen Sie die beiden Texte in Zweiergruppen und stellen Sie die Unterschiede in der verbalen Kommunikation fest. Voraussetzung für die Arbeit mit diesen Texten sind gute Kenntnisse der englischen Sprache.

a. Deutsche Präsentation auf Englisch:
   Dear collaborators from our daughter company, we have three main problems to discuss today. Firstly, according to our economical people, our company's benefits were quite good this year, and we can thank the engagement of all our staff and partners for that. Now we need to look for further interesting projects.
   Secondly, it is necessary for us to shortly discuss how best to realize our project in China. We still have difficulties in the education of the workers, although we are sympathetic about the difficulties in recruiting locally.
   At last, as you will have seen from the protocols from the board meeting, we will strongly enter the American market next year. Before I give the word to the next speaker, I would thank all of you who reverted to my e-mail about today's conference. The result was satisfactory, and I will resume later.

b. US-amerikanische Präsentation auf Englisch:
   Dear colleagues from our subsidiary, we have three main issues to discuss today. Firstly, according to our financial people, our company's profits were very good this year, and we can thank the commitment of all our staff and business partners

for that. Now we need to look for further financially worthwhile projects.

Secondly, we need to briefly discuss how best to complete our project in China. We still have difficulties training the workers, although we understand the difficulties in recruiting locally.

Finally, as you will have seen from the minutes of the board meeting, we will make a great effort to enter the American market next year. Before I give the floor to the next speaker, I would like to thank all of you who replied to my e-mail about today's conference. The result was excellent, and I will summarize it later.

ARBEITSANREGUNG 4

Die Teilnehmer bilden Paare. Jedes Paar unterhält sich fünf bis zehn Minuten lang über ein bestimmtes Thema, z.B. „Urlaub in Deutschland oder im Ausland?", „Zuwanderung, ja oder nein?" usw. Ein Partner spricht dabei ganz normal, der andere darf keine Verneinungsformen („nein", „nicht", „kein") benutzen. Nach Ablauf der Zeit berichten alle „normal Sprechenden", wie sie sich gefühlt haben und wie sie ihren Partner fanden. Hat man klar erkennen können, was der andere meinte? Gab es Unsicherheiten? Dann berichten die „Nein-Vermeider" von ihren Eindrücken. War es schwierig, sich an die Regel zu halten?

KULTURELLE VARIATIONEN IM NONVERBALEN VERHALTEN

Entgegen der populären Annahme, dass „kommunizieren" mit „sprechen" gleichzusetzen sei, erfolgt der größere Teil des Austausches von Informationen mit nonverbalen Mitteln, z.B. über Gestik, Mimik, Blickkontakt, Körperhaltung. Nach Angaben verschiedener Forscher kann die nonverbale Bedeutungsvermittlung bis zu 85% der gesamten Information ausmachen! Selbst bei einem Telefongespräch, bei dem die Partner einander nicht sehen, spielen nonverbale Signale eine Rolle: Wenn man beim Sprechen lächelt und entspannt sitzt, ist dies für den Gesprächspartner irgendwie hör- und spürbar. Das Gespräch „fühlt sich anders an" als bei einem grimmigen Gesichtsausdruck und verkrampfter Körperhaltung.

Da die nonverbalen Kommunikationssignale weitestgehend unbewusst produziert und gesendet werden, spiegeln sie im starken Maße direkt und ungeschminkt den aktuellen psychischen und emotionalen Zustand der Person wider. Während Menschen ihre Sprache relativ schnell den Umständen anpassen können, kann die Körpersprache viel schwieriger gesteuert werden. Deswegen ist die nonverbale „Sprache" in der Regel ein glaubwürdigerer Indikator für Stimmungen oder Absichten des Gegenübers als etwa seine sprachlichen Beteuerungen. Wenn die nonverbalen Signale die verbale Aussage nicht unterstützen oder ihr gar widersprechen (zum Beispiel eine verkrampfte Körperhaltung und ein verbissenes Gesicht zu einer wohlmeinenden sprachlichen Äußerung), wird der Partner tendenziell der „stummen Botschaft" des Körpers mehr Glauben und Beachtung schenken. Die nonverbale Kommunikation ist also nicht einfach eine Ergänzung oder Alternative zur Sprache, sondern ein wichtiges und unabhängiges Medium für die Vermittlung von Werthaltungen, Einstellungen, Emotionen und anderen persönlichen Reaktionen. Genau wie die Sprache weist sie kulturspezifische Besonderheiten auf: Diese lassen sich grob unterteilen in Gestik, Mimik sowie Körperhaltung, -distanz und -kontakt.

ARBEITSANREGUNG 5

Schauen Sie sich kurze Ausschnitte aus weniger bekannten ausländischen Filmen an, ohne den Ton einzuschalten. Bei der Auswahl der Filmausschnitte sollten Sie darauf achten, dass darin keine Hinweise auf das Filmsetting in Form von Straßenschildern, Geschäftsüberschriften usw. vorhanden sind.

Versuchen Sie festzustellen, worüber die Personen im Filmausschnitt sprechen, sowie in welcher Beziehung sie zueinander stehen. Versuchen Sie zu erraten, welche Sprache im Film gesprochen wird. Sie werden erkennen, dass Menschen verschiedener Sprachen und Kulturen ihr Sprechen mit unterschiedlichen nonverbalen Signalen begleiten.

Gesten

Körperbewegungen, die als Gesten bezeichnet werden, können unterschieden werden in rituelle Gesten oder Embleme (z.B. der Händedruck zur Begrüßung oder das Anstecken des Rings bei der Hochzeit), begleitendkommunikative Gesten oder Illustratoren (z.B. Schulterzucken bei Ratlosigkeit, Kopfschütteln bei Ableh-

nung) und unwillkürliche Gesten (z.B. Niesen oder Zwinkern). Obwohl die Intensität von Gesten generell als Anzeichen für emotionale Erregung gilt (je mehr und ausschweifender ein Mensch gestikuliert, desto aufgeregter ist er), kann ihre konkrete Gestaltung und Bedeutung sehr kulturspezifisch sein.

Rituelle Gesten oder Embleme sind solche, die einen eigenen Informationsgehalt haben: Genau so wie Worte bringen sie selbständige Botschaften hinüber („ohne Worte sprechen") und dienen dem Ausdruck von bestimmten Absichten. Beispiele dafür sind das Victory-Zeichen als Solidaritätsbekundung oder der von Daumen und Zeigefinger gebildete Kreis als OK. Ähnlich wie bei Wörtern ist die Verbindung zwischen Emblem und seinem Gehalt willkürlich, d.h., dass ein und dasselbe Zeichen je nach Kultur mit unterschiedlicher Bedeutung belegt sein kann. So ist das Händeschütteln in Deutschland das übliche Begrüßungsritual für Erwachsene beider Geschlechter. In Russland dagegen schütteln nur Männer einander beim Begrüßen die Hände, eine Frau wird von einem Mann oder von einer anderen Frau durch einfaches Kopfnicken begrüßt. In Frankreich besteht die Begrüßungsgeste in zwei bis drei Küsschen, die dicht an der Wange des Partners in die Luft gegeben werden. Der wahllose Gebrauch von eigenkulturellen Gesten im fremdkulturellen Kontext birgt daher die Gefahr, dass diese dort eine ganz andere, manchmal sogar entgegen gesetzte Bedeutung erhalten können. So bedeutet Kopfschütteln in Bulgarien „ja" statt „nein" und das OK-Zeichen in Griechenland eine Unanständigkeit, in Japan hingegen Geld.

Im Kontext der eigenen Kultur sind die Regeln, nach denen das Begrüßungsritual abläuft, intuitiv bekannt. Händeschütteln oder Küsschen? Wem gibt man zuerst die Hand? Wie lange muss die Hand geschüttelt werden? Im interkulturellen Kontext ist diese Selbstverständlichkeit nicht vorhanden, was unter Umständen für Irritationen sorgt: Wenn man versucht, in Deutschland den Geschäftspartner mit einem Wangenkuss zu begrüßen oder in den USA die Tür seines Zimmers stets hinter sich zumacht. Es kann manchmal sogar zu emotional aufgeladenen Bewertungen kommen: Der Händedruck eines Japaners wird in der Regel als zu schwach wahrgenommen und von Deutschen oft als Zeichen von Charakterschwäche gedeutet.

Die Illustrationen dienen zur Vervollständigung des gesprochenen Wortes. Sie begleiten die verbale Kommunikation, wobei sie entweder eine klar definierte Bedeutung haben (Kopfnicken für Zustimmung) oder einfach aus dem Kontext der Kommunikation verständlich werden (unterstreichende Handbewegungen bei einem Vortrag). Dass diese Art der Gestikulation kulturabhängig ist, liegt auf der Hand.

Die dritte Kategorie beschreibt Gesten, die auf physiologischen Reaktionen beruhen und deshalb eigentlich unwillkürlich passieren (Niesen, Kratzen, Augenzwinkern usw.). Insofern sind sie universell, da solche Reaktionen biologisch bedingt sind. Was aber höchst kulturspezifisch sein kann, sind die Deutungen ihrer Ausführung. Ein typisches Beispiel ist das laute Niesen, das in Deutschland meist als nicht störend angesehen wird; das übliche Verhalten in diesem Fall ist, mit wenigen Ausnahmen wie z.B. im Konzert, ein darauf folgendes lautes Naseputzen im Taschentuch. In China gilt ein solches Verhalten nicht nur als unfein, sondern als höchst beleidigend für den Partner. Das Niesen sollte dort möglichst unterdrückt oder unauffällig geschehen, das Naseputzen diskret und von keinerlei Geräuschen begleitet sein.

ARBEITSANREGUNG 6

Welche rituellen Gesten (z.B. für Begrüßung, Verabschiedung, Ausdruck von Freude, Überraschung usw.) kennen Sie aus anderen Kulturen? Welche Unterschiede zu Deutschland haben Sie festgestellt? Nennen Sie die Situationen, in denen Sie die Unterschiede erlebt haben. Kommentieren Sie Ihre eigenen Erfahrungen und Gefühle.

ARBEITSANREGUNG 7

Die Teilnehmer werden in zwei Gruppen aufgeteilt. In jeder Gruppe werden Karten verteilt, auf denen ein Begrüßungsritual aus einer bestimmten Kultur beschrieben ist, z.B. Hände schütteln (Deutschland), leichte Verbeugung (Japan), zwei Küsschen auf die Wange (Frankreich) usw. Nun müssen die Teilnehmer, die die gleichen Begrüßungen haben, einander finden. Dabei darf nicht gesprochen werden. Wenn alle Paare sich gefunden haben, werden alle Begrüßungsvarianten vor der Gruppe ausgeführt. Es werden folgende Fragen diskutiert:

- War es einfach, die Teilnehmer mit der gleichen Begrüßung zu finden?
- Kannten Sie die verschiedenen Begrüßungsarten?
- Waren Sie verunsichert, als Sie auf eine andere Begrüßungsart stießen?
- Was empfanden Sie, wenn eine Begrüßung passte bzw. nicht passte?
- Welche Begrüßungsarten wurden als besonders unangenehm oder besonders angenehm empfunden?

Mimik

Bei der Kommunikation mit anderen Menschen ist man immer bestrebt, das Gesicht des Gegenübers anzuschauen. Ist dies nicht möglich, wird die Situation meistens als unangenehm oder sogar bedrohlich empfunden. Der Gesichtsausdruck eines Menschen ist nicht nur ein kompliziertes Zusammenspiel vieler Muskeln, er spiegelt die Gedanken und Emotionen wider und liefert so Informationen über den Partner. Der mimische Ausdruck der fünf Grundemotionen (Ärger, Trauer, Freude, Skepsis und Ekel) ist weltweit sehr ähnlich und wird von den Menschen, unabhängig von der Kultur, in der sie aufgewachsen sind, meistens zweifelsfrei erkannt. Die zulässige Intensität der Mimik (wie viel Gefühl darf man zeigen) und die Bedeutung einzelner mimischer Signale (Lächeln, Augenbrauen hochziehen, Augen zusammenkneifen) wird allerdings von Kultur zu Kultur sehr unterschiedlich gestaltet.

Fast alle Mitteleuropäer haben den subjektiven Eindruck, dass „alle Asiaten gleich sind" und dass man „denen am Gesicht niemals ansieht, was sie wirklich denken". Dieser Eindruck kommt dadurch zustande, dass die Mimik in fernöstlichen Kulturen in der Regel weniger ausgeprägten Mustern folgt als in Mitteleuro-

pa: „Gesicht wahren" ist eine wichtige Einstellung bei der Kommunikation, und intensive Emotionen dürfen nicht offen gezeigt werden. Hinzu kommt die Tatsache, dass es einer gewissen Übung bedarf, in einem fremd aussehenden Gesicht zu „lesen". Im Übrigen gilt diese Einschätzung genauso anders herum: Viele Japaner, Chinesen oder Koreaner, die nach Europa kommen, berichten, dass „die europäischen Langnasen alle einander gleichen" und man „nicht erkennen kann, was sie gerade denken".

Doch selbst wenn ein Gesichtsausdruck klar erkennbar ist, wird er nicht immer korrekt gedeutet, da die diesbezüglichen kulturellen Konventionen sich erheblich unterscheiden können. Ein Lächeln wird zum Beispiel in Deutschland als Zeichen für Freude, Zufriedenheit, Selbstvertrauen, Sympathie gedeutet. Es kann aber auch Zweifel („skeptisches Lächeln") oder Feindseligkeit („bösartiges Lächeln") ausdrücken. Das gleiche Deutungsschema gilt auch für die US-amerikanische Kultur, allerdings ist hier zusätzlich das „Höflichkeitslächeln" außerordentlich verbreitet, das lediglich eine gute Kommunikationsatmosphäre signalisieren soll. Wenn Deutsche irrtümlich dieses als Ausdruck für Sympathie und Freude deuten, sind sie sehr schnell bereit, ihr Vorurteil von der „Oberflächlichkeit der US-Amerikaner" bestätigt zu sehen. In Japan ist die Bedeutungspalette des Lächelns noch größer als in Deutschland und den USA: Dort steht das Lächeln generell im Zeichen der Gesichtwahrung und der Überzeugung, dass man eigene Emotionen nicht an anderen auslassen sollte. Auch wenn eine Person wütend, verwirrt oder traurig ist, wird sie lächeln, und zwar umso breiter, je intensiver ihre Emotionen sind. Für jemanden, der an das europäische Deutungsschema gewöhnt ist, kann es sehr verwirrend sein, wenn eine japanische Büromitarbeiterin, die gerade einen schwerwiegenden Fehler gemacht hat, als Reaktion darauf breit lächelt. Eine weitere Variante der kulturspezifischen Bedeutung des Lächelns bietet der russische Kulturkreis: Hier ist Lächeln in erster Linie mit Freude und guter Stimmung verknüpft, es wird in der Regel nicht als Ausdruck von Höflichkeit oder Selbstvertrauen gebraucht. Aus diesem Grund haben Westeuropäer zu Besuch in Russland häufig den Eindruck, dass „Russen grimmig und unfreundlich gucken". Bekannt ist die Geschichte, dass McDonalds vor der Eröffnung seiner ersten Filiale in Moskau um 1990 alle russischen Angestellten in „Höflichkeitslächeln" trainieren musste.

Eng verbunden mit dem Gesichtsausdruck sind die Augenbewegungen, sie gehören zu den wirksamsten nonverbalen Signalen. Die Blickrichtung, Häufigkeit und Dauer des Blickkontakts entscheiden oft über die Bewertung des Gesprächspartners und seiner Aussagen. Schaut der Bewerber mir in die Augen oder schaut er immer zur Seite? Starrt er mich während des Gesprächs stets an oder richtet er den Blick nur ab und zu auf mein Gesicht? Schweift sein Blick immer wieder ab zum Fenster? Die Antworten auf diese Fragen hängen nur von der jeweiligen kulturellen Konvention ab: Der Blick in die Augen kann als Ehrlichkeit und Ernsthaftigkeit („Diese Person hat nichts zu verbergen"), aber auch als Respektlosigkeit und Widerstand („Diese Person will ausweichen") gedeutet werden.

Bereits innerhalb einer Kultur ist das Blickverhalten und seine Bedeutung sehr kontextabhängig: Der intensive Blick in die Augen, der für zwei Verliebte ein Maximum an Intimität und Sympathie ausdrückt, kann in einer Verhandlungssituation dominantes Verhalten oder einen Manipulationsversuch signalisieren. Solche situativen Regeln können in interkulturellen Kontakten aber ihre Gültigkeit verlieren. Wenn ein deutscher Lehrer einen Schüler mit türkischem Hintergrund ausschimpft und dieser mit gesenktem Blick reagiert statt den Lehrer anzuschauen, dann ist der Ärger vorprogrammiert. In diesem Fall ist es dem Lehrer vermutlich nicht bewusst, dass die Verweigerung des Blickkontaktes hier als Zeichen von Respekt gegenüber der älteren und statushöheren Person „gelesen" werden sollte. Womöglich wurde der Schüler zu Hause dazu erzogen, seine Lehrer auf keinen Fall durch direkte Blicke zu beleidigen.

Sie können die Wirkung vom Blickverhalten entweder in der Gruppe oder in Ihrem Bekanntenkreis als eine Art Experiment ausprobieren; allerdings sollten Sie sehr gute Freunde oder Bekannte dafür aussuchen, die Ihnen Ihr „seltsames" Verhalten nicht verübeln! Wenn Sie mit einer Person sprechen,

a. übertreiben Sie es mit dem Blickkontakt und schauen Sie ihren Gesprächspartner unablässig an oder
b. reduzieren Sie den Blickkontakt, schauen Sie ihren Gesprächspartner so gut wie gar nicht an. Achten Sie darauf, dass Ihr sonstiges Verhalten und ihre Sprechweise ganz normal bleiben.

Welche Reaktionen können Sie beobachten? Wie fühlen Sie sich dabei? Wie hat sich ihr Gegenüber gefühlt?

Körperhaltung

Die Art wie man seinen Körper hält, kann viel über einen selbst, über den eigenen sozialen Rang, aber auch über die Einstellung zum Kommunikationspartner verraten. So wird eine Person mit höherem Status üblicherweise eine entspanntere Körperhaltung haben und entsprechend mehr Raum für sich in Anspruch nehmen. Die Art, wie man seine Beine und Arme hält, wird als Ausdruck des emotionalen Zustandes gedeutet. Eine „offene" Haltung (z.B. Hände liegen auf dem Tisch, Beine sind nicht übereinander geschlagen, Schulterpartie ist offen) zeugt von Gelassenheit und Freundlichkeit, während eine „geschlossene" (z.B. Arme vor der Brust gekreuzt, eingesunkener Oberkörper, eingezogener Kopf) Unsicherheit, Misstrauen oder Widerstand signalisiert. Es ist offensichtlich, dass auch die Körperhaltung kulturspezifische Inhalte transportieren kann: Schließlich kann der Mensch seinen Körper in bis zu 1000 verschiedene stabile Positionen bringen, doch nur eine begrenzte Anzahl davon wird als kommunikationstauglich angesehen. Diese Auswahl ist in jedem Kulturkreis relativ willkürlich, gilt aber gleichzeitig als die einzig mögliche und akzeptable Variante. Überschneidungen mit anderen Kulturen sind dabei möglich, aber nicht immer vorhanden: So gilt es im arabischen Kulturraum als grobe Beleidigung, wenn man sich so hinsetzt, dass der Partner die Schuhsohlen von einem sehen kann. Im europäischen und im US-amerikanischen Kontext wird diesem Sig-

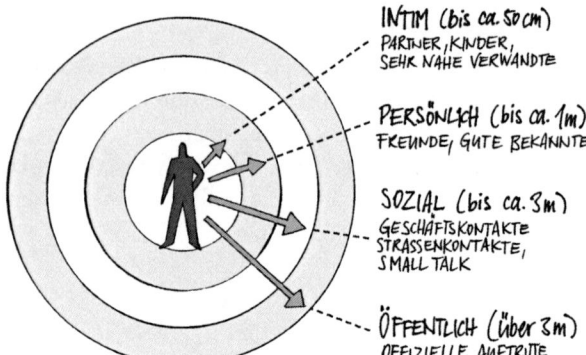

INTIM (bis ca. 50 cm)
PARTNER, KINDER,
SEHR NAHE VERWANDTE

PERSÖNLICH (bis ca. 1m)
FREUNDE, GUTE BEKANNTE

SOZIAL (bis ca. 3m)
GESCHÄFTSKONTAKTE
STRASSENKONTAKTE,
SMALL TALK

ÖFFENTLICH (über 3m)
OFFIZIELLE AUFTRITTE

nal keine Bedeutung zugeschrieben, und in der Tat passiert es oft, in der Regel völlig unabsichtlich und unkontrolliert.

Kommunikationsdistanz

Das Raum- und Distanzverhalten ist ein Element, das jede direkte Kommunikation in großem Maße beeinflusst, jedoch sehr selten bewusst erlebt wird (vgl. Modul 6). Es schließt die kulturellen Regeln und Konventionen ein, nach denen sich die Menschen in einer persönlichen Begegnung zueinander positionieren. Generell werden vier Kommunikationszonen unterschieden:

Für jede dieser Zonen gelten bestimmte Verhaltensnormen und Erwartungen bezüglich der Person des Gesprächspartners, seiner Verhaltensweise und der Inhalte der Kommunikation. Auch wenn durch die Medien die Bedeutung der Körperdistanz bei der Kommunikation mittlerweile sehr popularisiert und zum Gemeinplatz geworden ist, besteht ihre Brisanz unvermindert weiter.

Die Verletzung der gewohnten Distanz bzw. der Druck, zu einer engeren oder weiteren Kommunikationszone wechseln zu müssen, wird in der interkulturellen Begegnung weithin als unangenehm, irritierend oder bedrohlich empfunden. Und weil die Definition der vier Zonen sehr kulturspezifisch ist, kann es dazu kommen, dass sie in Hinsicht auf die realen Abstände einander überlappen: So fällt die persönliche Zone bei vielen Lateinamerikanern mit der intimen Zone von US-Amerikanern zusammen. Daraus ergeben sich zahllose Irritationen, die mehrfach in bekannten Anekdoten beschrieben worden sind. Wenn Lateinamerikaner versuchen, sich ihrem Nordamerikanischen Partner zu

nähern, um ihre gewohnte Distanz für das Geschäftsgespräch zu verwirklichen, und die letzteren meinen, dass man ihnen „zu nahe tritt", und zurückweichen, kann es zu der Situation kommen, die Edward T. Hall beschrieben hat: dass bei einem Empfang ein mexikanischer und ein US-amerikanischer Geschäftsmann während ihres Gesprächs sich unaufhörlich „tänzelnd" durch den ganzen Raum bewegten, denn jeder von ihnen wollte den ihm bequemen Abstand erzielen.

ARBEITSANREGUNG 9

Die Teilnehmer werden in Gruppen zu fünf Personen aufgeteilt. Jede Gruppe bekommt die folgende Aufgabe: „Stellen Sie sich vor, Sie sitzen auf einer Parkbank. Mehrere Personen, die Ihnen bekannt sind, kommen vorbei und setzen sich zu Ihnen auf die Bank. Zeigen Sie bitte, welche Distanz diese Personen zu Ihnen einnehmen sollten, damit Sie sich wohl fühlen!"

Jede Gruppe stellt Stühle oder Tische zusammen, um eine Bank zu imitieren. Die Teilnehmer übernehmen die Rollen von „Ich", „Partner/Partnerin", „Mutter", „Vorgesetzter" und „Vermieter" und spielen die Besetzung der Bank in vier einzelnen Szenen durch. „Ich" nimmt immer den Platz am Ende der Bank ein und in jeder Szene kommt eine Einzelperson dazu. Man kann auch einige Rollenwechsel vornehmen. Jede Gruppe hält ihre Ergebnisse graphisch fest. In der Auswertung reflektieren die Teilnehmer über ihre Erfahrungen:

- Welche Abstände wurden durch die verschiedenen Personen eingenommen?
- Gab es in den verschiedenen Gruppen ähnliche Ergebnisse?
- Aufgrund von welchen Kriterien wurden die Abstände gewählt?
- Welche Erfahrungen hatten die Teilnehmer mit „Abweichlern"?
- Welche Emotionen riefen sie hervor?

Körperkontakt

Einen Sonderfall der nonverbalen Kommunikation, der sowohl mit der Gestikulation als auch mit der Kommunikationsdistanz in Verbindung steht, stellen körperliche Berührungen dar. Sie sind genauso wie die Gestik streng nach Status, Geschlecht oder Kultur geregelt und sagen eine Menge über die innere Haltung der kommunizierenden Personen aus. Die körperliche Berührung des Kommunikationspartners am Arm, an der Hand oder am Kopf kann je nach kultureller Einstellung zulässig oder nicht zulässig sein. Generell werden in der Forschung Kulturen, in denen intensive körperliche Berührungen an Armen oder Schultern während des direkten Gesprächs üblich sind, als „touching cultures", und Kulturen, in denen Körperkontakt beim Gespräch nur selten vorkommt, als „nontouching cultures" bezeichnet.

In dieser Klassifizierung würde die deutsche, schwedische oder britische Kultur eher zu den letzteren gehören. Allerdings muss dabei beachtet werden, dass die kulturellen Konventionen, die den körperlichen Kontakt betreffen, sich mit denen der Geschlechterunterscheidung überkreuzen. Ein Beispiel hierfür ist der häufige Eindruck von Europäern, die in arabische Länder reisen, dass viele Araber homosexuell seien, denn sie sehen dort häufig junge Männer Hand in Hand durch die Straßen gehen. Sie sind überrascht zu erfahren, dass diese Art von körperlicher Berührung im arabischen Kulturraum der gleichgeschlechtlichen Kommunikation von Männern und Frauen vorbehalten und Ausdruck von inniger, aber keinesfalls sexuell unterlegter Freundschaft ist. Einen weiteren Kontrast zu den europäischen Erwartungen bildet dann die Information, dass das Hand-in-Hand-Gehen von einem Mann und einer Frau in der Öffentlichkeit, selbst wenn sie miteinander verheiratet sind, als unsittsam und inakzeptabel gilt.

Zusammenfassend ist festzuhalten, dass verbale und nonverbale Botschaften gewöhnlich gleichzeitig gesendet, empfangen und interpretiert werden. Man kommuniziert mit Blicken, Gesten, Stimme, Kleidung, Worten usw., wobei die Summe aller Botschaften sowohl koordiniert als auch widersprüchlich sein kann. Die Gesamtbotschaft, die empfangen wird und auf die der Partner reagiert, ist immer das Ergebnis des Zusammenspiels vieler Elemente.

EFFEKTIVE INTERKULTURELLE KOMMUNIKATION

Nach all diesen Informationen über die vielfältigen Elemente der verbalen und nonverbalen Kommunikation und über ihre Unterschiede im Kontext von verschiedenen Kulturen ist die Frage berechtigt, ob denn interkulturelle Kommunikation überhaupt erfolgreich verlaufen kann. Schließlich ist es schon schwierig genug, eine Fremdsprache so gut zu erlernen, dass man in ihr problemlos kommunizieren kann. Wie viel schwieriger muss es dann sein, die Bedeutung aller nonverbalen Signale einer, geschweige denn mehrerer oder gar aller fremden Kulturen zu lernen.

Tatsächlich ist das vollständige Erlernen fremdkultureller nonverbaler Kommunikationssysteme nur in begrenztem Umfang möglich. Es ist aber auch nicht unbedingt notwendig für eine effektive Kommunikation. Viel wichtiger ist die Kenntnis der möglichen Unterschiede im verbalen und nonverbalen Verhalten und der eigenen Kommunikationsweise sowie die Sensibilität für die Reaktionen des Gesprächspartners, denn sie enthalten möglicherweise Hinweise auf Missverstehen. Spezielle Kommunikationstechniken können allerdings helfen, die Kommunikation effektiver zu gestalten. Zwar gibt es in der interkulturellen Kommunikation keinen „Königsweg", der den Erfolg garantiert, doch können die folgenden Tipps dazu beitragen, Kommunikationsprobleme zu erkennen und zu minimieren.

a. Kulturelle Besonderheiten kennen lernen
   Wenn man die Möglichkeit hat, sich auf die Kommunikation mit jemandem aus einer anderen Kultur vorzubereiten, sollte man zumindest allgemeine Informationen über den Kommunikationsstil einholen: Ist die Kommunikation eher direkt oder eher indirekt? Gibt es bestimmte Tabuthemen, die man nicht ansprechen sollte? Wird mehr Wert auf Höflichkeitsformen gelegt oder auf präzise faktische Aussagen? Es geht dabei nicht um die Sammlung von Stereotypen, die die Sicht auf den Partner von vornherein festlegen, sondern um die Vorbereitung auf eventuelle Besonderheiten, die bei der Kommunikation eine Rolle spielen könnten. Solche Informationen erhält man zum Beispiel aus Kulturführern für spezielle Länder, in kulturspezifischen Trainings, aber auch durch Menschen, die aus dieser Kultur stammen oder mit ihr gut vertraut sind. In vielen Fällen ist es auch hilfreich, den Gesprächspartner unmittelbar zu fragen, wie er die Situation sieht.

b. Aktiv zuhören
   Selbst in der Kommunikation innerhalb der eige-

dass seine wirklichen Intentionen oder Meinungen zum Ausdruck kommen.

c. Metakommunikation

Metakommunikation bedeutet, dass die Verständigung selber zum Thema des Gesprächs gemacht wird. Es ist dabei wichtig, den Partner nicht zu beschuldigen oder anzugreifen, sondern die eigene Einschätzung der Situation möglichst neutral vorzustellen. Man sollte darauf achten, Ich-Äußerungen statt Sie- oder Man-Äußerungen zu verwenden. Nicht „Wir reden hier dauernd aneinander vorbei" oder „Sie sagen ja nie, was wirklich Sache ist", sondern „Ich habe das Gefühl, dass ich Ihre Ausdrucksweise falsch verstehe. Ich dachte, Sie wären mit mir einverstanden, stelle aber fest, dass es wahrscheinlich doch nicht so ist. Ich glaube, das liegt daran, dass ich es nicht gewohnt bin, mit Menschen aus Ihrer Kultur zu kommunizieren. Können Sie mir die Sache vielleicht näher erklären?" Auch hierbei ist es äußerst wichtig, dem Partner gegenüber Respekt zu signalisieren, beispielsweise durch Formulierungen wie „Es ist sehr wichtig für mich, dies zu verstehen", „Danke, dass Sie es mir erklären" usw. sowie durch geeignete nonverbale Signale (Kopfnicken, Lächeln). Indem man die möglicherweise vorhandenen kulturellen Unterschiede thematisiert und den Partner um Erklärung bittet, zeigt man sein Interesse an der Kultur des Anderen einerseits und an einer effektiven gegenseitigen Verständigung andererseits.

ARBEITSANREGUNG 10

Die Gruppe teilt sich in Paare auf. Der erste Partner spricht drei bis fünf Minuten lang zu einem bestimmten Thema (z.B. „Wie habe ich das letzte Wochenende verbracht", „Meine Pläne für meine berufliche Zukunft" oder „Welches Buch hat mir in letzter Zeit besonders gefallen"). Dann kommt der zweite Partner dran und spricht zum gleichen Thema. In beiden Abschnitten hört der jeweils andere Partner genau zu. Nach den zwei Eingaben kommt die Wiedergabe: Man wiederholt mit eigenen Worten alles, was man verstanden und behalten hat. Dabei vergewissert man sich ständig durch Fragen wie „Habe ich richtig verstanden, dass…", „Stimmt es, dass…", „Kann ich das wie folgt zusammenfassen…", ob die Interpretation korrekt ist. Falls nicht, versucht man es so lange, bis der

nen Kultur kann es vorkommen, dass die Menschen meinen, einander verstanden zu haben, sich aber in Wirklichkeit nicht oder falsch verstehen. In der interkulturellen Kommunikation ist diese Gefahr, wie wir gesehen haben, noch viel größer. Das aktive Zuhören hilft dabei, sicherzustellen, dass man die Informationen richtig, also im Sinne des Sprechers, und vollständig verstanden hat. Sie besteht darin, dass man sich durch Rückfragen immer wieder vergewissert, ob der Gesprächspartner mit der Deutung seiner Botschaften einverstanden ist, und ihm gleichzeitig die Bereitschaft zeigt, ihn zu respektieren.

Für die Rückbestätigung der gewonnenen Informationen sind beispielsweise Fragen geeignet, die das Gesagte bzw. Verstandene paraphrasieren und zusammenfassen: „Habe ich richtig verstanden, dass Ihnen dieser Plan nicht sehr zusagt?", „Warum genau meinen Sie, dass unser Treffen nichts bringen wird?", „Ich hoffe, ich habe Sie richtig verstanden: Sie meinen, dass Ihre Frau nicht arbeiten sollte, weil die Kinder sie brauchen?" Signalisiert werden sollte dabei durch nonverbale Zeichen (Stimme, Körpersprache) die Akzeptanz des Partners bzw. der Respekt für ihn (was aber natürlich nicht bedeutet, dass man mit allen seinen Aussagen einverstanden ist!).

Diese Methode ist schwierig anzuwenden, wenn der Gesprächspartner einen eher indirekten Kommunikationsstil gewöhnt ist und viel Wert auf „Gesichtswahrung" legt. Dann kann es nämlich passieren, dass die direkten Fragen nach seinen Absichten und Meinungen aus Höflichkeit bejaht werden, ohne

Gesprächspartner der Interpretation zustimmt. Anschließend wird jede Wiedergabe mit der Ausgangseingabe verglichen.

Bei dieser Übung werden Sie sehr schnell feststellen, wie viele Fehlinterpretationen und Lücken schon in der Alltagskommunikation unter Personen aus dem gleichen Kulturkreis vorkommen. Gleichzeitig ist es eine gute Möglichkeit, die Technik des aktiven Zuhörens zu üben, um das gegenseitige Verstehen zu erleichtern.

Abschließend ist zu betonen, dass die interkulturelle Kommunikation nichts anderes bedeutet, als dass man mit Menschen zu tun hat, die durch ihre Herkunft und Erziehung abweichende Vorstellungen davon haben können, wie man ein Gespräch führt, wie man sich dabei verhält und was man erreichen will. Dies kann zu einem Kommunikationsproblem werden, das aber durchaus lösbar ist. Obwohl Kommunikation in all ihrer Komplexität sehr störungsanfällig ist, sind Menschen, die miteinander kommunizieren, doch meistens an einer Verständigung interessiert. Der gute Wille zur Kommunikation und die Sensibilität für mögliche Differenzen bei der interkulturellen Kommunikation sind die wichtigsten Voraussetzungen zum gegenseitigen Verstehen.

KONTROLLFRAGEN

1. Welche Bedeutung hat die Aussage „man kann nicht nicht kommunizieren" für eine interkulturelle Überschneidungssituation?

2. Schreiben Sie einen kurzen sprachlichen Skript, der für die Kommunikation in Deutschland charakteristisch ist (z.B. „Lebensmittel einkaufen", „Dienstlich telefonieren", „Fahrkarte kaufen" etc.). Stellen Sie sich vor, Ihre Beschreibung würde einer Person aus dem Ausland zur ersten Orientierung in Deutschland dienen. Worauf würden Sie sie besonders hinweisen, vor welchen Fehlern würden Sie sie warnen?

3. Edward T. Hall nannte sein erstes Buch über Kultur und Kommunikation „Silent Language". Was meinte er damit?

4. Welche Unterschiede sehen Sie zwischen der verbalen und der nonverbalen Kommunikation?

5. Wie kann sich ein unterschiedliches Zeitverständnis auf die interkulturelle Kommunikation auswirken?

6. Können Sie sagen, welche nonverbalen Kommunikationszeichen spezifisch für Ihre Kultur sind?

LITERATUR

- Argyle, Michael: *Körpersprache und Kommunikation*. Paderborn 1992.
- Forgas, Joseph P.: *Soziale Interaktion und Kommunikation*. Weinheim 1999.
- Gudykunst, William B.: *Bridging Differences. Effective Intergroup Communication*. Thousand Oaks 1994.
- Hall, Edward T.: *Die Sprache des Raumes*. Düsseldorf 1976.
- Kumbier, Dagmar, F. Schulz von Thun (Hg.): *Interkulturelle Kommunikation: Methoden, Modelle, Beispiele*. Hamburg 2006.
- Levine, Robert: *Eine Landkarte der Zeit. Wie Kulturen mit Zeit umgehen*. Zürich 2001.
- Schulz von Thun, Friedemann: *Miteinander Reden*. 3 Bde. Bd.1: *Störungen und Klärungen*. Hamburg 1981; Bd. 2: *Stile, Werte und Persönlichkeitsentwicklung*. Hamburg 1989; Bd. 3: *Das innere Team und situationsgerechte Kommunikation*. Hamburg 1998.
- Storti, Craig: *Cross-Cultural Dialogues: 74 Brief Encounters with Cultural Difference*. Yarmouth 1994.
- Watzlawick, Paul, J. H. Beavin, D. D. Jackson: *Menschliche Kommunikation. Formen, Störungen, Paradoxien*. Bern 1990.

EIGENE NOTIZEN

8.1 INTERKULTURALITÄT IN DER SCHULE

Dieses Modul behandelt Themen, die für den multikulturellen Kontext der Schule große Bedeutung haben. Es werden Situationen und Probleme angesprochen, mit denen sich Lehrer immer wieder konfrontiert sehen.
Sie lernen zunächst, Interkulturalität und ihre Besonderheiten im Berufsfeld Schule zu erkennen und zu reflektieren. Im Weiteren geht es um Vorschläge für Strategien, die in den Lehralltag leicht integrierbar sind. Sie sollen helfen, interkulturelle Konflikte zu entschärfen und die Potenziale der Interkulturalität zu nutzen.

- **Besonderheiten des schulischen Kontextes**
- **Identität im Schulalter**
- **Problematische Identitäten in der multikulturellen Gesellschaft**
- **Lernsysteme und Lehrstile**
- **Rolle des Pädagogen**
- **Rolle der Familie**

BESONDERHEITEN DES SCHULISCHEN KONTEXTES

Die Tatsache, dass die heutige Gesellschaft in Deutschland multikulturell ist, tritt besonders deutlich dort in Erscheinung, wo Kinder und Jugendliche auf das Leben vorbereitet werden, nämlich in der Schule. Gerade hier wird der Zusammenhang zwischen Bildungserfolg, ethnisch-kultureller Herkunft und sozialer Schicht besonders deutlich. Als Folge der neueren PISA-Studien ist eine deutschlandweite Debatte um die Notwendigkeit gleicher Bildungschancen für Kinder aller Schichten und Ethnien in Gang gekommen. Verschärft wird diese Debatte zusätzlich durch die immer wieder an die Öffentlichkeit gelangenden Meldungen über Konfliktsituationen an deutschen Hauptschulen, die in der öffentlichen Meinung ganz klar den verschiedenen ethnischen Hintergründen der Schüler zugeschrieben werden.

Die Anerkennung des hohen Handlungsbedarfs in Bezug auf die gleichberechtigte Gestaltung der Schulbildung für Schüler mit und ohne Migrationshintergrund stellt Lehrer und Erzieher vor die neue Aufgabe, in ihrem Berufsfeld kulturkompetent zu agieren und dementsprechend ihr Berufsprofil durch den Erwerb von interkultureller Kompetenz zu erweitern. Das ist eine Aufgabe, die weit über landeskundliche Wissensver-

mittlung und die Durchführung von Workshops, die den Zusammenhalt in der Klasse verbessern sollen, hinausgeht: Gemeint ist das Lernen für den umsichtigen Umgang mit Kulturunterschieden, und zwar ohne Über- oder Untertreibung und mit ständiger Wachsamkeit für die im Fluss befindliche jugendliche Identität. Alle Kinder und Jugendlichen durchlaufen in der Schule einen Wachstums- und Reifungsprozess. Für alle ist die Schule eine Herausforderung, die zumeist erste ernsthafte Möglichkeit, sich mit anderen zu messen, in einer sozialen Gruppe seine Rolle zu finden, sich Ziele zu setzen und sie zu erreichen. Doch immer wieder findet man Hinweise darauf, dass für Kinder und Jugendliche mit Migrationshintergrund diese Herausforderungen höher zu sein scheinen und dementsprechend schwieriger zu bewältigen sind.

Selbstverständlich ist die jeweilige kulturelle Zusammensetzung der Schulklassen an verschiedenen Schulen nicht gleich: Land- und Stadtschulen, verschiedene Schultypen, aber auch Schulen innerhalb einer Ortschaft können sich erheblich voneinander unterscheiden. Selbst innerhalb einer einzigen Schule müssen sich Jahrgänge und sogar Schulklassen hinsichtlich ihrer kulturellen Vielfalt nicht ähneln. Dennoch kann man ganz generell einige typische Gruppen herausgliedern, die fast an jeder Schule zu finden sind. Vier davon sind am häufigsten vertreten:

1. Kinder und Jugendliche aus deutschen Familien ohne Migrationshintergrund: Trotz der Vielfalt der regionalen Differenzierungen (Nord- vs. Süddeutschland, Bayern vs. Brandenburg, München vs. Köln usw.) haben sie eines gemeinsam: Sie gehören zur so genannten „Mehrheitsbevölkerung", haben also einen eindeutigen „deutschen" kulturellen Hintergrund, sind mit den kulturellen Konventionen und Traditionen vertraut und haben Deutsch oder eine deutsche Mundart als Muttersprache.

2. Kinder und Jugendliche, die im Ausland geboren sind und dort bereits einen Kindergarten oder eine Schule besucht haben, bevor sie mit ihren Eltern nach Deutschland umgezogen sind: Sie bringen aus ihrem Heimatland bereits fest sozialisierte Einstellungen, Erwartungen und Verhaltensweisen in das deutsche Schulsystem mit.

3. Kinder und Jugendliche, die einen Elternteil oder

beide Elternteile mit „klassischem" Migrationshintergrund haben und in Deutschland aufgewachsen sind: Vor allem sie werden in der Öffentlichkeit als „Schülerinnen und Schüler mit Migrationshintergrund" wahrgenommen. Je nach der biographischen Geschichte der Familie sprechen sie entweder Deutsch oder eine der Elternsprachen als Muttersprache. Es handelt sich dabei vor allem um Schülerinnen und Schüler mit türkischem, vietnamesischem, afghanischem, marokkanischem, kenianischem, polnischem, russischem u. a. Migrationshintergrund, die in der öffentlichen Meinung im Allgemeinen als „fremdartig" empfunden werden und als „wenig angesehen" gelten. Diese Gruppe bestimmt durch ihre Präsenz in den Medien das negative öffentliche Image der schulischen Multikulturalität.

4. Kinder und Jugendliche, die einen Elternteil oder beide Elternteile mit west- oder nordeuropäischem oder nordamerikanischem Hintergrund haben und ebenfalls in Deutschland aufgewachsen sind: Es sind Kinder aus britisch-, finnisch-, französisch- oder US-amerikanisch-deutschen u. ä. Familien. Auch sie sprechen entweder Deutsch oder eine der Elternsprachen als Muttersprache. Der Hauptunterschied zu Gruppe 3 besteht darin, dass die Herkunftskultur ihrer Eltern – oder Elternteile – im Allgemeinen als „der deutschen bzw. westlichen Kultur ähnlich" und deshalb in der Regel positiv wahrgenommen wird.

Die Heterogenität, die durch die unterschiedlichen Zusammensetzungen mit diesen – hier grob umrissenen – Personengruppen in der deutschen Schullandschaft entsteht, ergibt sich besonders aus den unterschiedlichen Muttersprachen und Familienmodellen der Kinder und Jugendlichen. Im Klassenzimmer führt sie zum Aufeinanderprallen von verschiedenen „Fremdheiten", unterschiedlichen Normvorstellungen und gegenseitigen Stereotypen sowie zu der subtilen Frage der gesellschaftlichen Definitionsmacht: „Wer soll sich eigentlich an was anpassen und auf welche Weise?"

Eine zusätzliche Heterogenität kann auch von der Seite des Schulpersonals kommen: Zwar dürfen an staatlichen deutschen Schulen nur in Deutschland ausgebildete oder hier anerkannte Pädagogen den Unterricht und die Schulleitung übernehmen, aber dadurch, dass immer mehr Lehrpersonen einen Migrationshintergrund haben, nimmt auch die kulturelle Vielfalt des Schulpersonals zu. Es handelt sich dabei um Personen, die beruflich voll und ganz im deutschen System sozialisiert sind, die jedoch „per Geburt" möglicherweise persönliche kommunikative Kompetenzen in die Arbeit mit Schülern und Kollegen einbringen können.

Der konstruktive Umgang mit dieser Heterogenität ist nicht einfach, vor allem deshalb nicht, weil es sich potenziell um sehr viele verschiedene ethnische Herkunftskulturen handeln kann. Deshalb kann und soll es nicht der Sinn der interkulturell sensiblen schulischen Arbeit sein, auf alle möglichen ethnischen Hintergründe einzugehen. Es geht vielmehr um einige allgemeine Grundsatzthemen, die für einen kulturkompetenten Umgang essenziell sind. Auf sie wird im Laufe dieses Moduls eingegangen.

Diese Themen und ihre Kernfragen sind:
a. Identität
   Als was verstehen sich Schülerinnen und Schüler und wie werden sie von ihrer Umwelt gesehen?
b. Lernsysteme und Lehrstile
   Welche Erwartungen und Vorstellungen vom Lernen bringen die Beteiligten in das Lernfeld Schule ein?
c. Rolle des Pädagogen
   Welche Erwartungen und Vorstellungen von der Stellung des Pädagogen und seiner Interaktion mit den Schülern und den Eltern gibt es im Schulalltag?
d. Rolle der Familie
   Welche Erwartungen und Vorstellungen vom Zusammenhang zwischen Schule und Elternhaus und von der Einbindung der Eltern in die Schularbeit gibt es?

ARBEITSANREGUNG 1

Stellen Sie eine Ist-Diagnose der Multikulturalität Ihrer Schulklasse her. Überlegen Sie, zu welchen Anteilen die vier oben beschriebenen Gruppen unter den Kindern oder Jugendlichen in der Klasse vertreten sind. Gibt es Gruppen, die zahlenmäßig in der Mehrzahl sind? Welche Gruppen dominieren das Klassengeschehen? Gibt es einen Zusammenhang zwischen dem Schulerfolg und der Gruppenzugehörigkeit? Welche Schüler stellen Sie vor eine interkulturelle Herausforderung?

IDENTITÄT IM SCHULALTER

Die Identität ist nichts anderes als die Antwort auf die Frage: „Wer bin ich?" (vgl. Modul 1). Dies zu wissen gilt als ein Grundbedürfnis des Menschen. Jeder Mensch kann sich grundsätzlich auf zwei Arten definieren: als Person, über die „persönliche Identität", und als Mitglied einer Gruppe, über die „soziale Identität". Beispielsweise kann sich jemand als Person „männlich, schlank, schwarzhaarig, intelligent" und als Mitglied einer Gruppe „Fußballfan, Azubi, Bruder" beschreiben. Die Beschreibung bleibt aber meist nicht neutral, sondern ist immer auch mit emotionalen Bewertungen verbunden. Es wird angenommen, dass jeder Mensch eine möglichst positive Selbstbewertung anstrebt. Eine hohe Bewertung der persönlichen und sozialen Identität tut wohl, eine schlechte wird hingegen als unangenehm oder sogar als Problem empfunden.

Identität lässt sich an vielen Merkmalen festmachen. Auf der einen Seite kann man hier von äußeren, scheinbar „objektiven" Merkmalen wie physischem Aussehen, Muttersprache oder Kleidung sprechen. Auf der anderen Seite gibt es auch verborgene, „subjektive" Merkmale wie Einstellungen, Werte, Überzeugungen, zu denen ein Mensch sich bekennt, weil er sich als Mitglied einer bestimmten Gruppe sieht. Diese so genannten „Identitätsmarker" dienen als Hilfe, wenn man jemanden „korrekt" in seiner Identität einordnen möchte. Identitätsmarker können die Zuordnung klarer machen, doch hinter ihnen können sich auch Probleme verbergen.

Ein wichtiger Identitätsmarker ist der Name einer Person. Es ist häufig so, dass man je nach Situation verschiedene „Namen" trägt – also verschiedene Identitäten annimmt. So kann eine Frau im beruflichen Kontext „Frau Dr. Müller", unter guten Bekannten und Freunden „Gabi", für den Ehemann „Schatz", für ihr Kind „Mami", für ihre Mutter „Gabilein" heißen. Mit dem Namen ändert sich auch ihre soziale Rolle, es werden unterschiedliche Aspekte ihrer Identität betont.

Namen und ihre Varianten können Hinweise auf den sozialen Kontext, aber auch auf die ethnische Herkunft, den Familienstatus usw. enthalten. Meist sind sie stark emotional belegt. Menschen aus anderen Kulturen haben häufig noch differenziertere Systeme der Identitätsbildung durch Eigennamen entwickelt. Hier einige Beispiele:

- In vielen osteuropäischen Ländern unterscheiden sich die männlichen und weiblichen Familiennamen. So heißt das Ehepaar Schiffer in Tschechien „Herr Schiffer" und „Frau Schifferová". In Litauen kann man am Nachnamen sogar erkennen, ob eine Frau verheiratet oder nicht verheiratet ist.
- In Polen und Russland ist es nicht üblich, eine Person mit „vollem" Vornamen anzureden, es werden immer Verkleinerungsformen gebildet: Aus Katarzyna wird Kasia, aus Tatjana Tanja, aus Alexander Sascha usw. Die Anrede mit vollem Namen bedeutet entweder einen besonders offiziellen Anlass oder eine offene Distanzierung von der betreffenden Person.
- Viele arabische Namen enthalten Hinweise darauf, wie der Vater und der Großvater der Person heißen. Häufig lassen Araber, die in Deutschland leben, diese Teile ihres Namens einfach weg, weil sie hier keine Verwendung für sie haben. Auf diese Art werden sie in ihrem Herkunftsland ganz anders angeredet als in Deutschland.

Eine gute Möglichkeit, die eigenen Schüler mit ihren persönlichen Vorstellungen von sich selbst und ihren sozialen Einbettungen zu „erkennen", wäre eine achtsame Erkundung der Herkunft, der Bedeutung und der Geschichte ihres Namens sowie der verschiedenen Namensvarianten.

ARBEITSANREGUNG 2

Bearbeiten Sie die folgenden Fragen einzeln oder in der Gruppe:

1. Welche Namen haben Sie in verschiedenen Kontexten und welche Identitäten sind mit diesen Namen verbunden?

2. Machen Sie eine Umfrage unter Ihren Bekannten und Freunden aus anderen Kulturen. Welche Namensvariationen und Identitäten können Sie entdecken? Sind die Informationen, die die verschiedenen Namensvarianten enthalten, im Kontext des deutschen Umgangs erkennbar?

ARBEITSANREGUNG 3

Bitten Sie Ihre Schüler, ihre Vornamen, seine Bedeutung und Varianten vorzustellen. Wer darf sie wie nennen? Wer hat über die Namensverleihung entschieden? Was ist der Grund für die Wahl des Namens?

Falls Sie Schüler haben, die aus einer Sprache mit einem anderen Alphabet kommen und dieses auch schreiben können, bitten Sie sie, ihren Namen in der eigenen Sprache und Schrift aufzuschreiben. Falls Sie Schüler mit einer anderen als der deutschen Staatangehörigkeit haben, bitten Sie sie zu schreiben, wie der Namenseintrag im Pass lautet. Bitte beachten Sie dabei, dass der Personenschutz gewahrt ist; verlangen Sie daher nicht, dass Pässe in die Schule mitgebracht werden.

Die kulturelle, ethnische oder nationale Identität gehört zur sozialen Identität. Sie charakterisiert einen Menschen als Mitglied einer sozialen Gruppe (Kultur, Ethnie, Nation). Mit ihr ist immer auch eine emotionale Bewertung (z. B. „Ist es gut, ein Deutscher zu sein?") und zudem eine gewisse Verpflichtung (z. B. „Wie muss ich mich verhalten, wenn ich Deutscher bin?") verbunden.

Auf den ersten Blick sieht es so aus, als sei die Identitätsfrage eine rein persönliche Entscheidung, die jeder Mensch für sich selbst treffen kann. In Wirklichkeit ist diese Entscheidung niemals endgültig und für alle Zeiten getroffen. Auch wenn sich ein Mensch zu einem gegebenen Zeitpunkt bewusst ist, „wer" er ist und wie er sich definiert, kann diese Entscheidung im Laufe seines Lebens korrigiert oder komplett neu getroffen werden. Die Frage „Wer bin ich eigentlich?" stellt sich jedes Mal von neuem, wenn eine Person mit Fremdem, Andersartigem, einer neuen Umgebung konfrontiert wird. So wird die Identität in einer ständigen Auseinandersetzung mit sich selbst und der Umwelt festgelegt. Diese Auseinandersetzung kann entweder unbewusst und unreflektiert, also „automatisch" stattfinden. Oder sie kann bewusst pädagogisch gestaltet werden: Denn Identität, auch kulturelle, wird entwickelt und festgelegt, indem man über sie spricht.

Die Entscheidung, welche ethnische oder kulturelle Identität ein Mensch besitzt, wird bereits in der Kindheit durch die Familie und die nähere soziale Umgebung geformt. Ab einem Alter von etwa 12-14 Jahren können sich die meisten Kinder bzw. Jugendlichen schon sehr sicher als Mitglieder einer ganz bestimmten ethnischen oder kulturellen Gruppe identifizieren. Diese Identität wird dann in der Regel im Laufe des ganzen Lebens beibehalten.

Im Wesentlichen sind es drei Gruppen von Faktoren, die die Identität maßgeblich beeinflussen:
    a. die Erziehung in der Familie
    b. die soziale Umgebung
    c. die Fremdzuschreibung

Geraten diese Faktoren miteinander in Konflikt, kann das schwerwiegende Folgen für die Person und die Gestaltung ihrer sozialen Beziehungen haben. Und weil die Identitätsfrage zu den wichtigsten gehört, die man sich als junger Mensch stellt, ist für Kinder und Jugendliche, die sich generell im Prozess der Selbstfindung befinden, ein solcher Konflikt besonders brisant.

PROBLEMATISCHE IDENTITÄTEN IN DER MULTIKULTURELLEN GESELLSCHAFT

Probleme der Identitätsfindung in der multikulturellen Gesellschaft entstehen vor allem aus zwei Gründen:

1. Kollision der Einflüsse in der Familie mit den Vorstellungen der gesellschaftlichen Umgebung
Auch wenn beide Elternteile aus dem gleichen (nicht-deutschen) Kulturkreis und der gleichen Sozialschicht stammen, muss die Identitätsbildung für die Kinder nicht eindeutig sein. Besonders wenn die Charakteristika der Familienumgebung sich von denen der umgebenden Gesellschaft deutlich unterscheiden – wie dies bei vielen Kindern und Jugendlichen aus Migrantenfamilien der Fall ist – kann es passieren, dass sie in der Schule und in der Peer-Gruppe dem Druck ausgesetzt sind, sich anzupassen und sich als „Deutsche" zu empfinden. Gleichzeitig kann von Seiten der Familie die Erwartung bestehen, dass das Kind voll und ganz zur Herkunftskultur der Eltern gehören und sich entsprechend äußern soll.
Besonders dann, wenn die Familien- und die Umgebungskultur als stark voneinander abweichend empfunden werden, kann dies zu Identitätskonflikten bei den Jugendlichen führen – wie das z. B. oft bei vietnamesischen, irakischen, aber auch russischen

Familien der Fall ist. Diese Konflikte äußern sich entweder in Problemen mit der sozialen Umwelt oder mit der Familie, oder aber in einer Abgrenzung gegenüber beiden Kulturen („Wir sind Ausländer, die weder in der Heimat noch in Deutschland zu Hause sind").

2. Zuschreibungen von kultureller oder ethnischer Identität von außen
Ein großes Konfliktpotenzial liegt auch darin, dass kulturelle Identitäten sehr häufig von Außenstehenden ohne jegliches Verhandeln definiert werden. Die Aussage „Du als Türkin musst uns das doch erklären können!" kann bei einem jungen Mädchen genau so Protest hervorrufen wie die Aussage „Du bist doch schon wirklich keine Türkin mehr." In beiden Fällen findet nämlich eine „gewaltsame" Zuschreibung einer national-kulturellen Identität statt, die sich an Stereotypen orientiert: „Sie hat einen türkischen Namen und schwarze Haare, also ist sie Türkin" bzw. „Sie trägt Jeans und Bauchnabel-Piercing, also ist sie keine Türkin." Damit wird der jungen Frau quasi das Recht auf eine selbständige Identitätsbildung abgesprochen. Für sie bedeutet das den Zwang, ihre Identität ständig neu zu behaupten, was einen permanenten Stress bedeutet, der weit über den üblichen Stress der Pubertät hinausgeht.
Die Fremdzuschreibung wirkt noch stärker konfliktbildend, wenn sie mit offener oder verdeckter Diskriminierung, fremdenfeindlichen oder gar rassistischen Verhaltensweisen einhergeht. Das passiert, wenn Jugendliche einerseits die Forderung gestellt bekommen, sich „wie Deutsche" zu verhalten, und andererseits als „Ausländer" behandelt werden. Die Erfahrung beispielsweise, nicht in eine Diskothek hineingelassen oder den Eltern des Freundes oder der Freundin nicht vorgestellt zu werden, weil man „anders" ist, führt zu einer völlig neuen Selbstidentifizierung als „Ausländer", der sich den „Deutschen" gegenüberstellt.

So kann die paradoxe Situation entstehen, dass Jugendliche, die in Deutschland aufgewachsen sind und Deutsch als Muttersprache sprechen, sich als „Türken", „Araber", „Russen" usw. bezeichnen und sich gegen die „deutsche Gesellschaft" stellen. Der Teufelskreis von Ab- und Ausgrenzung („Du lebst in Deutschland und musst dich wie ein Deutscher benehmen!" – „Ich werde aber nicht wie ein Deutscher behandelt, dann bemühe ich mich erst recht nicht um die Integration!") wird damit in Gang gesetzt.

Wie sollte man als Pädagoge mit der Identitätsproblematik umgehen? Nahezu jeder, der in der Schule tätig ist, hat heute mit bi- oder multikulturellen Identitäten zu tun. Häufig ist hier die Rede von „jugendlichen Migranten", was faktisch falsch ist, denn viele dieser Jugendlichen haben gar keine eigene Migrationsgeschichte. Doch obwohl sie persönlich in diesem Land aufgewachsen und nie „migriert" sind, werden sie ständig als „Migranten", „Fremde", oder „Ausländer" betrachtet. Dass daraus Identitätsprobleme entstehen, liegt auf der Hand. Wie geht man als Pädagoge damit um?

Die Arbeit mit Bi- und Multikulturellen erfordert differenzierte und sensible Herangehensweisen, damit eventuell vorhandene Abwehrhaltungen ab- und nicht aufgebaut werden. Ein Lehrer oder eine Lehrerin sollten durch Beobachtung oder durch behutsames Nachfragen, am besten unter vier Augen, Verständnis für die Situation der Kinder und Jugendlichen zeigen („Als was fühlst du dich?", „Was bedeutet für dich Türke, Pole usw. zu sein?") und gleichzeitig Informationen über die „gefühlte" Identität bekommen. Besonders wichtig ist es, nicht mit festen Zuschreibungen auf die Jugendlichen zuzugehen, denn die Frage nach der kulturellen Zugehörigkeit ist immer eine sehr komplexe. So sind in Deutschland geborene Kinder polnischer Eltern anders als jene, die in Polen aufgewachsen und später in Deutschland eingeschult worden sind; Kinder aus polnisch-deutschen Ehen sind anders als Kinder aus polnisch-polnischen Ehen usw. Als Beispiel hierzu möge der folgende Fall dienen:

„In der Schule gibt es eine internationale Projektwoche. Frau Lemmer, die Klassenlehrerin, hat dazu die Idee, ein internationales Frühstück in der Klasse zu veranstalten. Sie weiß, dass in ihrer Klasse Schüler aus fünf verschiedenen Nationen vertreten sind. Dazu zählt auch Magda, deren Eltern aus Polen stammen. Sie bittet alle fünf, am nächsten Tag etwas Typisches aus ihrer Kultur zum Frühstück mitzubringen und dazu etwas in der Klasse zu erzählen.
Magda kommt an diesem Tag sehr verwirrt nach Hause. Ihre Eltern kommen aus Polen, sie frühstücken aber nichts Besonderes – Müsli, Brötchen und Marmelade, Kaffee. Was soll sie denn mitbringen, was „polnisch" ist? Einige ihrer Mitschüler haben schon am Vormittag gewitzelt, dass sie wohl eine Flasche

polnischen Wodka mitbringt, die sie angeblich zum Frühstück bekommt. Das wird peinlich sein, wenn sie morgen mit leeren Händen da steht!
Magda beschließt schließlich, am nächsten Tag nicht zur Schule zu gehen. So kann sie sich den Ärger mit der Lehrerin und den Mitschülern ersparen."

Magda nutzt damit eine Strategie, die bei Identitätsproblemen häufig angewandt wird. Die einzelnen Stufen dieser Strategie sehen wie folgt aus:

a. Sie nimmt es schweigend hin, dass sie in eine bestimmte „Identitätsecke" gestellt wird.
b. Sie unternimmt nichts, denn sie ist unsicher: Einerseits passt es ihr nicht, „die Polin" zu sein, andererseits ist sie aber auch ein bisschen Polin – aber eben nicht nur.
c. Sie meidet den Konflikt mit der Lehrerin und schützt sich vor ihren Mitschülern, um nicht ausgelacht zu werden.

So wie Magda reagieren viele Jugendliche, die sich ihrer kulturellen Zugehörigkeit unsicher sind oder ihre Komplexität nicht offenbaren möchten. Der kultursensible pädagogische Umgang mit kultureller Identität sollte deshalb die folgenden Prinzipien berücksichtigen:

a. Immer achtsam fragen und nicht zuschreiben: Die Bestimmung von außen kann mit der „gefühlten" Identität kollidieren.
b. Identität nicht mit Schweigen übergehen, sondern vertraulich darüber sprechen: Es hilft, sich Klarheit über die eigene Identität zu verschaffen, indem man darüber spricht. Deshalb ist es wichtig, den Jugendlichen Möglichkeiten zum Austausch über ihre Identität zu geben.
c. Identität ernst nehmen, aber nicht zum Problem machen: Trotz aller Wichtigkeit des Themas kann man damit locker und offen umgehen, auch mit Humor. Das gibt die Möglichkeit, Aggressionen abzubauen oder gar zu vermeiden.

ARBEITSANREGUNG 4
Bitte lesen Sie die folgende Geschichte und diskutieren Sie in der Gruppe, wie das Verhalten der Lehrerin und der Schülerin gedeutet werden kann. Was sagt die Geschichte über kulturelle Identität und die Bedeu-

tung von Zuschreibungen aus? Wie schätzen Sie die interkulturelle Sensibilität der Lehrerin ein?

„Hannas Eltern kommen aus Jordanien und Ägypten. Sie ist selber in Deutschland geboren und aufgewachsen. Hanna ist ein hübsches Mädchen, 16 Jahre alt. Heute geht sie zu einem Schulabend, den die neue Lehrerin, Frau Gersch, veranstaltet, um ihre Klasse besser kennen zu lernen. Draußen regnet es zwar, aber sie hat es nicht weit bis zur Schule.
Als Hanna zur Tür hereinkommt, sind die meisten schon da. Frau Gersch sagt: "Ah, Hanna! Schön, dass du auch kommst! Und ein hübsches Kopftuch hast du an!" Hanna antwortet: „Es ist kein Kopftuch, Frau Gersch. Ich habe nur den Chiffonschal schnell übergeworfen, weil ich nicht wollte, dass meine Haare nass werden."
Wenig später sind endlich alle da und Frau Gersch bringt die belegten Semmeln herein, die sie vorbereitet hat. Sie kümmert sich wirklich um jeden. „Hier, Hanna, eine Schinkensemmel für dich". Hanna lehnt ab und sagt, dass sie keinen Schinken isst. Frau Gersch reagiert schnell: „Klar, wie konnte ich nur vergessen, du darfst ja kein Schweinefleisch essen, nicht wahr? Dann nimm doch eine Fischsemmel." „Ich nehme Käse", sagt Hanna, „ich bin Vegetarierin".
Etwas später erfährt Frau Gersch, dass Hanna einen Anruf von ihrem Vater bekommen hat. Hanna kommt zu ihr und verabschiedet sich: „Es tut mir leid, aber ich muss jetzt gehen. Mein Vater hat gerade angerufen, er holt mich ab". Frau Gersch bietet sofort an, mit dem Vater zu sprechen und ihm zu sagen, dass er Hanna nicht so behandeln solle: „Als Mädchen hast die gleichen Rechte wie alle anderen und sollst doch hier mitfeiern können!" Hanna sagt, dass ihr Vater seine Schlüssel vergessen hat und nicht in die Wohnung reinkommt."

LERNSYSTEME UND LEHRSTILE

Unterrichtssituationen sind genau so von kulturellen Spezifika geprägt wie das sonstige Leben. Schon die Eingangsfrage „Was und wie lernt man in der Schule?" kann kulturell sehr unterschiedlich beantwortet werden. Dabei ist es wichtig, sich zu vergegenwärtigen, dass man es als Lehrer oder Lehrerin nie allen recht machen kann und soll. Dennoch gilt es, eine Sensibilität für kulturell bedingte Unterschiede im Lernen zu entwickeln und die eigenen Erwartungen transparent zu machen – schließlich gilt auch im Schulleben das Gebot der Chancengleichheit. Wenn Kindern und Jugendlichen mit Migrationshintergrund aufgrund impliziter kultureller Einstellungen die Chance genommen

114

wird, dass ihre Leistungen fair bewertet werden, wird dieses Gebot verletzt.

Die moderne Pädagogik setzt sich schon seit langem mit unterschiedlichen Veranlagungen auseinander, die den Lernerfolg bei Individuen beeinflussen. Neben den individuellen Unterschieden und Präferenzen in der Informationsverarbeitung gibt es auch kulturbedingte Unterschiede im und Einstellungen gegenüber dem Lernen. So kann Wissensvermittlung entweder als einseitiger Transfer von Lehrer zu Schüler im Frontalunterricht oder aber im interaktiven Austausch stattfinden. Sind Schüler an Lehrer des Typs „Wissensguru" (vgl. Modul 6) gewöhnt, dann finden sie den Unterrichtsstil, der auf Diskussionen und kritischer Auseinandersetzung mit dem Stoff basiert, als „zu wenig eindeutig", den Lehrer als nicht kompetent genug. Dem Lehrer des Typs „Moderator" (vgl. Modul 6) erscheinen diese Schüler dann als passiv und nicht intelligent genug. So werden russische Kinder in deutschen Schulen oft für desinteressiert gehalten, weil sie einen eher gedächtnisorientierten Lernstil gewohnt sind, der dem Lehrer absolute Autorität einräumt.

Das deutsche Bildungssystem setzt – bei all seiner Vielfältigkeit – eigene Schwerpunkte bei der Gestaltung der kindlichen Bildung. Hier stehen Werte wie Selbstständigkeit, Selbstbestimmung, Kritikfähigkeit und Ausdrucksfähigkeit im Vordergrund. Der Unterricht baut daher methodisch häufig auf Diskussionen und Austausch auf, besonders in der Grundschule stehen spielerische Aktivitäten im Vordergrund, die den Spaß am Lernen fördern sollen. Trifft ein so ausgebildeter Lehrer auf ein System, das auf reine Wissensaufnahme aus ist, wird er von den Eltern als schlechter Pädagoge abgestempelt werden und Kritik ernten: „Man lernt hier in der Schule doch nichts, man spielt nur" ist der häufige Vorwurf russischer oder bulgarischer Eltern an die Schulen ihrer Kinder.

Russische oder türkische Eltern erwarten, dass ihren Kindern abprüfbares Wissen vermittelt wird, das die Basis für ihre künftige Entwicklung bildet. In Lernkulturen dieser Art lernen die Kinder häufig schon in den ersten Klassen Gedichte auswendig, müssen in den Stunden sitzen und üben, haben am Ende eines Schuljahres Konzerte, in denen sie auftreten und Gedichte aufsagen oder ganze Stücke auswendig aufführen. Eine Folge dieses wissenszentrierten Unterrichts ist die anscheinende Passivität der Schüler im Unterricht. Die „klassischen" Vorwürfe der deutschen Lehrer lauten dann: „Ihr Kind ist zu passiv, traut sich nicht, seine Meinung zu sagen". Es mag sein, dass ungenügende Sprachkenntnisse der Migrantenkinder eine teilweise Erklärung bieten, aber zum großen Teil scheint hier die Einstellung zum Lernstil die eigentliche Ursache zu sein: Wenn man im Unterricht vor allem Wissen sammeln soll, ist die eigene Meinungsäußerung nicht wichtig. Die folgende Geschichte mag hier als Illustration dienen:

„Der 9jährige Petr, dessen Eltern aus Tschechien stammen, schafft scheinbar mühelos alle schriftlichen Arbeiten. Im Unterricht allerdings sitzt er meistens still da und meldet sich kaum, auch wenn die anderen Kinder lautstark diskutieren. Seine Lehrerin vermerkt das in seinem Jahreszeugnis und empfiehlt den Eltern, den Jungen zu ermutigen, im Unterricht aktiver zu sein, denn sonst wird sein Notendurchschnitt nicht so gut sein. Die Eltern reagieren ratlos: Warum ruft ihn die Lehrerin nicht einfach auf, dann würde sie merken, dass er alle Fragen beantworten kann?"

Um dieses „Problem" kultursensibel anzupacken, reicht es in der Regel nicht aus, die Zeugnisnoten herunter zu setzen und die Kinder zur aktiveren Teilnahme anzuhalten, denn so werden dem Schüler die Gründe für die geforderte Verhaltensänderung nicht klar. Besser ist es, den Kindern und den Eltern zu erklären, warum das aktive Teilnehmen am Unterricht ein wichtiger Bestandteil der Schulpädagogik ist; konkrete Vorschläge zu machen, wie und in welchen Situationen die Kinder dieses aktive Verhalten lernen können; deutlich zu machen, dass es nicht darum geht, „korrektes Wissen" zu präsentieren, sondern einfach nur Fragen zu formulieren oder eine eigene Meinung zum Thema zu äußern, auch wenn sie „falsch" sein mag.

ARBEITSANREGUNG 5

„Diskussion im Unterricht" und „Wissensvermittlung im Unterricht" sind zwei verschiedene Lernsysteme und jedes hat seine Vor- und Nachteile. Welche fallen Ihnen ein? Diskutieren Sie in der Gruppe die Vor- und Nachteile beider Systeme. Welchem System stehen Sie näher? Nach welchem System wurden Sie unterrichtet?

ROLLE DES PÄDAGOGEN

In der Schule erhalten die Kinder und Jugendlichen die Ausbildung und die sozialen Fertigkeiten, die ihnen die Eingliederung in die Gesellschaft ermöglichen. Zu den Aufgaben der Lehrer gehört deswegen nicht nur die Vermittlung von Wissen. Sie führen die Heranwachsenden in ihre Rolle als Schüler ein und begleiten sie am Beispiel des sozialen Systems Schule bei ihrer Eingliederung in die Gesellschaft, d.h. sie leisten ein Stück Lebenshilfe. Das Verhältnis zwischen den Aspekten der Wissensvermittlung und der Erziehung in der Lehrertätigkeit wird jedoch von einigen Faktoren bestimmt. In der Regel spielen in den unteren Schulklassen die erzieherischen Aspekte eine größere Rolle und ihre Bedeutung nimmt in den höheren Klassen immer mehr ab. Hinzu kommt aber, dass das Verständnis dessen, wie die Rolle und die Aufgaben des Pädagogen aussehen sollen, sich von Kultur zu Kultur unterscheiden kann. Entsprechend gespalten sind die Antworten auf die Frage „Soll ein Lehrer vor allem neutraler Wissensvermittler oder exponierter Erzieher sein?" In Deutschland ausgebildete Pädagogen stellen in der Regel den Leistungsaspekt vor die Erziehungsverantwortung und scheuen die aktive Einmischung in den persönlichen Bereich ihrer Schüler, weswegen im institutionellen Rahmen der Schule nur sehr begrenzt auf die individuellen biographischen Hintergründe der Schüler eingegangen wird. Eine andere Zugangsweise besagt, dass die Rolle des Lehrers auch darin besteht, auf korrektes Verhalten des Kindes zu achten, bei Konflikten zwischen Schülern einzugreifen und moralische Vorbilder zu vermitteln.

Besonders in der Grundschule, aber auch in den weiterführenden Stufen erwarten viele Eltern mit Migrationshintergrund von den Pädagogen nicht nur qualitativ hochwertigen Unterricht, sondern dass sie auch in persönlichen und gruppenbezogenen Angelegenheiten ihrer Schüler Hilfe und Anleitung geben. Dies aber widerspricht oft den grundsätzlichen Erziehungs- und Unterrichtsmaximen in Deutschland und stellt viele Lehrer vor ernsthafte moralische Herausforderungen. Zum einen scheut man die Einmischung in den Privatbereich der Schüler und ihrer Familie, zum anderen ist man nicht sicher – weil kaum geschult –, wie man mit den kulturellen Differenzen, die sich vermutlich auftun werden, umgehen soll. Wenn man diesen Rechnung trägt, verletzt man dann nicht das Prinzip der Gleichbehandlung? Tatsache ist aber, dass das Ignorieren von personenbezogenen Aspekten bei Kindern und Jugendlichen mit Migrationshintergrund bedeutende Folgen für alle Beteiligten haben kann. Fehlgeleitet von ihrer Wahrnehmung (vgl. Modul 3), können Lehrer ihre Schüler leicht zu „Schlägern", „Störern", „Passiven" oder „Desinteressierten" generalisieren, statt zuerst einmal die Frage nach eventuell vorhandenen kulturellen Unterschieden oder persönlichen Problemen zu stellen oder die Bedeutung möglicherweise erlebter Diskriminierung zu berücksichtigen.

Ein weiteres Beispiel für eine kulturspezifische Erwartungshaltung gegenüber Lehrern betrifft die Frage, ob er eher die persönliche Eigenverantwortung der Schüler oder aber die Einbindung in die soziale Gruppe, z.B. die Familie, betont. Ist letzteres der Fall, so spielt die Beurteilung des Schülers durch seine Bezugsgruppe bzw. durch besonders wichtige Personen (wie etwa dem Lehrer) eine wesentlich größere Rolle. Eine solche Einstellung kann dazu führen, dass Schüler dem Lehrer einen sehr hohen Respekt entgegenbringen, der fast wie Unterwürfigkeit wirken kann. Diese Respekthaltung wird oft dadurch ausgedrückt, dass die Schüler im persönlichen Gespräch den Blick gesenkt halten, kaum etwas sagen und meistens Einverständnis mit allen Äußerungen des Lehrers äußern. Es ist dies eine Haltung, die leicht als „Einschleimen" oder gar als „Unaufrichtigkeit" fehlinterpretiert werden kann.

Ist aber dem Lehrer diese Wirkung seiner eigenen Autorität und die Bedeutung der Bezugsgruppe für die Schüler mit nicht-deutschem kulturellem Hintergrund

bewusst, ergeben sich dadurch Möglichkeiten, auf die Entwicklung der Schüler Einfluss zu nehmen. Eine Motivationsstrategie für Schüler, die aus ihrem kulturellen Hintergrund heraus eher kollektivistisch orientiert sind, sollte sich mehr am Gruppenbezug orientieren („Deine Eltern werden stolz auf dich sein") anstatt an der persönlichen Leistung („Du wirst später bessere berufliche Chancen haben"). Es kann auch passieren, dass ein Lehrer, der die Eltern eines Schülers auf dessen schlechte Schulleistungen aufmerksam macht, damit nicht nur den Schüler, sondern die gesamte Familie unter Druck setzt („Schande für die Familie") und damit Strafmaßnahmen auslöst, die aus individualistischer Perspektive als viel zu hart erscheinen. Der Druck kann abgemildert werden, wenn der Lehrer in einem solchen Fall besonders betont, wie sehr er die Erziehungsleistung der Eltern wertschätzt.

Die Varianten der Rolle und der Aufgaben eines Schullehrers können mit der Kulturdimension „Machtdistanz" (vgl. Modul 6) beleuchtet werden. In Deutschland streben Lehrer ein hohes Maß an Gleichstellung mit ihren Schülern („auf gleicher Augenhöhe") an. Dies gilt schon für die Grundschule, und dann noch stärker für die weiterführenden Schulstufen. Diese Gleichstellung äußert sich darin, dass die Schüler einerseits weitgehend an Entscheidungen beteiligt werden und ihre Meinung dazu äußern dürfen und sollen, andererseits mischen sich die Lehrer relativ wenig in die sozialen Beziehungen innerhalb der Schülergruppen ein. Sie nutzen ihre Machtposition als Pädagogen nur im Falle äußerster Konflikte oder in Notfällen. Tritt ein Lehrer betont autoritär auf, gibt er viele Anweisungen oder mischt er sich in die Konflikte zwischen den Schülern ein, wird er als „diktatorisch" und „autoritär" empfunden.

In Kulturen mit ausgeprägterem Hierarchiegefälle hingegen hat der Lehrer eine deutlich stärkere Machtposition: Er gibt klare Anweisungen, mischt sich in das Verhalten der Schüler ein und macht sein Recht geltend, Strafen oder Belohnungen zu verteilen. Kinder, Jugendliche und auch ihre Eltern erwarten vom Lehrer, dass er klare Orientierungen und Grundsätze für das Verhalten vermittelt. Tritt ein Lehrer betont egalitär auf und will Entscheidungen nicht durchsetzen, sondern diskutieren, wird er als „zu unentschlossen" und „charakterschwach" empfunden.

ARBEITSANREGUNG 6

„Dominanzrolle" oder „Moderationsrolle" des Lehrers sind zwei Lehrstile, die ihre Vor- und Nachteile haben. Welche fallen Ihnen ein? Diskutieren Sie in der Gruppe die Vor- und Nachteile beider Systeme. Welchem System fühlen Sie sich eher verbunden?

ROLLE DER FAMILIE

Die Erziehung von Kindern, ihre erfolgreiche Sozialisation und ihre Vorbereitung auf das Leben sind die Kernfragen, mit denen sich jede Gesellschaft auseinander setzen muss. Auch in Deutschland wird diese Frage immer wieder diskutiert und mit jeder Generation neu beantwortet: Die Auseinandersetzungen um die Bewahrung der deutschen Werte in der Nachkriegszeit, um die autoritäre bzw. antiautoritäre Erziehung in den 1970er Jahren und die jüngste Diskussion um die Ergebnisse der PISA-Studien sind klare Belege dafür. Die Kindererziehung im Kontext verschiedener Kulturen offenbart aber ein noch vielschichtigeres Bild. Unterscheiden können sich dann bereits die Vorstellungen davon, in welchen Bereichen die Schule und in welchen die Familie Erziehungshoheit hat. Nicht nur deutsch-türkische Eltern haben häufig das Gefühl, dass Schule und Lehrer sich zu oft in die Erziehungsmethoden der Familie einmischen und damit deren Autonomie verletzen. Bis zu welchem Alter sind Kinder dem Willen der Eltern unterstellt und ab wann darf man selbst entscheiden, wann man auszieht, heiratet, welchen Beruf man wählt? Erhalten Mädchen und Jungen die gleiche Erziehung und werden sie nach gleichen Kriterien bewertet? Werden die Fehler der Kinder als deren persönliche Probleme betrachtet oder als Fehler der Eltern, was einen gesellschaftlichen Druck auf die Familie auslöst?

ARBEITSANREGUNG 7

Können Sie aus der eigenen Erfahrung über Unterschiede in den Erziehungsmethoden in anderen Kulturen berichten? Diskutieren Sie einzeln oder in der Gruppe die folgenden Aussagen:

a. *„Das Wichtigste für einen Menschen ist, eine intakte Familie zu haben. Der Beruf ist nur dazu da, die Mittel zu verdienen, damit die Familie weiter bestehen kann."*

b. *„Die Leistungen der Kinder in der Schule sind umso besser,* *je besser die Eltern ihrer Erziehungspflicht nachkommen. Wenn die Kinder schlechte Noten bekommen, ist ihr Versagen ein Versagen der Eltern."*

c. *„Der Lehrer ist eine Autoritätsperson, die sowohl über die Schüler als auch die Eltern bestimmen kann. Mit ihm darf man nicht diskutieren, seine Entscheidungen dürfen nicht offen abgelehnt werden."*

Der Erziehungsauftrag, den die Schule hat, sieht die Elternmitarbeit als einen festen Bestandteil der pädagogischen Arbeit an. Doch auch hier gilt es, interkulturelle Sensibilität zu zeigen, denn nur dann kann die Einbindung der Eltern dauerhaft funktionieren. Im Falle von Kindern und Jugendlichen mit Migrationshintergrund ist „Elternmitarbeit" daher häufig Familienarbeit. Der Lehrer hat dabei, meist unfreiwillig, mit einer ganzen Familie und mit ihren kulturbedingten Einstellungen und Erwartungen zu tun. Darauf sind sehr viele Lehrer aber nicht vorbereitet.

Zunächst einmal zeigt die Praxis, dass die Elternmitarbeit bei Kindern und Jugendlichen mit Migrationshintergrund häufig nicht nur auf die Kernfamilie beschränkt ist. Stellt man die Frage: „Wer gehört alles zu deiner Familie?", bekommt man eine ganze Palette von Nennungen – von „Onkel, Tante, Opa, Oma" bis hin zu „Cousinen und Cousins", die gar nicht in unmittelbarer Nähe der Kinder leben. Der Begriff „Familie" ist also kulturell geprägt, und die Wichtigkeit und Einflussnahme von entfernteren Familienmitgliedern ist oftmals viel höher, als man es im deutschen kulturellen Kontext erwartet. Dementsprechend potenzieren sich auch die Kommunikationsmöglichkeiten für Pädago-

gen: Oft hilft es, ein Gespräch mit mehreren Familienmitgliedern zu suchen, um mögliche Probleme oder Engpässe anzusprechen.

ARBEITSANREGUNG 8

Erstellen Sie zusammen mit Ihren Schülern für jeden ein Familiendiagramm. Die Personen, die zur Familie gehören, werden mit Kreisen markiert. „Wichtigere" Personen bekommen einen größeren, „unwichtigere" einen kleineren Kreis. Besprechen Sie mit den Schülern ihre Auswahl und bitten Sie sie, die Personen nach der empfundenen emotionalen Nähe zu stufen. Nach den Aussagen kann ein Soziogramm erstellt werden (vgl. Modul 5).

Im Elterngespräch haben die Lehrer die Möglichkeit, kulturellen Differenzen nachzuspüren und Informationen über die Erwartungen und Vorstellungen der Eltern einzuholen. Diese Chance sollte man nicht verpassen: Wichtig zu bedenken ist dabei, dass für die kompetente Arbeit mit Eltern mit Migrationshintergrund eine interkulturelle Vorbereitung notwendig ist. Das Aufbauen von Vertrauen bedeutet im ersten Schritt nichts mehr als den Abgleich von gegenseitigen Erwartungen und Vorstellungen. Während die Familien mit deutschem kulturellem Hintergrund mit den Sichtweisen und Forderungen der Pädagogen und der Schule in der Regel gut vertraut sind, kann man dies bei Familien mit anderskulturellem Hintergrund nicht immer voraussetzen. Unterschiedliche Werte und Erziehungsideale, unterschiedliche Erwartungen in Bezug auf die Aufgaben der Schule und der Familie können, wenn sie nicht berücksichtigt werden, zu Vertrauensbrüchen und Schwierigkeiten bei der Lehrer-Eltern-Kommunikation führen und letztendlich die Entwicklung der Kinder und Jugendlichen beeinträchtigen.

Für die Klärung der häufigsten Störungen im schulischen Alltag können die Texte zu den Dimensionen Machtdistanz und Individualismus (vgl. Modul 6) herangezogen werden. Angesichts der Bedeutung der kulturellen Grundlagen vieler Abläufe müssen Lehrer und Erzieher sich daran gewöhnen, mit kulturellen Unterschieden, seien es reale oder eingebildete, und mit den Gefahren der Ethnisierung verantwortlich umzugehen.

KONTROLLFRAGEN

1. Ist ethnische Identität ein Zustand oder ein Prozess?

2. Warum sollten Lehrer sich bemühen, die Migrationsbiographie ihrer Schüler kennen zu lernen?

3. Auf welche Ursachen kann das „passive" Verhalten im Unterricht zurückgeführt werden?

4. Welche Bedeutung für die schulische Kommunikation hat die Erwartungshaltung „Der Lehrer ist eine Autoritäts- und Respektperson und hat über den Schüler zu bestimmen"?

5. Was bedeutet für die schulische Kommunikation die Erwartungshaltung „Die Schüler sollten in der Schule vor allem Selbstständigkeit und Eigeninitiative lernen"?

6. Wie sollte die kultursensible Strategie einer Lehrerin beschaffen sein, wenn der Bruder einer deutsch-türkischen Schülerin in die Schule kommt und erklärt, seine Schwester dürfe nicht auf die Klassenfahrt mitkommen?

7. Welche Stereotypen über Migrantenfamilien können die pädagogische Arbeit beeinträchtigen?

8. Wie schätzen Sie die Vor- und Nachteile des lehrerzentrierten und des interaktiven Unterrichts ein? In welchem System sind Sie groß geworden?

LITERATUR

- Auernheimer, Georg (Hg.): *Interkulturelle Kompetenz und pädagogische Professionalität*. Wiesbaden 2008.
- Auernheimer, Georg, R. van Dick, Th. Petzel: *Interkulturalität im Arbeitsfeld Schule*. Wiesbaden 2001.
- Elverich, Gabi, A. Kalpaka, K. Reindlmeier: *Spurensicherung. Reflexion von Bildungsarbeit in der Einwanderungsgesellschaft*. Frankfurt/M. 2006.
- Fischer Dietlind u.a.: *Auf dem Weg zur Interkulturellen Schule. Fallstudien zur Situation interkulturellen und interreligiösen Lernens*. Münster, New York 1996.
- Koptelzewa, Galina (unter Mitarbeit von M. Engel): *Kulturen verstehen. Xpert Basiszertifikat Interkulturelle Kompetenz Sekundarstufe I; Schülerbuch*. Bodenheim 2009.
- *Lehrer online und interkulturelle Kompetenz*. http://www.lehrer-online.de/interkulturelle-kompetenz.php (abgerufen am 01.02.2011)
- Nieke, Wolfgang: *Interkulturelle Erziehung und Bildung. Wertorientierung im Alltag*. Wiesbaden 2008.
- Projekt „*Kompetenz interkulturell*" vom Staatsinstitut für Schulqualität und Bildungsforschung München (ISB): http://www.kompetenz-interkulturell.de/ (abgerufen am 01.02.2011)
- Ringeisen, Tobias, P. Buchwald, Chr. Schwarzer (Hg.): *Interkulturelle Kompetenz in Schule und Weiterbildung*. Münster 2009.

EIGENE NOTIZEN

8.2 INTERKULTURALITÄT IN DER SOZIALARBEIT

In diesem Modul lernen Sie die wichtigsten kulturspezifischen Aspekte der interkulturellen Beratung und Betreuung kennen. Sie werden darin unterstützt, die bisher erworbenen interkulturellen Kenntnisse und Verhaltensstrategien in konkreten Situationen anzuwenden. Dabei diskutieren Sie die zentrale Frage, die sich den Mitarbeitern von sozialen Diensten sehr häufig stellt: Wie gehe ich angemessen mit meinen Klienten mit Migrationshintergrund um? Wie weit beachte ich ihre kulturellen Besonderheiten, ohne sie dabei in „Schubladen" zu stecken?

- **Hilfekonzepte**
- **Familienkonzepte**
- **Macht und Autorität**
- **Menschen mit Migrationshintergrund in der Beratung**
- **Muslime in der Beratung**
- **Strategien der interkulturellen Beratung**

HILFEKONZEPTE

In der Sozialarbeit ist interkulturelle Kompetenz längst kein abstrakter Begriff mehr. Sozialpädagogen müssen sich zunehmend mit Menschen mit Migrationshintergrund auseinandersetzen und begegnen dabei vielen Problemen. Fragt man nach diesem heiklen Thema, bekommt man in der Regel zwei Arten von Antworten: Entweder trifft man auf emotionsgeladene ethnische Stereotype (vgl. Modul 3) von der Art „Türkische Jungs sind einfach aggressiv und draufgängerisch, so werden sie erzogen" oder auf generalisierende kulturblinde Aussagen, die die Bedeutung der sozialen Faktoren überbewerten, wie „Die marokkanischen Jungs haben doch keine Chance auf eine Ausbildung, in dieser Situation verhalten sich die Deutschen genauso". Beide Zugänge erweisen sich in der Regel als wenig hilfreich, denn sie basieren auf Fehldiagnosen. Jede sensible Arbeit mit Migranten verlangt nach differenzierten Erklärungen, die auf solidem Fachwissen über die Rolle von Kultur und kultureller Differenz in der multikulturellen Gesellschaft beruhen.

Schon die Vorstellung davon, wie Beratung und Hilfe ablaufen sollten, ist häufig kulturspezifisch geprägt. Dabei sind große Unterschiede erkennbar. In Deutschland ist der Spruch „Hilfe zur Selbsthilfe" sehr bekannt; in Vietnam denkt man hingegen an das Teilen von materiellen oder immateriellen Gütern, in Georgien an die Bereitstellung von Informationen und Tipps zum richtigen Handeln.

Einigkeit besteht darüber, dass Hilfe Vertrauen braucht und voraussetzt, weniger aber darüber, wie man Vertrauen herstellt und pflegt. Einige der Möglichkeiten sind: durch die Autorität der Institution (z. B. Deutschland), durch familiäre Bindung (z. B. Tschetschenien), durch den Aufbau einer persönlichen freundschaftlichen Beziehung (z. B. Türkei) oder durch die Autorität einer Person, z. B. eines religiösen Amtsinhabers (z. B. Israel). Wie steht es aber mit der Erwünschtheit und Akzeptanz von Hilfe? Auch dazu gibt es verschiedene Auffassungen. Hilfsbedürftige müssen die Hilfeleistung wollen und den entsprechenden Wunsch äußern, d. h. um Hilfe bitten – und es versteht sich dann, dass sie diese auch akzeptieren. Oder aber: Hilfe muss angeboten werden und kann erst danach akzeptiert oder abgelehnt werden. Hilfe kann, nach einer dritten Auffassung, von einer Autoritätsperson verordnet und darf dann formal nicht abgelehnt werden.

Hilfe kann eine freiwillige, freundschaftliche Handlung, aber auch eine institutionelle Dienstleistung oder der Ausdruck von Macht sein. So können die Machtverhältnisse im Hilfeprozess eine größere Rolle spielen, als den Beteiligten bewusst ist, insbesondere wenn Hilfe als eine autoritäre Handlung verstanden wird, bei der von dem Helfer Anweisungen bzw. materielle Leistungen erwartet werden und ihm Entscheidungs- und Handlungsmacht zugestanden wird. Das Machtverhältnis kann sich automatisch aus strukturellen Umständen ergeben und dem Berater nicht in vollem Ausmaß bewusst sein, besonders, wenn man vom Konzept der „Hilfe zur Selbsthilfe" ausgeht und eine aktive, eigenständige Mitarbeit der Hilfeempfänger voraussetzt. In der Kommunikation kann sich das so äußern, dass die Betroffenen – sehr zur Unzufriedenheit des Beraters – wenig Initiative zeigen („Ich habe zuzuhören und die Anweisungen zu befolgen"), oder die Hilfe personifizieren und von dem Berater die Lösung aller möglichen Probleme erwarten („Er ist allmächtig, nur er kann helfen").

Noch wichtiger wird es, sich mit dem Hilfebegriff und seinen möglichen Varianten auseinanderzusetzen, wenn es um die Beratung von Migranten, also Menschen mit einem anderen kulturellen Hintergrund geht.

Denn in einer interkulturellen Situation kann es passieren, dass Selbstverständlichkeiten „umkippen", Hilfestellungen als gar nicht mehr so selbstverständlich angesehen werden und die Hilfeanbieter sich mit unerwarteten Situationen konfrontiert sehen.

ARBEITSANREGUNG 1

Stellen Sie sich vor, Sie sind in eine finanzielle Notlage geraten. Sie wollen sich Hilfe suchend an jemanden wenden. Welche Rangordnung haben für Sie die folgenden Hilfemöglichkeiten? Welche Erklärungen haben Sie für Ihre Wahl?

- Eltern oder Kinder
- engere Verwandtschaft (Tanten, Onkel, Cousinen)
- Freunde
- die Bank
- die Schuldnerberatung
- Kollegen
- Vorgesetzte

Fragen Sie dazu auch drei bis fünf Personen aus Ihrem Bekanntenkreis und vergleichen Sie die Antworten.

FAMILIENKONZEPTE

Die Familie ist Ort der primären Sozialisation in jeder Gesellschaft: Hier erhalten die Kinder eine erste Orientierung über gesellschaftliche Normen und Regeln, hier werden die wichtigsten Werte, also die Vorstellungen davon, was in der Familie bzw. in der Gesellschaft als „richtig" bzw. „falsch" gilt, vermittelt. Hier wird ein Weltbild geschaffen, das als Grundlage für das spätere Denken und Handeln des Erwachsenen dient. Auch wenn diese Wertvorstellungen später durch die Schule, die „peer-group" (Gruppe Gleichaltriger), das berufliche Umfeld usw. ergänzt, weiterentwickelt oder revidiert werden, bleibt die Prägung durch die Familie ein wichtiger Bestandteil der Persönlichkeit.

In allen Kulturen stellt die Familie einen sensiblen Lebensbereich dar, der vehement gegen Eingriffe von außen geschützt wird. So wird es in der Regel nur selten geduldet, wenn Außenstehende die Eltern darüber belehren, wie sie ihre Kinder zu erziehen haben. Gerade für Migranten spielen familiäre und verwandtschaftliche Netzwerke die wichtigste Rolle bei den sozialen

Beziehungen und letztendlich für die Integration in die deutsche Gesellschaft. Erst das Verständnis der Familienstrukturen erlaubt damit ein kultursensibles und effektives Vorgehen in jenen Fällen, wo ein Eingreifen notwendig ist.

Es gibt einige Kriterien, die für das Verstehen von Familienkonstellationen besonders wichtig sind. Die folgenden Fragen können als Leitfaden dienen, um Einsicht in die Kulturspezifik von Familienstrukturen zu gewinnen.

a. Personenkreis
   Besteht eine Familie nur aus Eltern und Kindern (sog. „Kleinfamilie") oder gehören darüber hinaus auch Großeltern, Onkel, Tanten und Cousinen zum Familienkreis? Oder zählt dazu auch die entfernte Verwandtschaft?

b. Rollenverteilung
   Gibt es für jedes Familienmitglied streng zugeteilte Rollen, z.B. der Vater regelt alle Angelegenheiten, die mit dem Unterhalt der Familie zu tun haben, die Mutter kümmert sich um das Familieninnenleben, Onkel und Tanten übernehmen die Fürsorge für die Kinder? Oder sind die Rollen eher unklar, so dass „jeder für alles" zuständig ist?

c. Hierarchien
   Gibt es in der Familie bestimmte Einflussbereiche für die einzelnen Mitglieder, in denen kein Anderer Verfügungsgewalt besitzt? Oder haben die Eltern oder die Großeltern eine eindeutige Machtposition und können über alles bestimmen?

d. Bindungen

Lösen sich die Kinder, sobald sie volljährig sind, von der Familie und streben ein vollkommen unabhängiges Leben an? Oder wird die Eltern-Kind-Beziehung als eine längerfristige, vielleicht sogar eine lebenslange Verbindung verstanden? Brauchen auch erwachsene Kinder das Einverständnis der Eltern, um lebenswichtige Entscheidungen zu treffen?

e. Bewertung der Familie

Bildet die eigene Familie einen wichtigen Mittelpunkt des Lebens, dem die meisten anderen Bereiche untergeordnet sind, so dass etwa bei der Personalauswahl Verwandte bevorzugt werden oder im Interesse der Familie Einbußen im Einkommen des Einzelnen in Kauf genommen werden? Oder wird sie als ein gleichberechtigter Bereich unter vielen anderen betrachtet?

Mario Puzo beschreibt in seinem Roman „Der Pate" eine sizilianische Familie, die sich nach den oben genannten Faktoren wie folgt charakterisieren lässt: Der Personenkreis, der zur Familie gehört, ist relativ weit. Er schließt nicht nur Mutter, Vater und die Kinder ein, sondern auch entferntere Verwandte wie Cousinen, Cousins, Onkel, Tanten usw. Dabei übernehmen die männlichen Familienmitglieder und insbesondere der Vater alle gesellschaftlichen Kontakte, sie spielen eine Repräsentanzrolle für die Familie. Alle Entscheidungen, die innerhalb der Familie fallen, werden mit den Frauen, vor allem mit der Mutter, abgestimmt bzw. werden von ihnen gefällt. Die Eltern bestimmen weitestgehend über alles, was in der Familie passiert, wobei die Entscheidungen gemeinsam getroffen, aber vom Vater als dem „Außenrepräsentanten" verkündet werden. Die familiäre Bindung hat über eine sehr lange Zeit Bestand, auch erwachsene Kinder fühlen sich den Eltern gegenüber zur Rechenschaft verpflichtet. Schließlich wird die Loyalität zur Familie höher gestellt als die Loyalität gegenüber gesamtgesellschaftlichen Verpflichtungen.

ARBEITSANREGUNG 2

Welche Familienkonzepte und -rollen können Sie in Ihrer Umgebung beobachten? Nehmen Sie Stellung zu folgenden Aussagen und diskutieren Sie sie in der Gruppe:

a. *„Kinder sollten, sobald sie volljährig sind, von zu Hause ausziehen und ein eigenes Leben führen."*

b. *„Wenn ich Zeuge bei einem Autounfall bin, an dem mein Bruder beteiligt ist, werde ich bei der Polizei zugunsten meines Bruders aussagen, auch wenn er der Schuldige war."*

c. *„Die Mutter sollte sich der Erziehung ihrer Kinder widmen und ihre berufliche Entwicklung zurückstellen."*

d. *„Die Eltern haben eine lebenslange Verpflichtung, ihre Kinder zu unterstützen. Die Kinder haben im Gegenzug ihr Leben lang den Eltern zu gehorchen und ihre Entscheidungen zu respektieren."*

ARBEITSANREGUNG 3

Bitte lesen Sie das folgende Fallbeispiel und diskutieren Sie in Kleingruppen, welche von den vier vorgeschlagenen Antworten am ehesten zutrifft.

„Renate Liebald arbeitet beim Allgemeinen Sozialdienst und versteht sich gut auf Schuldnerberatung. Es ist ihr bisher ganz gut gelungen, mit den Betroffenen gemeinsam Lösungen für ihre finanziellen Probleme zu erarbeiten. Heute scheint der Fall besonders schwierig zu sein. Herr Onojovwo aus Nigeria ist wohnungs- und arbeitslos. Er wirkt resigniert, als er erzählt, dass er sich intensiv, aber vergeblich um eine Arbeit bemüht. Seine Tage verbringt er mit sinnlosem Herumhängen, bei Bekannten oder auf der Straße. Obwohl er so gut wie keine Ausgaben hat, hat er bei Freunden größere oder kleinere Geldbeträge als Schulden aufgenommen. Eigentlich weiß er selber nicht genau, was er sich von der Beratung erhofft.

Frau Liebald weiß nach dieser Schilderung nicht, wo sie ansetzen soll. Herr Onojovwo wirkt sehr deprimiert, steht offenbar unter großem Druck. Andererseits kommt es ihr seltsam vor, dass er bei seiner Lebensweise sich immer wieder Geld borgt. Um ihm aus seiner Schuldenspirale heraus zu helfen, müsste sie den eigentlichen Grund dafür kennen und vermutet, dass Herr Onojovwo ihn verschwiegen hat.

Welches ist der vermutliche Grund für das Verhalten von Herrn Onojovwo?"

1. Bei dieser Konstellation ist zu vermuten, dass Herr Onojovwo Drogen oder Alkoholprobleme hat oder spielsüchtig ist.

2. Aufgrund seiner Sozialisation kennt Herr Onojovwo so gut wie kein perspektivisches Denken. Er lebt nur im Hier und Jetzt, stellt sich die Zukunft nicht vor und wird immer wieder Schulden machen, wenn er gerade Geld braucht.

3. Das passive Abwarten und sich von anderen helfen

lassen ist eine generelle Lebenseinstellung des Klienten, er neigt zum parasitären Dasein.

4. Herr Onojovwo ist gewohnt, seine persönliche Situation ausschließlich im Zusammenhang mit der Situation seiner Familie zu sehen und fühlt sich unfähig, die Gesamtlast zu tragen.

Antwort 1:

Diese Vermutung ist in solchen Situationen nie auszuschließen, zumal eine Verschuldung oft in Alkohol- oder Drogenproblemen ihren Ursprung hat. Andererseits müsste es einer erfahrenen Beraterin sofort auffallen, wenn sie es mit einem Süchtigen zu tun hat. Das persönliche Engagement von Herrn Onojovwo entspricht auch nicht dem klassischen Bild eines Alkoholikers oder eines Drogensüchtigen: Er bemüht sich um einen Arbeitsplatz und hat selber um Schuldenberatung gebeten. Es darf vermutet werden, dass sein Schuldenproblem mit anderen Ursachen zusammenhängt.

Antwort 2:

Hier wird eine kulturelle Besonderheit angesprochen, die für viele afrikanische Kulturen zutrifft. In diesen Kulturen wird mit der Zeit und der Zeitplanung grundsätzlich anders umgegangen als es in Deutschland üblich ist. Die Zeit wird nicht als eine strukturierbare und planbare Ressource gesehen, über die jeder Mensch verfügen kann, sondern eher als eine Naturerscheinung, die die Menschen in ihrer Gewalt hat. Ausgehend von dieser Sichtweise lässt sich Zeit weder planen noch einteilen. Feste Termine werden nicht gemacht bzw. nicht eingehalten, Programme und Abläufe sind zeitlich wenig strukturiert. Verspätungen und Verzögerungen werden leicht in Kauf genommen. Die Zukunft erscheint als etwas Unvorhersagbares, das Hier und Jetzt ist der eigentliche Lebensraum, für den alle Ressourcen verbraucht werden können. Vermutet man so eine kulturelle Einstellung bei Herrn Onojovwo, würde es erklären, warum er so leichtfertig bereit ist, Schulden zu machen. Es erklärt jedoch nicht, was der Grund dafür ist, dass er so viel Geld braucht und immer wieder Schulden macht. Hierfür muss es eine andere Ursache geben.

Antwort 3:

Es kann vorkommen, dass Klientinnen oder Klienten kulturbedingt soziale Hilfe nicht als „Hilfe zur Selbsthilfe" verstehen, sondern als eine Beziehung, in der sie passive Empfänger der Hilfeleistung sind und die Hilfe in Form von materiellen Zuwendungen oder guten Ratschlägen „über sich ergehen lassen". Auch in der beschriebenen Situation kann es sein, dass Herr Onojovwo eine ultimative Lösung seiner Probleme von der Beraterin erhofft und dementsprechend passiv eingestellt ist. Sein Verhalten, das ihn dazu gebracht hat, bei der Beraterin Hilfe zu suchen, muss jedoch weitere Ursachen haben, als dass es mit der Annahme einer passiven „parasitären" Haltung erklärt werden könnte.

Antwort 4:

Diese Antwort kommt den möglichen Gründen für die Probleme des Klienten am nächsten. Die Beziehungs- oder Familienorientierung spielt in vielen Kulturen eine viel größere Rolle für das Alltagsleben als es in Deutschland der Fall ist. Es hat sich im Verlauf der weiteren Gespräche herausgestellt, dass Herr Onojovwo in Nigeria mehrere Kinder und eine große Verwandtschaft hat, die er seit Beginn seines Aufenthalts in Deutschland finanziell unterstützt. Diese Unterstützung schließt nicht nur den Unterhalt seiner Kinder ein, sondern auch die Bezahlung der Ausbildung der beiden Brüder, die monatliche Unterstützung für die Eltern usw. Die Zahlungen werden von seiner Familie erwartet, sie rechnet fest damit. Er selber empfindet sie als seine normale Pflicht. Die Verschuldung, in die er sich gebracht hat, resultiert aus seiner Erwartungshaltung an sich selbst, dass er die Familie auf keinen Fall im Stich lassen darf.

MACHT UND AUTORITÄT

Die Gleichbehandlung aller Menschen, die als Klienten Hilfe suchen, ist ein Grundsatz der sozialpädagogischen Arbeit, der hier nicht in Frage gestellt wird. Dennoch sind gewisse Aspekte der Kommunikation zwischen Sozialberatern und Klienten mit Migrationshintergrund durch Ungleichheit gekennzeichnet; diese erkennen und reflektieren zu können gehört zu der Berufskompetenz eines jeden Sozialarbeiters, der mit Menschen mit Migrationshintergrund arbeitet.

Viele Kommunikationsvorgänge finden zwischen ungleichen Kommunikationspartnern statt. Ungleichheiten können sich aus Unterschieden im Sozialstatus, Beruf, Wohlstand, in den Sprachkenntnissen oder der rhetorischen Kompetenz ergeben. Bei interkulturellen Begegnungen zwischen Mehrheits- und Minderheitsangehörigen im Kontext der Einwanderungsgesellschaft wird diese Ungleichheit zu einem besonders schwerwiegenden Faktor. Es entstehen Machtasymmetrien, wobei ‚Macht‘ als eine Überlegenheit der Handlungsmöglichkeiten verstanden wird. Oft ist es den Angehörigen der Dominanzkultur gar nicht bewusst, dass sie Verlauf und Inhalte der Kommunikation mit Migranten wesentlich stärker bestimmen als diese, denn sie kennen die kulturellen Regeln, haben Zugang zu relevanten Informationen und die rechtlichen Bestimmungen sind ihnen vertraut. Geht es um die Kommunikation zwischen einem Sozialarbeiter und seiner Klientel, kommt noch die institutionelle Autorität dazu. Der Sozialarbeiter nimmt eine deutliche Machtposition gegenüber dem Gesprächspartner ein. Diese Machtposition kann beispielsweise dazu führen, dass Migranten überempfindlich reagieren und Diskriminierung vermuten, wo es keine gibt. Die Mitglieder der Dominanzkultur können ihrerseits dazu neigen, alle Kommunikationsprobleme auf die übertriebene Sensibilität oder mangelnde Integrationsbereitschaft der Migranten abzuschieben. Sozialarbeiter müssen sich deswegen die Machtasymmetrien in der institutionellen Kommunikation, die sie in ihrem Arbeitsalltag praktizieren, bewusst machen (vgl. Modul 6).

ARBEITSANREGUNG 4
Diskutieren Sie das folgende Fallbeispiel in der Gruppe und entscheiden Sie, welche der angegebenen Antworten die Situation am ehesten erklärt. Am Ende finden Sie Kommentare zu den vier vorgegebenen Antwortalternativen, die erklären, welche Antwort die beste ist und warum.

„Karin Simbacher kümmert sich um unbegleitete minderjährige Flüchtlinge und betreut zur Zeit Hassan, einen 15-jährigen Afghanen, der nach einer langen Flucht vor drei Jahren nach Deutschland gekommen ist. Da Hassan schon sehr gut Deutsch spricht und aus einer gebildeten, wohlhabenden Familie kommt, hat sie keine Probleme, ihm etwas zu erklären und ihm in alltäglichen Sachen zu helfen; auch in der Schule kommt er sehr gut zurecht.
Hassan ist allerdings zunehmend unzufrieden mit seiner Wohnsituation, denn er hat keine Verwandten in Deutschland und
wohnt in einem Heim zusammen mit Jugendlichen aus anderen Ländern. Er möchte aber eine eigene Wohnung haben. Frau Simbacher verspricht ihm, ihm bei der Wohnungssuche zu helfen. Dies gestaltet sich aber schwierig, da der Wohnungsmarkt im Augenblick Hochkonjunktur hat und die Mieten außerordentlich hoch sind.
Als nach einigen Wochen sich immer noch keine Umzugsmöglichkeiten eröffnen, kommt es zu einer Auseinandersetzung zwischen Hassan und Frau Simbacher. Obwohl sie sich aus ihrer Sicht sehr intensiv um eine neue Wohnung für den von ihr Betreuten bemüht, wirft er ihr vor, sich nicht um ihn zu kümmern. Schließlich sagt er empört: ‚Du bist doch meine Betreuerin, warum kaufst du mir keine Wohnung, wenn ich sie brauche?‘ Frau Simbacher ist ihrerseits empört über diese Dreistigkeit und weiß sich nicht zu helfen.“

Was könnte der Grund für die Wut des Jungen sein?
1. Hassan ist von Haus aus viel zu sehr verwöhnt und verlangt grundsätzlich, dass alle um ihn herum ihm zu Diensten sind.
2. Er ist überzeugt, dass in Deutschland alle Menschen sehr reich sind und dass ein Wohnungskauf für Frau Simbacher kein Problem darstellt.
3. Sein Verständnis von Hilfe und Betreuung schließt ein, dass die jeweilige Person ihm alle Unannehmlichkeiten und Probleme abnimmt.
4. Er ist es gewöhnt, dass Frauen den Männern bedingungslos, bis hin zur Selbstaufgabe, dienen und erwartet dies auch von Karin.

Antwort 1:
In der Geschichte gibt es kaum Angaben zur früheren Lebenswelt von Hassan, außer dass er aus einer wohlhabenden Familie kommt. Deswegen kann man nicht definitiv sagen, dass das Problem in seiner Erziehung liegt: Obwohl in afghanischen Familien kleine Kinder oft viel mehr Freiheiten und Verwöhnung genießen als es in Deutschland üblich ist, ist Hassan kein kleines Kind mehr. Er hat außerdem allein eine lange Flucht hinter sich gebracht und muss in Deutschland ebenfalls allein zurechtkommen.

Antwort 2:
Viele Flüchtlinge und Wirtschaftsmigranten kommen nach Deutschland mit der Vorstellung von einem „Schlaraffenland“, wo jeder Geld und Wohlstand hat. Diese Vorstellung entsteht durch mangelnde Information über das Leben in Deutschland

und wird am Anfang genährt durch den Kontrast zu den oft viel ärmeren Herkunftsländern der Menschen, die dann aber damit konfrontiert werden, dass solcher Wohlstand harte Arbeit und viel Einsatz erfordert und keinem geschenkt wird. Nachdem Hassan allerdings bereits seit Jahren in Deutschland lebt, dürfte er sich von dieser Vorstellung schon verabschiedet haben und die Realität der finanziellen Möglichkeiten der Deutschen besser kennen.

Antwort 3:

Die Aussage des Jugendlichen weist darauf hin, dass hier tatsächlich ein Missverständnis bezüglich der Aufgaben und Pflichten einer Betreuerin existiert, das kulturell bedingt sein kann. Das sozialpädagogische Konzept der „Hilfe zur Selbsthilfe", das von dem Betroffenen viel Eigenverantwortung und Einsatz verlangt und von Deutschen relativ problemlos akzeptiert wird, wird nicht überall verstanden. Unter Hilfe kann je nach kulturellem Hintergrund „Unterstützung für Verwandte und Familienangehörige", „Herstellung von Beziehungsharmonie", „Bereitstellung von materiellen Leistungen", „genaue Anweisungen und Informationen" u. a. verstanden werden. In diesem Fall kann angenommen werden, dass Hassan die Aufgaben seiner Betreuerin so versteht, dass sie ihm alles Notwendige einfach zur Verfügung stellt und gar nicht bemerkt, dass die materiellen Ressourcen dafür gar nicht vorhanden sind. Es müsste ihm hier klar gemacht werden, dass von den Hilfemaßnahmen eine eigene Wohnung für ihn nicht finanziert werden kann und dass seine Betreuerin auch keinen Einfluss auf die Vergabe der städtischen Wohnungen hat, sondern nur im Rahmen ihrer dienstlichen Position etwas für ihn tun kann.

Antwort 4:

Wenn von einem solchen Verständnis der Rolle der Frau gesprochen wird, wird meistens nicht erwähnt oder es wird vergessen, dass dies — wenn überhaupt — für den innerfamiliären Bereich gilt. Frauen, die gesellschaftliche Funktionen ausüben (Lehrerin, Ärztin, Beamtin) werden selbst in traditionellen Kulturen mit strikter familiärer Rollenteilung anders gesehen. Da Frau Simbacher Hassan gegenüber eine eindeutige Position innehat, nämlich die der Betreuerin im Dienste des Staates, ist nicht zu vermuten, dass er sie als seine Dienerin wahrnimmt.

MENSCHEN MIT MIGRATIONSHINTERGRUND IN DER BERATUNG

Der 16-jährige Roberto, dessen Vater Spanier und Mutter Deutsche ist, ist in Deutschland aufgewachsen und zur Schule gegangen. Bei einer Vorstellungsrunde mit zwölf anderen Jungen und Mädchen im Jugendcamp bei Berlin war er als zweiter mit seiner Vorstellung dran. Er nennt nur seinen Namen und die Stadt, aus der er kommt. Im Laufe der weiteren Vorstellungen fangen einige Jugendliche an, immer mehr von sich zu erzählen, so dass sich daraus ganze Geschichten und Gespräche entwickeln. Als die Vorstellungsrunde zu Ende ist, sagt Roberto plötzlich: „Hört mal, ich würde gerne auch noch etwas sagen," und erzählte eine lustige Anekdote aus seiner Kindheit. Später erklärt er dann: „Zunächst habe ich gedacht, es wird eine ‚deutsche' Vorstellungsrunde, und ich sollte nicht viel reden, sonst bin ich zu aufdringlich. Dann habe ich aber gemerkt, es läuft eher so wie in Spanien, wo die Leute sehr gerne reden, und habe auf die ‚spanische' Art umgeschaltet."

Die Art und Weise, wie Roberto sich zwischen verschiedenen Kulturen bewegt, zeigt einen optimalen Umgang mit seiner Bikulturalität: Er ist sich bewusst, dass er sowohl Spanier als auch Deutscher ist, erkennt, welche Seite seiner Persönlichkeit in einer bestimmten Situation gefordert ist, und scheut sich gleichzeitig nicht, auch die andere Seite zu akzeptieren. Doch nicht alle Menschen mit Migrationshintergrund können so problemlos mit der Tatsache umgehen, dass sie mehrere kulturelle Identitäten besitzen.

Die Festlegung, welche ethnischen oder kulturellen Identitäten ein Mensch besitzt, erfolgt bereits in der Kindheit durch die Familie und die nähere soziale Umgebung. Ab einem Alter von ca. 12-14 Jahren können sich die meisten Kinder schon sehr sicher als Mitglieder einer bestimmten kulturellen Gruppe identifizieren. Es kann allerdings auch passieren, dass eine Person sich erst im Erwachsenenalter ihrer kulturellen Identität bewusst wird. So werden Europäer, die ins außereuropäische Ausland fahren, oft erst am neuen Lebensort mit der Tatsache konfrontiert, dass sie dort als Vertreter der „Alten Welt" gesehen werden. Auf den ersten Blick sieht es aus, als wäre die Identitätsfrage eine rein persönliche Entscheidung, die jeder freiwillig treffen kann. Es gibt jedoch eine Reihe von

Faktoren, die diese Entscheidung maßgeblich beeinflussen. Zu solchen Faktoren gehören die Erziehung in der Familie, die Kultur der sozialen Umgebung und die Zuschreibung von außen (vgl. Modul 8.1).

Für die Beratungssituation spielen die Zuschreibungen von außen eine besonders große Rolle. Stellen wir uns einen jungen Mann mit ostasiatischem Aussehen vor, der in die Beratungsstelle kommt. Als was soll man ihn ansprechen? Was der Sozialarbeiter zu Beginn nicht weiß: Sein Klient kommt aus einer koreanisch-deutschen Familie, ist in Deutschland aufgewachsen, spricht muttersprachlich Deutsch und gar kein Koreanisch. Er ist gewohnt, für einen Asiaten gehalten zu werden, er kennt zur Genüge die Fragen „Woher kommst du?" und „Wo hast Du so gut Deutsch gelernt?" Auch wenn er sich als Deutscher fühlt, wird er ständig gezwungen, seine Identität neu zu behaupten. Wird er auch in der Beratung mit einer ähnlichen Haltung konfrontiert, ist seine Enttäuschung vorprogrammiert. Der Stress der permanenten Identitätsbehauptung, unter dem er leidet, wird noch größer.

Der Umgang mit Menschen mit Migrationshintergrund erfordert von den Sozialarbeitern eine offene Haltung, die dem Klienten keine Identität „vorschreibt" und Aussagen wie „Bei Ihnen in Tschechien ist es doch immer so" oder „Sie sind ja praktisch ein Deutscher, ich sehe bei Ihnen keinen Unterschied" vermeidet. Unerlässlich ist eine differenzierte und sensible Herangehensweise, damit eventuell vorhandene Abwehrhaltungen ab- und nicht aufgebaut werden. Der Sozialarbeiter sollte sich durch behutsames Nachfragen Informationen über die gefühlte Identität des Klienten verschaffen, bevor er weitere Strategien plant. Ansonsten kann es leicht passieren, dass ein Teufelskreis von Ab- und Ausgrenzung in Gang gesetzt wird.

ARBEITSANREGUNG 5

Diskutieren Sie das folgende Zitat aus einem Schüleraufsatz, den eine Schülerin in Deutschland zum Thema „Woher komme ich?" geschrieben hat:

„Mit den Füßen lebe ich in Deutschland, mit dem Herzen in Libanon, und mit dem Kopf zwischen den beiden Ländern."

Wer könnte die Person sein, die dies gesagt hat? Was genau bedeutet es? Welche Konsequenzen können sich daraus im Alltag ergeben, z. B. bei der Urlaubsplanung, Berufswahl oder Wohnungssuche?

MUSLIME IN DER BERATUNG

Angesichts der Tatsache, dass Muslime in Deutschland die größte Migrantengruppe bilden und über sie ein intensiver gesellschaftlicher Diskurs geführt wird, sollen die sie betreffenden Fragen der Beratung etwas ausführlicher behandelt werden. Im öffentlichen Diskurs taucht der Begriff „Muslime" besonders häufig im Zusammenhang mit unterschiedlichen Vorstellungen von Familie und Kindererziehung auf. Dabei wird auf Missverständnisse, Probleme und Konflikte mit muslimischen Menschen wie z. B. türkischen, albanischen, marokkanischen oder bosnischen Jugendlichen verwiesen und wird die „Unvereinbarkeit der Weltbilder" oder der „islamische Radikalismus" oft als Erklärung für diese Probleme genannt. Diese Zuschreibungen, die durch die Ereignisse des 11. September 2001 noch verstärkt wurden, sind für den Umgang mit solchen Schwierigkeiten allerdings genauso wenig hilfreich wie etwa die Zusammenfassung von so verschiedenen Ländern wie Polen, Deutschland und Brasilien unter dem Begriff „Christen". Tatsächlich handelt es sich oft um kulturelle Unterschiede, die durch guten Willen und bewusste Kommunikation wenn nicht ausgeglichen, dann zumindest auf ein handhabbares Maß reduziert werden können.

Vorstellungen wie „Muslimische Frauen müssen sich verschleiern", „Muslime schlagen ihre Kinder", „Muslime sind Nicht-Muslimen gegenüber aggressiv" sind selbst unter interkulturell erfahrenen Personen stark verbreitet und lassen sich unter „Vorurteile" zusammenfassen. Vorurteile (vgl. Modul 3) haben bekanntlich die Tendenz, sich selbst zu verstärken und fortzupflanzen, weswegen eine Auseinandersetzung mit den Ursachen des Verhaltens anderer immer angebracht ist. Gerade in der Jugendarbeit erlebt man oft, dass die Haltung gegenüber dem muslimischen Gesprächspartner und seinem Verhalten durch das Bild des „rigiden Islam" bereits festgelegt ist. Das Paradoxe ist, dass die Berufung auf den muslimischen Glauben sowohl auf der Seite des Beraters oder Lehrers („Bei Muslimen ist es einfach anders, da ist nichts zu machen!") als auch auf der Seite der Klienten oder Schüler („Wenn ich jetzt sage, ich kann aus religiösen Gründen nicht zum Schwimmen gehen, glaubt man es mir einfach, dann muss ich nichts mehr erklären") vorkommen kann. Auf diese Weise machen es sich beide Seiten „leicht", die gegenseitigen Beweggründe nicht weiter zu hinterfragen und auf der jeweils „richtigen" Position zu verharren. Scheitern die „bewährten" herkömmlichen Strategien von Hilfe- bzw. Überzeugungsarbeit, wird es ebenfalls der religiösen Grundhaltung zugerechnet. Die Konsequenz ist bestenfalls die Resignation beider Seiten.

ARBEITSANREGUNG 6

„Im Land X bedecken Frauen immer ihr Gesicht, wenn sie aus dem Haus gehen."
Normalerweise wird so eine Verhaltensweise mit einer religiös bedingten Unterdrückung der Frau in einer Gesellschaft in Verbindung gebracht. Versuchen Sie, drei andere mögliche Begründungen für diese Verhaltensweise zu finden und diskutieren Sie sie.

ARBEITSANREGUNG 7

Diskutieren Sie das folgende Fallbeispiel in der Gruppe und entscheiden Sie, welche der angegebenen Antworten die Situation am ehesten erklärt. Im Anschluss finden Sie Kommentare zu den vier vorgegebenen Antwortalternativen, die erklären, welche Antwort die beste ist und warum.

„Maria arbeitet im Bereich der Jugendlichenberatung. Sie kennt Fatima, eine junge Türkin, seit ungefähr einem Jahr. Fatima besucht immer wieder Veranstaltungen des Jugendzentrums und macht immer einen offenen und herzlichen Eindruck.
Eines Tages, kurz nach ihrem 16. Geburtstag, erzählt Fatima, dass sie in den nächsten Tagen vorhat, die Staatsbürgerschaft zu beantragen, weil sie ihr weiteres Leben in Deutschland plant. Maria bietet ihr an, bei der Vorbereitung der notwendigen Papiere zu helfen. Im Gespräch gibt sie Fatima wohlmeinend noch den Tipp, ihr Kopftuch nicht umzubinden, wenn sie den Antrag bei der Behörde stellt, weil es so einen besseren Eindruck macht. Sie hat aber danach das Gefühl, dass das Mädchen verstört reagiert und sich innerlich zurückzieht."

1. Fatima ist sehr religiös und befolgt streng alle Regeln des Islam. Der Ratschlag, ihr Kopftuch abzulegen, kommt für sie einer Gotteslästerung gleich.
2. Fatima ist der Meinung, dass sie jetzt erwachsen genug ist und sich keine Ratschläge von der Sozialpädagogin anzuhören braucht.
3. Für Fatima gehört das Kopftuch zu ihrer Art, sich zu kleiden. Es abzulegen würde bedeuten, dass sie einen Teil ihrer Persönlichkeit verleugnet.
4. Das Mädchen ist vor dem bevorstehenden großen Schritt, der Beantragung der Staatsbürgerschaft, viel zu aufgeregt. Ihr Verhalten ist auf diese Aufregung zurückzuführen.

Antwort 1:
Religiöse Normen und Kleidungsvorschriften können im Leben gläubiger Menschen sehr wichtig sein, so dass ihre freiwillige Einhaltung zum Teil des Glaubensbekenntnisses wird. Ein Beispiel für den christlichen Kulturraum wären die Ordensbrüder und -schwestern, die nur in ganz bestimmter, streng reglementierter Kleidung, inklusive Kopfbedeckung bei den Nonnen, auftreten dürfen. Im Islam gibt es ebenfalls Empfehlungen bzw. Vorschriften hinsichtlich der Bekleidung. Ohne hier im Detail auf sie einzugehen, kann festgehalten werden, dass die diesbezüglichen Empfehlungen des Korans je nach Landestraditionen sehr unterschiedlich ausgelegt werden. In vielen muslimischen Ländern – inklusive der Türkei – ist es für ein Mädchen oder eine Frau durchaus möglich, keine Kopfbedeckung außerhalb des Hauses zu tragen und dennoch gläubig zu sein. Der Verzicht auf das Kopftuch kann, aber muss nicht nur aus religiösen Gründen problematisch sein. Es gibt in dieser Situation noch einen weiteren Aspekt, der ebenfalls wichtig ist.

Antwort 2:
Widerstände seitens der Jugendlichen sind bei Betreuung durch Erwachsene immer möglich, egal ob es sich um deutsche oder, wie in diesem Fall, um tür-

kische Jugendliche handelt. Gegen die Wahrscheinlichkeit einer solchen Reaktion spricht allerdings die bisher immer offene und herzliche Art von Fatima sowie ihr offenkundiges Bedürfnis nach Unterstützung, die sie bei der Sozialpädagogin sucht. Andere Ursachen für die Verstörung des Mädchens sind wahrscheinlicher.

Antwort 3:

Das Tragen eines Kopftuchs ist in vielen Gegenden der Türkei stark traditionsgebunden und hat nicht (nur) mit religiösem Hintergrund zu tun (vgl. Kommentar zu Antwort 1). Das Kopftuch gehört in Familien mit entsprechender Einstellung zum Erscheinungsbild eines Mädchens oder einer Frau, die Art und Weise, wie es gebunden ist, signalisiert nach außen ihren sozialen Status (beispielsweise ob verheiratet oder nicht) und ist damit ein Teil ihrer Identität. Ein junges Mädchen, das in einer Umgebung aufwächst, wo das Kopftuchtragen zur Normalität gehört, betrachtet es als ein vollkommen selbstverständliches, unentbehrliches Kleidungsstück. In diesem Kontext ist der Vorschlag, dieses Kleidungsstück einfach für eine Weile abzulegen, vergleichbar mit dem Vorschlag an ein deutsches Mädchen, einfach für eine Weile „oben ohne" auf die Straße zu gehen. Er kann leicht als Aufforderung zu sozial abweichendem Verhalten und damit als Angriff auf die eigene Persönlichkeit empfunden werden. Religiöse Überlegungen können dieses Gefühl eines persönlichen Angriffs noch verstärken.

Antwort 4:

Die emotionale Aufregung vor einem Behördengang, der Einfluss auf das ganze weitere Leben haben kann, ist verständlich. Es ist aber nicht ganz nachzuvollziehen, warum diese Aufregung ausgerechnet an dem geschilderten Zeitpunkt in Verstörung und Distanzierung umschlägt. Dafür müsste es einen Auslöser geben, der in dieser konkreten Kommunikationssituation aufgetreten ist.

STRATEGIEN DER INTERKULTURELLEN BERATUNG

Sozialarbeiter werden in ihrer praktischen Arbeit mit Migranten oft mit interkulturellen Fragen konfrontiert, auf die sie nicht immer vorbereitet sind. Die Probleme können sich etwa aus der Herkunftskultur,

den Sprachkenntnissen, dem Alter, der Familienstruktur, dem Aufenthaltsstatus, der sozialen Stellung u. a. ergeben. Angesichts dessen ist es utopisch zu denken, dass man sich auf alle konkreten Kulturen und Situationen vorbereiten kann. Die Prozesse der Migration und Integration werden immer vielschichtiger und komplexer, sie schaffen ein schwer fassbares Gewirr von menschlichen Schicksälen und Identitäten, das vielleicht allein von ausgebildeten Wissenschaftlern ansatzweise entwirrt werden kann. Der Anspruch auf einen kulturspezifischen Zugang zu jedem einzelnen Klienten ist daher eine nicht zu leistende Aufgabe.

Es gibt jedoch aus der Praxis genügende Hinweise auf kulturübergreifende, d. h. kulturallgemeine Zugänge, die recht effektiv sein können. So reicht im Umgang mit Menschen mit Migrationshintergrund oft schon eine gewisse Sensibilität und Offenheit gegenüber den eigenen und fremden kulturellen Besonderheiten aus, eine Bewusstheit der eigenen Stereotypen und des eigenen Ethnozentrismus sowie die Fähigkeit zum Perspektivenwechsel (vgl. Modul 4), um auftretende Missverständnisse und Konflikte zu entschärfen und konstruktiv zu lösen. Aufrichtiges Interesse zeigen und die Menschen nicht pauschal bewerten ist der beste Zugang zu jedem Menschen und hilfreich auch in der interkulturellen Situation. Natürlich lassen sich nicht alle interkulturellen Probleme dadurch lösen. Deswegen sollten in der Sozialarbeit die persönlichen und fachlichen Kompetenzen der Berater durch weitere Ressourcen und Hilfen ergänzt werden. Im Folgenden werden einige Hilfen, die institutionell leicht zugänglich sind, genannt:

1. Einsatz von Sprachmittlern

   Verständigungsprobleme wegen mangelnder Sprachkenntnisse von Migranten stellen oftmals das erste große Hindernis in der Kommunikation dar. Im Gegensatz zu den Problemen, die durch unbewusste kulturelle Unterschiede bedingt sind, lassen sich solche Verständigungsprobleme jedoch relativ einfach bewältigen, indem ein Dolmetscher zu dem Gespräch hinzugezogen wird. Oft wird von Migranten erwartet, dass sie bei Bedarf selber für Sprachmittler sorgen. Diese Rolle übernehmen dann oft Bekannte oder Verwandte, die beide Sprachen sprechen, oder aber Kinder, die für ihre Eltern dolmetschen. Es gibt jedoch mehrere Gründe, warum vor allem Berufsdolmetscher für Übersetzungen in Anspruch genommen werden sollten.

Der Einsatz eines Berufsdolmetschers ist ein Zeichen von Respekt gegenüber dem Gesprächspartner. Er signalisiert die Wichtigkeit des Gesprächs und das Bemühen um gegenseitiges Verstehen. Ein Berufsdolmetscher übersetzt außerdem in der Regel nicht einfach nur den Wortlaut, sondern auch kulturelle Nuancen, er ist normalerweise imstande, Informationen über die kulturellen Hintergründe zu geben und sorgt damit für Verstehen auch auf einer tieferen, nicht-sprachlichen Ebene.

Nichtprofessionelle Dolmetscher machen oft den Fehler, sich auf die Seite eines Gesprächspartners zu schlagen. Sie kommentieren oft die Äußerungen, fügen selber etwas hinzu oder übersetzen nur einen Teil dessen, was gesagt wird. Von dem Einsatz von Kindern als Dolmetscher für ihre Eltern oder Verwandte ist gänzlich abzuraten: Die Verantwortung, die dem Kind auferlegt wird, ist unangemessen hoch. Es kann aufgrund seiner Position innerhalb der Familie Dinge falsch oder gar nicht übersetzen oder von den Eltern für das Scheitern des Gesuchs verantwortlich gemacht werden.

2. Kein Missbrauch der Sprachkompetenzen von Kollegen

Die häufigste Art der Kompetenzverteilung in interkulturellen Teams betrifft die Sprachkenntnis. Es geschieht fast automatisch, dass die Kommunikation mit Klienten einer anderen Muttersprache als Deutsch den „Landsleuten" (falls vorhanden), also den Kollegen mit der jeweiligen Muttersprache überlassen wird. So arbeiten z. B. russischsprachige Mitarbeiter mit russischsprachigen Klienten und begleiten sie bei Anliegen, die an deutsche Kollegen gerichtet sind.

Die Gefahr, die in diesem Missbrauch der Sprachkompetenz von Kollegen liegt, ist vor allem die, dass die letzteren durch solche zusätzlichen Aufgaben sehr schnell in die informelle Verpflichtung genommen werden, als „Notfall-Dolmetscher" einzuspringen, wann immer es nötig ist. Abgesehen von professionellen Gesichtspunkten (wertneutrale, sachliche und korrekte Übersetzung von Texten und Gesprächen erfordert eine mehrjährige Ausbildung und ist durch bloßes Beherrschen zweier Sprachen nicht gewährleistet) bringt es auch ganz einfach eine nicht zu unterschätzende Doppelbelastung mit sich, die zu einem erhöhten Stresspegel führen kann.

Eine zusätzliche Erschwerung kann sich aus dem moralischen Druck ergeben, „Landsleute" bevorzugt behandeln zu müssen („Sie sind Türkin, ich bin auch Türke – deswegen komme ich zu Ihnen").

3. Bildung von multikulturellen Beraterteams

In der heutigen sozialpädagogischen Arbeit kommt es immer häufiger vor, dass multikulturelle Beraterteams aus Deutschen und Kollegen mit Migrationshintergrund gebildet werden. Allerdings sollte man nicht meinen, dass die Zusammenarbeit von Personen unterschiedlicher kultureller Herkunft „von alleine" effektiv verläuft, nur weil diese Kollegen sind und den gleichen Beruf ausüben.

Auch in den Teams geht es vor allem um den bewussten Umgang mit Verschiedenheiten und unterschiedlichen kulturellen Identitäten. Interkulturelle Teamarbeit ist – ähnlich wie in einem monokulturellen Team – keine Selbstverständlichkeit, aber auch kein Ding der Unmöglichkeit. Es gilt, zunächst allen Teammitgliedern bewusst zu machen, dass jeder, auch der deutsche Mitarbeiter die eigene Kultur als „Rucksack" in die Arbeit mitbringt, und dass dieser „Rucksack" für die anderen nicht unbedingt erkennbar und verständlich ist. Die Grundsätze der Professionalität dürfen dabei nicht verletzt werden: Die bewusste Vereinbarung von gemeinsamen Regeln ist unabdingbar für ein gesundes interkulturelles Klima.

Die Bildung von kulturell gemischten Teams ersetzt zunehmend die ältere Form der ethnischen Beratung. Deren Hauptidee, Klienten und Berater nach dem Motto „türkischstämmige Kollegen arbeiten mit türkischen Klienten, deutsche mit Deutschen" zu verbinden, ist auf den ersten Blick in der Tat sehr verlockend. Tatsächlich fördern aber solche Aufteilungen eher die Bildung ethnischer Gruppierungen, verstärken Abgrenzungen und erzeugen in vielen Fällen Stress für die Berater mit nicht-deutschem Hintergrund. Die bessere Alternative hier ist die überlegte Bestandsaufnahme und Aufteilung von Arbeitsaufgaben und Kompetenzen, z. B. „Du hilfst mir bei der Kommunikation mit türkischen Klienten – ich helfe Dir beim Korrekturlesen Deiner Briefe". Dabei ist es besonders wichtig, dass die speziellen Kompetenzen gegenseitig anerkannt werden und dass die Kommunikation transparent gemacht wird: Unterhaltungen in der Fremdsprache werden für alle übersetzt, Defizite in der deutschen

Sprache werden nicht als Nachteil gesehen.

4. Einbindung der Organisationsebenen
Der Aufbau eines interkulturell kompetenten Teams funktioniert aber nur, wenn er auf allen Ebenen der Organisation akzeptiert und vorangetrieben wird. Erst wenn die interkulturelle Sensibilität nicht mehr als „Privatvergnügen" von Einzelnen, sondern als Notwendigkeit und wichtige Qualifikation gesehen wird, kann sie nachhaltig aufgebaut werden. Die interkulturelle Öffnung von Einrichtungen muss die Führungsebene genau so wie die kollegiale und die individuelle Ebene einbeziehen, um erfolgreich umgesetzt zu werden. Das heißt beispielsweise, dass auf der Führungsebene Planung auch interkulturelle Aspekte berücksichtigt, dass interkulturelle Weiterbildungen ein Muss für alle Kollegen sind usw. Nicht zuletzt bedeutet dies, dass damit die interkulturelle Kompetenz der ganzen Organisation gebildet und gefördert wird.

5. Familienzentrierte Arbeit
Systemische Ansätze (Gruppenanalyse, systemische Therapie, reflektierende Teams etc.) geraten in den letzten Jahren immer mehr ins Blickfeld der (sozial-)pädagogischen Arbeit. Sie basieren auf der Erkenntnis, dass soziale und psychische Probleme nur ganz selten ausschließlich in den persönlichen Eigenschaften eines Menschen wurzeln. Meistens sind sie das Ergebnis eines komplizierten Zusammenspiels zwischen der Person und ihrer Umwelt. Im Bereich der Sozialarbeit wird dieser Ansatz als sehr sinnvoll gesehen. Hier wird vor allem versucht, Eltern, Verwandte und die Peer-Gruppe anzusprechen und einzubeziehen.
Für die meisten Migranten sind die Familie und informelle Netzwerke in der eigenen Diaspora aufgrund ihrer Minderheitensituation wesentlich lebensbestimmender als für die Mehrheitsbevölkerung. Deshalb öffnen sich durch das Ansprechen dieser Netzwerke neue Zugänge zu den Menschen mit anderem Kulturhintergrund, die auch Problemlösungen ermöglichen.

Die Ängste, einer anderen, völlig fremden Kultur zu begegnen, auf Menschen zuzugehen, die ein anderes Weltbild haben, sie nicht zu verstehen, weil sie eine andere Sprache sprechen, von ihnen nicht akzeptiert zu werden, sind im sozialpädagogischen Bereich nicht sel-

ten. Sie führen oft dazu, dass die gegenseitige Ausgrenzung verstärkt wird und gleichzeitig die Verantwortung dafür auf die andere Seite abgeschoben wird. Es lohnt jedoch, sich mit diesen Ängsten auseinanderzusetzen und sie zu überwinden. Gerade als Sozialarbeiter hat man dann die Chance, neue Strategien zu entwickeln, die der Kultur und dem Lebenskontext der Klienten angepasst und damit dauerhaft effektiv sind. Dazu kann gehören, dass man ein Gespräch mit den Klienten bei ihm zu Hause statt im Büro vereinbart (Kennenlernen der Wohnsituation), oder sich nach eventuellen weiteren Bezugspersonen des Klienten im Verwandtenkreis zu erkundigen und sie ins Gespräch einzubeziehen.

ARBEITSANREGUNG 8
Die folgenden Fallbeispiele können Sie im Plenum oder in Kleingruppen diskutieren oder als Vorlagen für kleine Rollenspiele benutzen. Versuchen Sie jeweils, die folgenden Fragen zu beantworten:

- Können Sie einen interkulturellen Bezug (z. B. zu Familienkonzepten, Machtaspekten, Identitäten usw.) feststellen? Wie lässt er sich beschreiben?
- Können Sie Symptome erkennen, die auf mögliche Probleme im Umgang hinweisen? Wenn ja, können Sie diese Probleme nachvollziehen? Wie würden Sie vorgehen, um Lösungen zu finden?
- Haben Sie selber oder bei Ihren Klienten Ähnliches erlebt? Beschreiben Sie Ihre Erfahrungen in dieser Situation.

Fallbeispiel 1:
„Gabi Werner betreut zur Zeit Familien in einem Wohnprojekt, das anerkannten Flüchtlingen eine bessere Integration ermöglichen soll. Sie ist gerade an ihrem Schreibtisch, als die Tür aufgeht und Salma hereinkommt, eine 36-jährige Kurdin, die mit ihrem Mann und fünf Kindern schon seit einem halben Jahr von ihr intensiv betreut wird. Erst vor kurzem hat sie dem ältesten Sohn der Familie geholfen, eine Lehrstelle zu finden, die ihm gute Zukunftschancen bietet.
Salma hält in den Händen ein Tablett, vollgestellt mit aufwendig zubereiteten Speisen. Sie stellt das Tablett auf den Tisch und meint: ‚Das habe ich für dich gemacht. Das ist alles kurdisch.' Dann lächelt sie und bleibt stehen, wie um die Reaktion abzuwarten.
Gabi Werner ist erstaunt und erschrocken zugleich, sie sieht, dass die Speisen, die ihr angeboten werden, bei weitem das Budget der Familie übertreffen müssen. Sie weiß nicht, was von ihr

jetzt erwartet wird."

Fallbeispiel 2:
„Renate Herzog unterrichtet an einer deutschen Schule. Ayşe, ein 18jähriges Mädchen aus einer türkischen Familie, ist eine ihrer Schülerinnen. In der letzten Zeit ist Renate aufgefallen, dass die Leistungen von Ayşe, die normalerweise sehr gut in der Schule mitkam, schwächer werden. Deshalb hat sie ihre Eltern zu einem Treffen gebeten, um mit ihnen über die möglichen Ursachen zu sprechen.
Zum Termin erscheint Ayşes Vater, Herr Kuru. Er entschuldigt seine Frau, die nicht genügend Deutsch kann. Beim Gespräch findet die Lehrerin heraus, dass Herr Kuru sich seit einiger Zeit in einem massiven Konflikt mit Ayşe befindet, die sich der arrangierten Heirat mit einem entfernten Cousin widersetzt. Sie hat schon zwei Verlobungen platzen lassen. Renate hat den Eindruck, dass Herr Kuru von ihr Verständnis und Unterstützung der Heiratspläne erwartet. Sie fühlt Empörung und Wut über die Haltung des Vaters und bricht das Gespräch ab."

ARBEITSANREGUNG 9

Suchen Sie Romane und Spielfilme, die das Leben von Migranten in Deutschland thematisieren. Finden Sie darin Darstellungen von verschiedenen Sichtweisen und Perspektiven? Werden Konflikte sichtbar? Sind die Konflikte durch Kulturunterschiede, Situationen oder individuelle Charaktere verursacht?

KONTROLLFRAGEN

1. Welche Hilfekonzepte kennen Sie aus Ihrer eigenen Berufserfahrung?

2. Wie beschreiben Sie die Erziehungskonzepte, die in Ihrer Kultur vertreten werden?

3. Wie beschreiben Sie die Machtkonstellationen, die die sozialpädagogische Arbeit am stärksten beeinträchtigen können?

4. Welche Stereotypen über Muslime können die sozialpädagogische Arbeit besonders stark beeinflussen?

5. In welcher Art sollten in Ihre Arbeit die Kenntnisse über „Muslime in der Beratung" einfließen?

6. Warum sollten Menschen mit Migrationshintergrund nicht direkt nach ihrer Herkunft gefragt werden?

7. Welche Ressourcen können genutzt werden, um die interkulturelle Kommunikation in der Sozialarbeit zu verbessern?

LITERATUR

- Atabay, Ilhami: *Zwischen Tradition und Assimilation. Die zweite Generation türkischer Migranten in der Bundesrepublik.* Freiburg 1998.
- Auernheimer, Georg: *Einführung in die interkulturelle Erziehung.* Darmstadt 1991.
- Banning, Hans: *Bessere Kommunikation mit Migranten. Ein Lehr- und Trainingsbuch.* Basel 1995.
- Breuer, Rita: *Familienleben im Islam.* Freiburg 1998.
- Emmendorfer-Brößler, Claudia: *Feste der Völker – ein multikulturelles Lesebuch.* Frankfurt/M. 1999.
- Freise, Josef: *Interkulturelle Soziale Arbeit. Theoretische Grundlagen, Handlungssätze. Übungen zum Erwerb interkultureller Kompetenz.* Schwalbach 2007.
- Hinz-Rommel, Wolfgang: *Interkulturelle Kompetenz. Ein neues Anforderungsprofil für die soziale Arbeit.* Münster 1994.
- Handschuk, Sabine, W. Klawe: *Interkulturelle Verständigung in der Sozialen Arbeit. Ein Erfahrungs-, Lern- und Übungsprogramm zum Erwerb interkultureller Kompetenz.* München 2004.
- Koptelzewa, Galina: *Interkulturelle Kompetenz in der Beratung. Strukturelle Voraussetzungen und Strategien der Sozialarbeit mit Migranten.* Münster 2004.
- Storz, Henning, C. Reißland (Hg.): *Staatsbürgerschaft im Einwanderungsland Deutschland – Handbuch für die interkulturelle Praxis in der Sozialen Arbeit, im Bildungsbereich, im Stadtteil.* Opladen 2002.
- Treichler, Andreas, N. Cyrus (Hg.): *Soziale Arbeit in der Einwanderungsgesellschaft.* Frankfurt/Main 2004.

EIGENE NOTIZEN

8.3 INTERKULTURALITÄT IN GESUNDHEIT UND PFLEGE

In diesem Modul erfahren Sie etwas über die Beziehung zwischen Kultur und Gesundheit bzw. Pflege. Sie werden in interkulturelle Aspekte von Gesundheit wie z. B. die unterschiedlichen Auffassungen von Organen, von Schmerz, Erkrankung, Krankheit, Gesundheit und Heilung eingeführt. Sie erhalten ein Grundwissen, das Ihnen hilft, in Krankenhaus, Pflegeheim oder ärztlicher Praxis kulturkompetent zu handeln und zu kommunizieren.

- Erkrankung, Kultur und Kommunikation
- Erklärungsmodelle für Krankheitsursachen
- Bedeutungszentrierter Krankheitsbegriff
- Interkulturelle Perspektiven auf
  Krankheitsverhalten und Schmerz
  die Bedeutung von Organen
  die Verbindung von Geist und Körper
  Ernährung

ERKRANKUNG, KULTUR UND KOMMUNIKATION

In einer kulturell vielfältigen Gesellschaft, wie sie vor allem in den Großstädten Deutschlands entstanden ist, können im Gesundheitsbereich kulturelle Unterschiede ein Potenzial für die Entstehung von Missverständnissen und Konflikten sein. So kann der Umgang mit Krankheit oder Schmerz je nach Kultur sehr unterschiedlich ausfallen. Wie erkennt man die Unterschiede und wie geht man mit ihnen angemessen um?

Berichte über Missverständnisse und Konfliktsituationen in der Arztpraxis, im Krankenhaus oder im Pflegeheim sollten sorgfältig beachtet werden. Dabei ist jedoch stets mit Vorsicht zu fragen, ob tatsächlich kulturelle Differenz die Ursache des jeweiligen Problems ist. Denn auch Unterschiede in Lebensalter, Geschlecht, sozialer Hintergrund, Bildungsstand, Weltanschauung oder Beruf können für unterschiedliche Wahrnehmungen und Deutungen, also letztlich für „abweichendes" Verhalten verantwortlich sein. Ähnlich wie in vielen anderen Bereichen der Gesellschaft wird im Gesundheitssektor oft leichtfertig nach kulturellen Erklärungen gegriffen, wenn es um Personen mit sichtbarem Migrationshintergrund geht: Verhalten sich „die Fremden" „anders", werden sie oft vorschnell in die „kulturelle Ecke" gestellt.

„Kulturelle Blindheit" ist die andere weit verbreitete Haltung im Gesundheitsbereich: Viele Menschen gehen unausgesprochen davon aus, dass es bei Gesundheit und Krankheit nur eine „objektive", kulturneutrale Perspektive gebe, und meinen, dass Krankheiten auf objektive biologische Probleme zurückgehen, die technisch und mechanisch in den Griff zu kriegen seien. Diese Sichtweise bildet die Basis der Gesundheitsversorgung in vielen westlichen Ländern, auf ihr beruht auch die Biomedizin bzw. Schulmedizin. Auch wenn sie weit verbreitet ist und die Basis der Gesundheitsversorgung bildet, so kann diese Perspektive doch kaum universelle Gültigkeit beanspruchen, denn sie ist das Ergebnis einer Kombination aus spezifischen wirtschaftlichen, historischen, kulturellen und sozialen Faktoren.

ARBEITSANREGUNG 1

Diskutieren Sie in der Kleingruppe die unten genannten Konfliktsituationen. Wägen Sie kritisch ab, ob und wie in jedem einzelnen Fall Kulturunterschiede eine Rolle spielen könnten. Welche anderen Ursachen könnten auch eine Bedeutung haben?

- Ein 60jähriger Klinikpatient, der vor zwölf Jahren aus der Osttürkei zugewandert ist, verweigert die Untersuchung durch die diensthabende 42jährige deutsche Ärztin.
- Die ukrainische Pflegerin ist mit den technischen Geräten im Pflegeheim nicht vertraut und macht stets Fehler bei ihrer Bedienung.
- Die aus Vietnam stammende und seit acht Jahren in Deutschland tätige Krankenschwester verschweigt dem Oberarzt eine Beobachtung, die sie bei der Pflege einer Patientin macht, obwohl diese für den Krankheitsverlauf relevant ist.
- Die afghanische Patientin isst nicht die im Krankenhaus angebotenen Mahlzeiten und lässt sich stattdessen mit großen Essenspaketen von der Verwandtschaft versorgen.

Ohne die leitenden Muster der menschlichen Kultur, so formulierte es einmal der berühmte Anthropologe Clifford Geertz, wüsste der Mensch nicht, wie er (sich) fühlen solle. Gerade im hochsensiblen Bereich menschlichen Befindens werden tief liegende kulturelle Einflüsse und Werte ausgedrückt, die den Beteiligten in der Regel nicht bewusst sind.

ARBEITSANREGUNG 2

Lesen Sie die Erzählung „Der Radiodoktor" in der Erzählsammlung „Russendisko" des populären deutschrussischen Schriftstellers Wladimir Kaminer. Darin werden in humoristischer Art einige spezifische Einstellungen russischer Migranten zu Krankheit und insbesondere zu ärztlicher Betreuung dargestellt. Wie finden Sie die im ersten Absatz geschilderten Ansprüche an die behandelnden Ärzte?

Versuchen Sie in Gesprächen mit Migranten oder durch Beobachtungen zu ermitteln, inwiefern die Schilderungen auf reale Begebenheiten zurückgehen oder das Produkt schriftstellerischer Phantasie sind.

Erkrankungen können generell unter zwei Aspekten betrachtet werden:

a. Die „harten" Fakten
   Krankheit kann in der Regel nach bestimmten medizinischen Kriterien einer medizinischen Schule oder Tradition festgestellt und diagnostiziert werden. Weltweit nimmt die Biomedizin (westliche Schulmedizin) dabei eine führende Rolle ein. Andere große medizinische Traditionen wie z. B. die chinesische oder indische ayurvedische Medizin folgen ihren eigenen theoretischen Annahmen und haben dementsprechend andere Diagnosekriterien.

b. Das „weiche" Verhalten
   Krankheit wird subjektiv höchst unterschiedlich erlebt, erfahren und zum Ausdruck gebracht. Das heißt, dass Erkrankung und alle damit verbundenen Erscheinungen über spezifische Verhaltensweisen geäußert werden, die je nach Blickwinkel sehr unterschiedlich sein können.

Diese zwei Aspekte sind in der Realität nicht voneinander zu trennen; vielmehr bilden sie eine Einheit. Nur wenige Situationen sind denkbar, in denen nur der eine Aspekt herangezogen werden muss: Ein Beispiel ist eine starke Vergiftung, nach der wenige Minuten später der Tod eintritt. In diesem Fall hat ein Mensch gar keine Zeit, Krankheit individuell zu erleben und mitzuteilen. Ein Gegenbeispiel ist die „eingebildete Krankheit", bei der kein Arzt in der Lage ist, irgendeine Erkrankung zu diagnostizieren, es dem Menschen aber trotzdem sehr schlecht geht. Hier dominiert der „weiche" Verhaltensaspekt.

Beliebter bei Ärzten ist der „harte" Aspekt von Erkrankung. Denn auch bei „eingebildeten" Krankheiten würden viele Fachärzte zunächst versuchen, eine sichere diagnostische Einordnung der Erkrankung zu treffen und somit die „harte" Perspektive zu vertreten. Beide Seiten sind mit Kultur und Kommunikation verwoben. Der erste Aspekt wird durch die medizinische Schule oder Tradition bestimmt, die die theoretische Basis für Diagnostik und Behandlung legt. Diese existiert nicht an sich, sondern ist von Menschen geschaffen und wird von ihnen mitgeteilt und interpretiert.

Der zweite Aspekt, das individuelle Krankheitserleben und -verhalten, wird ebenfalls durch kulturelle Vorgaben mit beeinflusst. Was empfindet ein Mensch überhaupt als Abweichung von einer als „gesund" definierten Norm? Wird der Erkrankte selbst aktiv oder erwartet er passiv Hilfe von Experten? Muss man bei Schmerzen „die Zähne zusammenbeißen" oder darf man laut klagen oder schreien? Die Gestaltung der Verhaltensaspekte wird zwar individuell vorgenommen, doch in vielen Fällen sind es auch kollektive kulturelle Muster, die das Erleben leiten.

Jede Wahrnehmung, Einordnung und Interpretation von Krankheit muss vom Individuum bewusst gemacht werden, bevor sie sprachlich ausgedrückt werden kann. Kommunikation spielt dabei eine wichtige Rolle. Meist definiert sich der Kranke selbst als krank oder veranlasst durch sein Verhalten seine Umwelt zu dieser Einschätzung. Es werden dann je nach kulturellem Hintergrund Erklärungen für die jeweiligen gesundheitlichen Störungen erstellt und „verhandelt". Alle, Gesunde und Kranke, Behandelnde und Pflegende, müssten sich gegenseitig ihre Interpretationen deutlich machen, wenn sie erfolgreich miteinander umgehen wollten (vgl. Modul 7).

ERKLÄRUNGSMODELLE FÜR KRANKHEITSURSACHEN

Körperzustände sind im Regelfall für Außenstehende kaum sichtbar. Sie werden verbal und nonverbal kommuniziert und haben immer einen Bezug zum jeweiligen sprachlichen und kulturellen Kontext. Als Beispiel möge die folgende Geschichte dienen:

„Peter niest und der Kopf fühlt sich ein wenig zu warm an.

‚Das wird ein Schnupfen', denkt er, ,ich wäre doch besser gestern bei diesem kühlen Wetter nicht schwimmen gegangen'".
Sein Kollege ist besorgt: ‚Es grassiert seit drei Wochen eine schwere Grippe! Bestimmt hast du die jetzt auch erwischt und steckst uns alle an!' Doch das glaubt Peter nicht, denn dann müsste er sich doch noch viel schlechter fühlen.
Eine Kundin hört das Gespräch und sagt: ‚Kein Wunder, wenn Sie krank werden, Sie sitzen hier ja dauernd im Zug!' – ‚So ein Unsinn,' sagt daraufhin eine andere Kundin, ,eine Erkältung ist eine Viruserkrankung und sonst gar nichts!'
Am Abend zuhause bekommt Peter von seiner Freundin eine ganz andere Erklärung. ‚Du arbeitest so viel und hast zu wenig Entspannung. Das schwächt das Immunsystem und man wird anfällig für jede kleine Erkrankung. Und überhaupt ist das Ganze bestimmt psychosomatisch: Du willst doch eigentlich schon lange eine andere Art von Arbeit und kannst das im Moment nicht umsetzen. Jetzt sagt dir dein Körper einfach ,ich habe die Nase voll'."

Alle diese Erklärungen sind uns vertraut und erscheinen mehr oder weniger plausibel, denn sie entstammen alle der Bandbreite unserer Kultur. Sie gehen auf naturwissenschaftlich orientierte („Viruserkrankung"), laienmedizinische („Zug abgekriegt"), immunologische („Schwächung des Immunsystems") oder psychosomatisch orientierte („Ich habe die Nase voll") Ansätze zurück. Sie stehen auch parallel zur Verfügung und werden dem jeweiligen Zusammenhang und der Erwartung des Gegenübers angepasst.

Den meisten von uns wären hingegen Erklärungen, die die Ursache des Schnupfens in einem gestörten sozialen oder individuellen Gleichgewicht sehen, fremd und kaum nachvollziehbar. Auch eine Erklärung, die von der Einordnung in Kälte- und Hitzekrankheiten,

der Beleidigung der verstorbenen Ahnen oder dem bösen Blick ausgeht, würden wir nicht akzeptieren und vielleicht sogar als „abenteuerlich" beiseite lassen. Alle diese Erklärungen sind jedoch in anderen kulturellen Kontexten möglich und sinnvoll und erfüllen dort dieselbe Funktion: die Erkrankung in einen Bedeutungsrahmen einzuordnen. Erklärungsmodelle für Krankheiten sind tief in der Kultur verankert; entsprechend verlieren sie ihre Sinnhaftigkeit, wenn sie über kulturelle Grenzen hinweg übertragen werden.

Jede Erkrankung wird also aus der akzeptierten populären Medizinkultur, aus den zur Verfügung stehenden Theorien, aus Alltagswissen, aus religiösen, weltanschaulichen und individuellen Überzeugungen und einem Netzwerk kulturell gegebener Bedeutungen konstruiert. Diese Konstrukte nennt man Erklärungsmodelle. Generell kann man zwischen zwei Arten von Erklärungsmodellen unterscheiden, nämlich zwischen internalisierenden und externalisierenden.

Internalisierende Erklärungsmodelle

Internalisierenden Erklärungsmodellen liegt die Annahme zugrunde, dass Krankheitsursachen innerhalb der menschlichen Kontrolle liegen. Man geht von der Existenz feststellbarer und bekämpfbarer Krankheitsursachen aus, die sowohl innerhalb als auch außerhalb des Körpers liegen können, wie z.B. Viren oder Bakterien. Betrachtet man Krankheit überwiegend in diesem Rahmen, dann ist sie auch Ergebnis bestimmter Lebensweisen.
In internalisierenden Systemen spielt dementsprechend das persönliche (Fehl-)Verhalten als Krankheitsursache eine besondere Rolle, z.B. Lebensstil, Rauchen oder Ernährungsweise. Innerhalb dieses Erklärungsmusters liegt es in der Verantwortung des Individuums, sich „richtig" zu verhalten, so dass Krankheitsentstehung oder -entwicklung selbst kontrolliert werden können. Solche Erklärungsmuster sind eng mit individualistisch geprägten Vorstellungen und Werten verbunden, in denen der Mensch als „seines Glückes Schmied" erscheint, der es weitgehend in seiner Hand hat, gesund zu bleiben oder krank zu werden. Gesellschaftlich akzeptiert ist der kranke Mensch nur dann, wenn er sich aktiv und verantwortungsbewusst verhält. Denn in einer Gesellschaft, in der Krankheit vor allem als Arbeitsunfähigkeit gesehen wird, ist zwar eine Freistellung von der normalen Rollenverpflichtung vorge-

sehen, doch muss umgehend nach kompetenter Hilfe gesucht und der abweichende Zustand schnellstmöglich beendet werden.

Zu dieser Vorstellung des eigenverantwortlichen Menschen passt das Kriterium „Schuld", das zur moralischen Bewertung von Erkrankungen führt. So wurde z. B. bei Krebserkrankungen die psychische Verfassung als eine Entstehungsursache angesehen und diese wiederum als der Kontrolle der Erkrankten unterliegend. „Hättest du dich anders (= besser) verhalten, so wäre diese Krankheit nicht entstanden, und damit trägst du eine Mitschuld" – so lautet die Botschaft des internalisierenden Erklärungsmodells, mit der viele Kranke zumindest indirekt konfrontiert werden.

Das Element Schuld spielt auch bei anderen Erkrankungen eine große Rolle, vor allem bei Geschlechtskrankheiten, die besonders negativ bewertet werden. Das als unmoralisch angesehene Verhalten steht bei diesen Erkrankungen im Vordergrund und verstellt oft den Blick auf andere Krankheitsrealitäten. Besonders deutlich wurde die verurteilender Schuldzuschreibung bei der HIV-Infektion, wo der Faktor Schuld auf mehreren Ebenen mit großer Selbstverständlichkeit diskutiert wurde: Auf der individuellen Ebene wurde „falsches" Sexualverhalten als Ursache angesehen, auf der gesellschaftlichen der „Verfall der Moral". Mit der Frage, aus welchem Land das HIV stamme, gab es sogar eine nationale Ebene, so als ob die „Nationalität" eines Virus Bedeutung für Behandlung oder Prävention hätte.

Nahe bei der Frage der Schuld liegt die des Risikos, wenn es darum geht, Krankheit nach diesem Modell zu erklären. Der Begriff „Risiko" ist in unserer Gesellschaft allgegenwärtig und mutet uns quasi natürlich an. In internalisierenden Erklärungsmustern erhält er sein Bedeutungsumfeld, denn genau genommen ist er nur dort überhaupt verständlich. „Risiko" beschreibt eine vorgestellte Gefahr bzw. versucht, diese in einer möglichst genau umrissenen Größe zu bannen. Mittels Wahrscheinlichkeitsrechnung wird aus „Fehlverhalten" und anderen Faktoren (z. B. der Familienkrebsgeschichte oder genetischen Tests) errechnet, wie hoch das „Risiko" des Individuums ist, im Laufe seines Lebens bestimmte Erkrankungen zu erleiden. Dieses Konzept wird auch auf Verhaltensweisen (Rauchen, „ungesunde" Ernährung, Übergewicht usw.) angewandt. Erklärungsmodelle, die davon ausgehen, dass bestimmte Verhaltensweisen Krankheitsrisiken darstellen, sind als kulturabhängige Konstrukte einzuordnen.

Externalisierende Erklärungsmodelle

Externalisierende Erklärungsmodelle nehmen an, dass Krankheitsursachen eher außerhalb der individuellen Kontrolle liegen. Ursachen können in der Natur oder in übernatürlichen spirituellen Kräften zu finden sein, sie können als Schicksal oder Gottesfügung angesehen werden. Sie sind jedenfalls nicht dem unmittelbaren Einflussbereich des Individuums unterworfen. Die Einflüsse von Geistern, übel wollenden Kräften oder verstorbenen Ahnen sind aus dieser Perspektive Alltagsrealität. Diese wird – ebenfalls auf einer unbewussten Ebene – als selbstverständlich und quasi natürlich wahrgenommen.

Oft wird vermutet, dass externalisierende Erklärungsmodelle eher einem vorwissenschaftlichen Verständnis zugehören und internalisierende mehr in „aufgeklärten", industrialisierten Gesellschaften vorherrschen. Das ist jedoch nicht unbedingt der Fall. Beide Modelle sind nicht unmittelbar von sozialen Faktoren wie wirtschaftlichen Bedingungen, Bildung oder Religiosität abhängig, sie können sich überschneiden und sogar parallel vorkommen.

Externalisierende Erklärungen für Krankheiten korrespondieren oft mit einem eher kollektiv orientierten Weltbild. In diesem empfindet sich das Individuum als Teil einer größeren Ordnung (vgl. Modul 6). Die Welt erscheint als fließendes, schwer überschaubares Ganzes aus natürlichen und übernatürlichen, materiellen und immateriellen Elementen, dessen innere Balance gewährleistet sein muss. Ein externalisierendes Erklärungsmuster bedeutet allerdings nicht, dass man sich der Erkrankung ausgeliefert sehen muss. Der Mensch als Teil dieses Ganzen strebt dann nach Harmonie mit und in diesem komplexen Zusammenhang und hat dabei erhebliche Einflussmöglichkeiten. Auch wenn Menschen Krankheitsursachen überwiegend als außerhalb ihrer Kontrolle liegend erleben, haben sie durchaus die Verpflichtung, das ihnen Mögliche zur Gesundung beizutragen.

ARBEITSANREGUNG 3

Erinnern Sie sich an eine eigene oder eine aus nächster Nähe miterlebte Erkrankung eines anderen Menschen. Welche Erklärungen gab es dafür? Sammeln Sie verschiedene Erklärungen: Ihre eigenen, die des Betroffenen, von Familienmitgliedern, von Ärzten, Freunden, Kollegen. Gab es Ähnlichkeiten in den Erklärungen? Welchen Bezug lassen die Erklärungen zu den beiden Typen von Erklärungsmodellen erkennen?

BEDEUTUNGSZENTRIERTER KRANKHEITSBEGRIFF

Wie können wir uns den vielfältigen Vorstellungen von Krankheit nähern? Welches Konzept hilft am besten, wenn wir Kranksein und Heilung kulturempfindsam behandeln wollen? Für alle, die im Gesundheitsbereich tätig sind und mit kulturell unterschiedlicher Klientel zu tun haben, bietet der bedeutungszentrierte Begriff von Erkrankung die Möglichkeit, kulturelle Unterschiede in die Erklärungsmodelle einzubeziehen. Der bedeutungszentrierte Krankheitsbegriff geht von zwei Grundannahmen aus:

a. Alle Erkrankungselemente werden als Elemente eines ganzheitlichen sinn- und bedeutungsgebenden Zusammenhangs angesehen. Das schließt alle an dem Vorgang beteiligten Personen ein, den Erkrankten, die soziale Umgebung, die Ärzte und das Pflegepersonal.

b. Alle Formen und Maßnahmen von Behandlung und Pflege beruhen auf Interpretationen und Sinndeutungen. Letztere sind in kulturspezifische Kontexte eingebettet, die die bedeutungsgebenden Zusammenhänge bereitstellen, aus denen heraus sich die innere Sinnhaftigkeit des medizinischen Vorgehens ergibt.

Jede Erkrankung kann als ein vernetztes Ganzes von biologischer Realität und eigener Erfahrung vorgestellt werden, als ein Zusammentreffen von persönlichen Erlebnissen, von Ängsten und Belastungen, von Erwartungen bezüglich Krankheit, von sozialen Reaktionen der Freunde, Nachbarn und Kollegen. Krankheit kann nicht auf das einfache Abbild einer Krankheitsrealität reduziert werden, sondern ist ein kulturelles Produkt unterschiedlicher Realitätsebenen. Die Aufgabe des Verstehens und Interpretierens des Charakters einzelner Symptome wird somit zum zentralen Punkt bei der gesundheitlichen Versorgung.

Nur wenn die Krankheitsbedeutung von Erkrankten und Behandelnden zumindest ansatzweise gleich gese-

hen wird, wenn es also einen gemeinsam angenommenen Bedeutungszusammenhang gibt, ist eine erfolgreiche Behandlung möglich. Das Erklärungsmuster des Patienten muss dem Arzt bekannt sein und umgekehrt. Wenn es keine Übereinstimmung gibt, wird der Patient mit hoher Wahrscheinlichkeit der Behandlung nicht folgen. Ohne „compliance", also die Bereitschaft des Patienten, bei therapeutischen Maßnahmen mitzuarbeiten, kann aber kaum effektiv behandelt werden. Gelingt es dem Arzt nicht, den Patienten von seinem Erklärungsansatz zu überzeugen, dann führt das zu den weithin bekannten Folgen der „non-compliance": Behandlungen werden nicht vollständig durchgeführt oder gar nicht erst begonnen; Medikamente werden nicht eingenommen, weil sie von Patienten als nicht sinnvoll angesehen werden; oder es werden andere Behandlungswege gesucht, die als angemessener erscheinen.

ARBEITSANREGUNG 4

Die folgende Geschichte ist nach einem realen Fall verfasst. Diskutieren Sie sie einzeln oder in Gruppen nach den unten stehenden Fragen:
„Ein Elternpaar aus Süditalien, das in Hamburg wohnt, bringt seine sechsjährige Tochter in die Kinderklinik. Die Kleine hustet, hat Fieber und ist leicht apathisch. Im Gespräch wird bald deutlich, dass die Eltern glauben, ihre Tochter sei vom bösen Blick getroffen. Der Arzt diagnostiziert allerdings, dass das Mädchen an Grippe erkrankt ist und ordnet die entsprechende Behandlung an. Die Eltern wirken verstört und erklären, sie möchten schnell heim.

Wie erklären Sie das Verhalten der Eltern?

- Hat der Arzt die Bedeutung der Krankheitsursache „Böser Blick" in vollem Umfang erkannt?
- Warum hat der Arzt die Erklärung der Eltern nicht beachtet?
- Wie sollte der Arzt mit der Krankheitsursache „Böser Blick" umgehen?
- Sollte er die Behandlung abwandeln oder gar aufgeben?
- Wie könnte das Mädchen effektiv geheilt werden?

In enger Verbindung mit dem bedeutungszentrierten Krankheitsbegriff stehen die Klassifizierungen von Erkrankungen. Derartige Klassifizierungen sind im Prinzip Zusammenstellungen von Kriterien dafür, wie eine gesundheitliche Störung einzuordnen und zu diagnostizieren ist. Sie unterscheiden sich je nach medizinischer Tradition.

Die westliche Schulmedizin klassifiziert nach einheitlichen und von ihr als „überkulturell" angesehenen Zuordnungen. Dafür gibt es Nachschlagewerke wie „The International Classification of Diseases" oder „The Diagnostic and Statistical Manual of Mental Disorders". In diesen Lexika sind alle der Schulmedizin bekannten Diagnosen aufgelistet.

Dieser Art von Krankheitserfassung stehen Beispiele aus anderen Kulturen gegenüber, die auf ganz andere Denkrahmen verweisen. Was wir als Hauterkrankung oder Ekzem klassifizieren, kann in der in Süd- und Ostasien verbreiteten Heiß-Kalt-Klassifikation als Hitzekrankheit erkannt werden. Nach dieser Theorie drängt im Übermaß vorhandene Hitze immer aus dem Kör-

per heraus und verursacht dadurch Hauterkrankungen, die durch Zuführen von Kälte geheilt werden können. In diesem Denken ist eine Balance der im Körper wirkenden Kräfte und Qualitäten nötig, um den Körper gesund zu erhalten.

Die Heiß-Kalt-Klassifizierung umfasst alle Bereiche menschlichen Lebens und gilt für alle Stoffe, die dem menschlichen Körper zugeführt werden können. Sie werden als heiß oder kalt bezeichnet im Hinblick auf ihren Effekt, den sie auf den menschlichen Körper haben: Bestimmte Speisen oder Getränke wärmen den Körper, andere kühlen ihn. Wärmen oder kühlen kann dabei mit subjektiv empfundenen oder objektiv feststellbaren Temperaturen verbunden sein.

Diese Klassifizierung geht auf ein altes medizinisches Paradigma zurück, das im Westen durch die Verbreitung der chinesischen Medizin bekannt geworden ist. Eine der vielen Ebenen in der Polarität von Yin und Yang entspricht der Einteilung in kalt und heiß. Auch in der ayurvedischen Medizin ist diese Klassifizierung geläufig. Bekannt ist sie auch in vielen Ländern Südamerikas und Afrikas. Auch Migranten aus der Türkei, aus dem Iran oder Afghanistan kennen diese Klassifizierung.

Medizinischen Fachkräften, aber auch Laien, fällt es oft schwer, die parallele Existenz unterschiedlicher – oft fremd und unverständlich wirkender – medizinischer Denk- und Handlungsweisen zu akzeptieren. Ähnlich wie andere kulturell bedingte Einstellungen sind auch sie mit Wertungen, Bedeutungen und Gefühlen verbunden, die die eigene Handlungsweise als die einzig denkbare erscheinen lassen. Hier gilt es, den eigenen Ethnozentrismus (vgl. Modul 4) offen zu legen und zu reflektieren, um in Behandlung und Pflege die möglichen Einflüsse verschiedener medizinischer Traditionen aufdecken und deren prinzipielle Gleichwertigkeit anerkennen zu können.

Das heißt gewiss nicht, die eigenen Überzeugungen und das eigene Wissen aufzugeben und sich Methoden anzueignen, von denen man nicht überzeugt ist. Im Rahmen einer interkulturell sensiblen Gesundheitsversorgung muss jedoch derselbe Respekt, mit dem man eigene Ansätze vertritt, auch anderen gegenüber gezeigt werden.

ARBEITSANREGUNG 5

Wie kommentieren Sie die folgenden Feststellungen:

- Es ist bekannt, dass Relocation-Firmen, die sich mit der Alltagsversorgung von Entsandten (Wohnungssuche, Schulen und Kindergärten für die Kinder, Bankverbindung usw.) befassen, sich bemühen, ihren Kunden auch Listen mit Ärzten aus dem Heimatland des Entsandten zur Verfügung zu stellen.
- Viele Deutsche bestehen im Ausland darauf, bei Erkrankungen oder Unfällen deutsche Ärzte aufzusuchen. Touristik-Unternehmen werben damit, dass deutsche Ärzte am Zielort im Hotel oder in unmittelbarer Nähe zur Verfügung stehen.
- In vielen deutschen Großstädten existiert bereits ein großes Angebot an ethnischen Arzt- und Zahnarztpraxen. Der Grund dafür ist der Umstand, dass in Deutschland lebende Migranten es oft vorziehen, Ärzte aus ihrer ethnischen Gruppe aufzusuchen.

Reflektieren Sie anschließend über Ihre eigenen Vorstellungen von der Verbindung zwischen Krankheit, Heilung und Kultur. Haben Sie schon beim Auslandsaufenthalt Gesundheitsprobleme gehabt? Waren Sie dann bei einem lokalen Arzt oder im Krankenhaus? Wie haben Sie dies erlebt?

INTERKULTURELLE PERSPEKTIVEN AUF KRANKHEITSVERHALTEN UND SCHMERZ

Es gibt keine Normen für ein „richtiges" Krankheitsverhalten. Die vielen denkbaren Varianten sind durch individuelles Empfinden und durch kulturelle und soziale „Abmachungen" bestimmt und betreffen mehrere Bereiche:

a. Beschwerden

Die Art der Beschwerden kann sehr unterschiedlich ausfallen. Viele Menschen aus Ost- und Südostasien klagen z. B. seltener über Kopfschmerzen, aber häufiger über ein Gefühl von Schwindel. Auch die Spezifizierung der Beschwerden kann verschieden sein: Während viele Deutsche versuchen, möglichst genau zu beschreiben, wo es weh tut, und nicht selten – zum Ärger der Ärzte – eine eigene Diagnose mitliefern, äußern sich Menschen mit einem anderen kulturellen Hintergrund häufig unspezifisch. Deutsche Ärzte schildern oft, dass Patienten aus der Türkei über Schmerzen im ganzen Körper klagen, selbst wenn nach ihrer Meinung die spätere Diagnose eher auf lokal begrenzte Beschwerden schließen lasse.

b. Ausdruck von Unwohlbefinden

Die Reaktionen auf bestimmte Leiden fallen ebenfalls verschieden aus und können kulturelle Werte zum Ausdruck bringen. So lernen in vielen Gesellschaften vor allem Männer leiden ohne zu klagen. Der Spruch „Ein Indianer kennt keinen Schmerz" bezieht sich auf ein Ideal, das ansatzweise auch in Deutschland bekannt ist. In den Äußerungen von Schmerz und Leid gibt es erhebliche Variationen. In Deutschland lebende Migranten aus Südeuropa haben mit ihrem „übertriebenen" Wehklagen schon oft Belustigung, Befremden oder Ärger ausgelöst. Ob man Trauer und Schmerz lauthals äußern oder eher still mit sich selbst abmachen soll – dafür gibt es keine „natürlichen" allgemein gültigen Regeln.

c. Über Krankheit und Unwohlbefinden sprechen

Es kann einen unterschiedlichen Umgang auch mit der Frage geben, ob Menschen allein oder in Gesellschaft sein wollen, wenn es ihnen schlecht geht, bzw. wie sehr die soziale Umgebung es zulässt, am Leiden „nahe dran" zu sein. Menschen mit einer eher individualistischen Orientierung bevorzugen Ruhe und Isolation. Das ist in einer Gesellschaft mit eher kollektivistischer Orientierung (vgl. Modul 6) nicht denkbar, denn da ist die Gemeinschaft für das Gesunden geradezu notwendig. Vielleicht versammeln sich Familie und Freunde um das Krankenbett, bringen Essen und Trinken mit und unterhalten sich lebhaft über alle möglichen Belange. Ein solches Verhalten führt in deutschen Kliniken häufig zu Konflikten sowohl mit dem Personal als auch mit anderen Patienten, die eher individualistisch orientiert sind. Für das Kollektiv kann die Erkrankung des Einzelnen zudem eine Bedeutung haben, die in individualistisch orientierten Gesellschaften nicht erlebt wird. Die Familie fühlt sich für Entscheidungen mit zuständig und muss in diese mit einbezogen werden.

d. Gender

Auch den Gender-Aspekt gilt es zu berücksichtigen. So erwarten in strenger patriarchal ausgerichteten Kulturen die Männer (Ehemänner, bei unverheirateten Frauen die Väter und Brüder), dass sie in der Kommunikation mit Arzt und Pflegepersonal eine entscheidende Rolle spielen. Manchmal wollen sie über die Behandlung (mit)bestimmen. Dieses Verhalten kann gerade in einer emanzipatorisch orientierten Umgebung auf widersprüchliche Gefühle oder sogar heftige Ablehnung stoßen. Dasselbe Problem kann im umgekehrten Fall auftreten, wenn nämlich Frauen, die an Gleichbehandlung gewöhnt sind, in männerdominierte Situationen geraten und erkennen, dass sie weder die Kommunikationsart bestimmen können noch an Entscheidungen über ihren Gesundheitszustand beteiligt werden.

e. Verhalten von medizinischem und pflegerischem Personal
Es können kulturell unterschiedliche Erwartungen an das Verhalten von Ärzten, Krankenschwestern und Pflegern gerichtet werden. Soll man sich eher autoritär verhalten oder eher partnerschaftlich? Kann eine gutes pflegerisches oder ärztliches Verhältnis eher durch eine persönliche Beziehung entstehen oder durch Distanz? Werden körperliche Kontakte gewünscht oder abgelehnt? Vgl. hierzu die Aussage „Wie kann dieser Arzt mir helfen, er hat mich ja nicht ein einziges Mal berührt". Gibt es eventuell Wünsche von Patienten nach besonders prestigeträchtigen Mitteln oder Behandlungen? Manchmal werden aus diesem Grund bestimmte Medikationen verlangt, die nach ärztlichem Ermessen gar nicht notwendig sind. Auf diese Fragen kann es keine einheitlichen Antworten geben, sie müssen aber im Kontakt achtsam (vgl. Modul 4) mitbedacht werden.

f. Kommunikationsstil
Kommunikationsmuster können so unterschiedlich sein, dass dies ernsthafte Probleme aufwirft: Erfolgt die Kommunikation direkt oder über Anspielungen und über das Erzählen von Geschichten? Welche Höflichkeitsnormen gelten für die Beteiligten? Für viele Menschen ist es undenkbar nachzufragen, wenn sie etwas nicht verstanden haben, oder gar offen zu widersprechen. Ein Kopfnicken kann Zustimmung signalisieren oder aber nur die Aussage „Ich habe Sie gehört", ohne dass Patient und Personal übereinstimmen müssen. Missverständnisse, die daraus resultieren, haben erhebliche Folgen für die „compliance". Auch Gestik und nonverbale Kommunikation können zu Problemen führen: So wird

Zustimmung nicht überall mit einem Kopfnicken ausgedrückt, sondern manchmal mit einer Kopfbewegung, die in Mitteleuropa eher als Verneinung interpretiert wird. Direkter Blickkontakt wird von vielen Asiaten als unhöflich bis unverschämt empfunden. Wird hingegen in Mitteleuropa eine behandelnde oder pflegende Person nicht angesehen, fühlt sie sich leicht missachtet oder herabgesetzt.

g. Sprachbarrieren
Sprachbarrieren können es zusätzlich erheblich erschweren, unterschiedliches Verhalten zu erkennen. Häufig wird es in die Verantwortung der Patienten geschoben, wenn sie wenig Deutsch sprechen, und es wird für deren Defizit gehalten, wenn sie Ausdrücke wie „taubes Gefühl", „stechender Schmerz" oder „machen Sie sich frei" nicht verstehen und entsprechend inadäquat reagieren.

Der Einsatz von Dolmetschern bei ärztlichen Behandlungen ist in Deutschland bis heute die Ausnahme. Es muss dabei beachtet werden, dass Dolmetscher für den Bedarf in der Behandlungssituation qualifiziert sein müssen. Die Dinge, die dort thematisiert werden, berühren oft persönliche Überzeugungen und können „peinliche" Situationen entstehen lassen. Es kommt vor, dass Äußerungen des Patienten von den oft hoch qualifizierten Dolmetschern nicht übersetzt oder verkürzt zusammengefasst werden, wenn sie ihnen als zu „unwissend" oder „abergläubisch" oder als unwichtig erscheinen. Aber auch das Übersetzen durch Familienangehörige oder gar die Kinder belastet viele Patienten, ganz besonders, wenn es um schwere oder tabuisierte Gesundheitsprobleme geht wie z. B. Erkrankungen der Geschlechtsorgane.

INTERKULTURELLE PERSPEKTIVEN AUF DIE BEDEUTUNG VON ORGANEN

Ein weiteres Beispiel für den kulturell geprägten Umgang mit Gesundheit und Krankheit ist die Zuschreibung von Organbedeutungen. Um Unterschiede zu beobachten, reicht schon ein Blick nach Frankreich. Dort ist die „crise de foie", die „Leberkrise", ein häufig geäußertes Beschwerdebild. Viele Leiden werden auf die Leber zurückgeführt – ein Erklärungszusammenhang, der hierzulande bei den meisten Menschen lediglich Irritation hervorruft. In Deutschland steht dage-

gen mehr das Herz im Zentrum der Aufmerksamkeit, was sich etwa in einer höheren Rate von Diagnosen von Herz-Kreislauf-Erkrankungen ausdrückt.

Ganz „selbstverständlich" nehmen wir im deutschen Sprachraum das Herz als Sitz der Gefühle an, was Koseworte, Gedichte, Schlagertexte und Alltagssprache deutlich belegen. In anderen Kulturen wird jedoch die Leber als körperlicher Ort von Gefühlen angesehen: In indonesischen Schlagern etwa wird die Liebesbezeugung über das Wort für „Leber" zum Ausdruck gebracht, während in deutschen Liedern unhinterfragt das Herz besungen wird: „In meinem Herzen gibt's nur dich". Bei türkischen Patienten sind Krankheitsbilder wie der „gefallene Nabel" oder die „vergrößerte Leber" bekannt, was in der Vergangenheit manchmal zur Einweisung in die Psychiatrie führte, weil deutsches medizinisches Personal mit einem solchen Krankheitsbild nichts anfangen konnte und es für den Ausdruck einer psychischen Störung hielt.

Wie alle kulturell bestimmten Überzeugungen verändern sich solche Konzepte durch bestimmte Entwicklungen oder auch äußere Einflüsse. So ist es für einen interkulturell achtsamen und kompetenten Umgang für den Arzt ebenso wie für den Patienten wichtig, verschiedene Konzepte von Organen zu kennen.

INTERKULTURELLE PERSPEKTIVEN AUF DIE VERBINDUNG VON GEIST UND KÖRPER

Ob und wie Menschen Erkrankungen als körperlich oder geistig erleben, zuordnen und schildern, unterscheidet sich je nach kulturellem Hintergrund. So ist es möglich, dass Patienten Krankheit als einen gan-zen Körper erfassenden Zustand erleben, auch wenn es sich nach biomedizinischen Kriterien um eine psychische Krankheit handelt. In der Arbeit mit solchen Patienten kann man oft erfahren, dass der Vorschlag, eine Psychotherapie zu machen, überhaupt nicht verstanden und dementsprechend abgelehnt wird. Zum einen ist vielen Menschen ein solches Konzept von Therapie nicht bekannt, zum anderen kann häufig die Zuordnung zur psychischen Erlebensseite nicht nachvollzogen werden. Es liegt auf der Hand, dass bei so wenig Übereinstimmung der Erklärungsmuster eine Therapie nach biomedizinischem Konzept nicht erfolgreich sein kann.

Starke Gefühle können aber auch Schmerzen bzw. Missempfindungen in einem Organ hervorrufen, wie es z. B. bei Zugewanderten mit türkischem Hintergrund in den 1980er und 1990er Jahren beschrieben wurde. Dabei ging es häufig um die Leber, die als „gefallen" oder „vergrößert" empfunden wurde, ohne dass eine organische Veränderung schulmedizinisch nachweisbar war. Diese Beobachtung wurde als Somatisierung seelischer Beschwerden interpretiert, also das Ausleben psychischer Probleme auf körperlicher Ebene. Diese Interpretation unterstellt, dass Patienten auch eine andere Möglichkeit hätten, ihre Beschwerden zu benennen, wenn sie nur in anderen, „richtigeren" Kategorien dächten. Auch hier macht die interkulturelle Perspektive deutlich, dass es ein „Richtig" oder „Falsch" nicht gibt. Der Begriff „Somatisierung" ist nur in einer medizinischen Kultur sinnvoll, die körperliche und psychische bzw. seelische Beschwerden voneinander trennt. In manchen Kulturen wird diese Unterscheidung überhaupt nicht empfunden und verstanden, da der Mensch nicht in diesen getrennten Einheiten wahrgenommen wird.

Innerhalb der Schulmedizin wird mittlerweile eine strikte Trennung von Materie und Geist nicht mehr durchgängig praktiziert: Die Öffnung einst fest angenommener Grenzen zeigt sich in der Existenz von Fachgebieten wie Psychosomatik oder Psychoneuroimmunologie. Dennoch hat sich in der populären Meinung die Vorstellung festgesetzt, dass eine Erkrankung entweder „psychisch" oder „körperlich" sei oder zumindest bestimmte prozentuale Anteile der einen oder anderen Richtung beinhalte. Auch der Begriff Psychosomatik drückt das Bemühen aus, die Sphären Körper und Geist zusammen bringen zu wollen, was die Vorstellung von deren Trennung voraussetzt.

Bereits die Unterscheidung in physiologische, psychologische und übernatürliche Krankheitsursachen ist also abhängig von medizinischen Grundannahmen. Die Verbindung von Körper und Geist kann in nicht-schulmedizinischen Traditionen ein viel stärkeres Gewicht haben, als wir das trotz der Existenz psychosomatischer Erklärungsansätze nachvollziehen können. Das ist in der ayurvedischen Medizin der Fall, in der zudem ein Eingebettet-Sein in universelle Prinzipien angenommen wird Auch in der Homöopathie, wie sie in Deutschland praktiziert wird, gehört die unauflösliche Verbindung von Körper und Geist zu den Grundvoraussetzungen des gesamten Konzepts. Vor diesem Hintergrund ist die Behandlung mit hochpotenzierten homöopathischen Mitteln sinnvoll, die als die energiereichsten und wirksamsten angesehen werden, ohne dass nach naturwissenschaftlichen Kriterien ein einziges Molekül der Ausgangssubstanz in ihnen nachgewiesen werden könnte.

INTERKULTURELLE PERSPEKTIVEN AUF ERNÄHRUNG

Die Bedeutung der Ernährung bei Krankheit und Pflege wird häufig unterschätzt. Essen ist nicht nur ein physiologisches Grundbedürfnis, sondern ein Ereignis mit sozialen Funktionen. Es ist ökonomischen, sozialen, emotionalen und gesundheitlichen Aspekten unterworfen und damit ein Element kulturellen Lebens, das zur Identitätsbildung oder -stärkung beitragen kann. Essen kann „Heimat" oder „Fremde" vermitteln, kann Wandel oder Kontinuität signalisieren. Die Nahrungsaufnahme betrifft im besonderen Maße das Wohlbefinden und ist überall mit bestimmten kulturellen Vorstellungen und Regeln verbunden, die Gesundheit und Krankheit betreffen. Ganz besonders bei kranken Menschen sollte den Ernährungsgewohnheiten große Aufmerksamkeit geschenkt werden:

Bei Krankheit wird die vertraute Nahrung als stärkend empfunden. Viele Menschen möchten sie auch ins Krankenhaus mitgebracht bekommen – gleichgültig, ob die Versorgung dort als gut oder weniger gut angesehen wird. Das vertraute Essen und Trinken wirkt als psychische Stütze. Ganz besonders bei Grundnahrungsmitteln können Vorlieben so ausgeprägt sein, dass andere Mahlzeiten gar nicht als „richtiges" Essen empfunden werden. In weiten Teilen Asiens fühlen sich Menschen erst dann gesättigt, wenn sie Reis gegessen haben. Vielerorts in Osteuropa hat man erst „richtig" gegessen, wenn es eine gehaltvolle Suppe gab.

Entsprechend haben in allen medizinischen Traditionen Diätvorstellungen und -vorschriften einen hohen Stellenwert. So ist in der indischen ayurvedischen und in der traditionellen chinesischen Medizin die Ernährung ganz selbstverständlich Bestandteil des komplexen theoretischen medizinischen Systems. Häufig wird die angemessene Nahrung dabei auch nach der Heiß-Kalt-Klassifizierung gewählt und dient der Wiederherstellung einer verloren gegangenen Balance. Das kann zu Widersprüchen mit anderen Diätvorstellungen führen: Nach schulmedizinisch orientierter Auffassung ist der Verzehr von Vitaminen gesundheitsfördernd, z. B. in Form von Zitrusfrüchten bei Erkältungen. Diese sind jedoch nach der Heiß-Kalt-Klassifizierung eher „kalt", werden bei Erkältungen also eher als schädlich angesehen.

In einer kulturell vielfältigen Gesellschaft müssen in Behandlung und Pflege auch die zahlreichen religiösen Speisevorschriften selbstverständlich berücksichtigt werden. Wenn dieses Thema in seiner Bedeutung grundsätzlich anerkannt wird, sind die Grundregeln der im deutschen Sprachraum häufig vertretenen Religionen leicht in Speisepläne zu integrieren. Dabei muss auch bedacht werden, dass manche Medikamente auf Alkoholbasis hergestellt werden und somit für viele Muslime nicht in Frage kommen.

ARBEITSANREGUNG 6

Versuchen Sie, einen realistischen Wochenspeiseplan für eine kleine Klinik im deutschen Sprachraum aufzustellen, in der üblicherweise deutsche, türkische und russische Patienten liegen. Keiner der Patienten muss in dieser Woche besondere Diätvorschriften befolgen. Sie können diese Übung für Ihren persönlichen kulturellen Kontext adaptieren. Überlegen Sie, was für Migranten Sie in Ihrer nächsten Umgebung kennen, stellen Sie eine Gästeliste zusammen und überlegen Sie ein Menü, das für alle Gäste und Sie persönlich akzeptabel ist. Wenn Sie die Nahrungsgewohnheiten der jeweiligen Gruppen nicht kennen, können Sie einzelne Migranten befragen oder entsprechende Lebensmittelgeschäfte besuchen.

KONTROLLFRAGEN

1. Kommentieren Sie die folgende Aussage: „Unterschiede in der Sichtweise, in den klinischen Wahrnehmungen und den Standpunkten von Patient und Krankenschwester machen das Problem noch schlimmer".

2. In welchen Situationen in Gesundheitsversorgung und Pflege ist interkulturelle Kompetenz von Nutzen?

3. Warum gibt es an vielen Orten der Welt „amerikanische", „französische" oder „deutsche" Krankenhäuser?

4. Unter welchen Aspekten können wir Krankheit betrachten, wenn wir sie im Zusammenhang mit Kultur und Kommunikation verstehen wollen?

5. Welche Rolle spielt der Faktor „Schuld" in einem internalisierenden, welche in einem externalisierenden Erklärungsmodell?

6. Welche Probleme kann ein Arzt haben, wenn er bei der Behandlung oder Untersuchung von ausländischen Patienten Dolmetscher heranzieht?

7. Was bedeutet der Ausdruck „Seelenessen" (soul food)? Welches Essen möchten Sie nicht missen, wenn Sie krank sind?

LITERATUR

* Borde, Theda, M. David (Hg.): *Gut versorgt? Migrantinnen und Migranten im Gesundheits- und Sozialwesen.* Frankfurt 2003.
* Collatz, Jürgen u.a. (Hg.): *Gesundheit für alle. Die medizinische Versorgung türkischer Familien in der Bundesrepublik.* Hamburg 1985.
* Dettmers, Christian u.a. (Hg.): *Gesundheit, Migration, Krankheit. Sozialmedizinische Probleme und Aufgaben in der Nervenheilkunde.* Bad Honnef 2002.
* Domenig, Dagmar (Hg.): *Professionelle transkulturelle Pflege. Ein Handbuch für Lehre und Praxis in Pflege und Geburtshilfe.* Bern 2001.
* Gropper, Rena C.: *Culture and the Clinical Encounter. An Intercultural Sensitizer for the Health Professions.* Yarmouth 1996.
* Kleinman, Arthur: *Patients and Healers in the Context of Culture. An Exploration of the Borderland between Anthropology, Medicine, and Psychiatry.* Berkeley 1980.
* Payer, Lynn: *Andere Länder, andere Leiden. Ärzte und Patienten in England, Frankreich, den USA und hierzulande.* Frankfurt/M. 1993.
* Wolf, Angelika, V. Hörbst (Hg.): *Medizin und Globalisierung. Universelle Ansprüche, lokale Antworten.* Münster 2003.
* Zimmermann, Emil: *Kulturelle Mißverständnisse in der Medizin. Ausländische Patienten besser versorgen.* Bern 2000.

EIGENE NOTIZEN

AUTOREN

Dr. Galina Koptelzewa

Studium der Psycholinguistik, der Sozialpsychologie und der Interkulturellen Kommunikation an der Ludwig-Maximilian-Universität in München. Im Rahmen ihrer Promotionsarbeit entwickelte sie ein integratives Konzept zur Optimierung der sozialpädagogischen Beratung von Personen mit Migrationshintergrund. Trainerin für Kommunikation, Wissensmanagement und interkulturelle Kompetenz, Dozentin im Lehrgangsystem „Xpert Culture Communication Skills" des Bayerischen Volkshochschulverbandes.

Kontakt: interkultur@email.de

Prof. Dr. Juliana Roth

Studium der Slavistik und der Osteuropäischen Geschichte an der Albert-Ludwig-Universität in Freiburg. Forschung und Lehre im Bereich der Südosteuropastudien an den Universitäten Freiburg, Münster und München. Gründung des Studienganges „Interkulturelle Kommunikation" an der Ludwig-Maximilian-Universität. Gastprofessuren in Österreich und den USA, deutsche und europäische Förderung zur Erstellung von interkulturellen Lernprogrammen für bulgarische, rumänische, russische und ungarische Universitäten. Programmgestaltung und Unterricht im Lehrgangsystem „Xpert Culture Communication Skills" des Bayerischen Volkshochschulverbandes.

Kontakt: j.roth@ikk.lmu.de

Dr. Gregor Sterzenbach

Studium der Ethnologie und der Interkulturellen Kommunikation an der Ludwig-Maximilian-Universität in München. In seiner Promotionsarbeit erforschte er das interkulturelle Handeln zwischen Polizisten und Fremden. Wissenschaftlicher Mitarbeiter am Institut für Interkulturelle Kommunikation an der Ludwig Maximilian-Universität, interkultureller Trainer für Unternehmen und öffentliche Institutionen, Forschungsprojekte zur Interkulturalität in der Schule und zum interkulturellen e-Learning. Dozent im Lehrgangsystem „Xpert Culture Communication Skills" des Bayerischen Volkshochschulverbandes.

Kontakt: G.Sterzenbach@ikk.lmu.de

Dr. Christine Tuschinsky

Studium der Ethnologie, Politikwissenschaft und Germanistik in Göttingen und Hamburg. Mehrjährige Studien- und Forschungsaufenthalte in Singapur und Indonesien. Promotion in Medizinethnologie. Tätig in Beratung, Training und Moderation in den Bereichen interkulturelle Orientierung und Diversity Management. Weitere Schwerpunkte: Interkulturelle Öffnung von Institutionen, Interkulturalität im Gesundheitsbereich, medizinische Traditionen und Systeme, Gesundheit und Krankheit im Kulturvergleich.

Kontakt: mail@christine-tuschinsky.de